"十三五"江苏省高等学校重点教材（2017-1-129）

高职高专"十三五"电子商务专业系列教材

网络营销（第二版）

高晖 编著

西安交通大学出版社
XI'AN JIAOTONG UNIVERSITY PRESS

内容提要

网络营销是一门新兴的交叉性学科,是电子商务专业和市场营销专业必修的一门核心主干课程,具有较强的理论综合性和实践操作性。

本教材以"切合职业教育人才培养目标、侧重技能、弱化理论、强化实训"为指导思想,兼顾科学性和前瞻性、专业性和通用性等特点,在内容编排上实行"任务驱动,项目导向"的模式。本教材紧跟互联网发展步伐,修订并完善了数字化教学内容,搭建了在线资源平台,扩充了辅助教学资源。

本教材分为基础理论篇、岗位实战篇和网络创业篇,设计了十个项目,具体内容有:网络营销概述、网络营销基本理论与理念、网络营销环境及网上消费者行为分析、网络营销调查专员、网络营销策划专员、网站建设专员、搜索引擎优化专员、网络广告专员、新媒体营销专员、互联网创业。为了搭建立体化的学习体系,教材中设计了学习目标、对应工作岗位、项目分析、任务分析、项目小结、思考与练习、拓展活动等板块。为了丰富教学内容,在每个项目中还加入了案例导读和知识链接等内容,图文并茂,生动活泼,增强了教材的可读性。

本教材可作为高职高专院校电子商务、市场营销、经济贸易、工商管理等相关专业的教材和参考读物,也可作为企业管理人员、营销人员和电子商务工作者的学习用书。

第二版前言

《网络营销》第一版自2012年2月出版以来,被全国近百所高职高专院校选用作为电子商务、市场营销、物流管理、国际贸易等专业的教材,先后印刷了11次,总印量达2万册,受到了广大读者的认可。随着全球互联网经济的飞速发展,企业对借助互联网开展营销工作的重视程度越来越高,对网络营销人才的需求与日俱增。为了能够更好地满足社会对网络营销人才培养的需求,依据《国家中长期教育改革和发展规划纲要(2010—2020年)》中提出的"提高人才培养水平""坚持育人为本"、"坚持德育为先""强化能力培养"创新人才培养模式"等要求,在第一版的基础上,对本教材进行了修订。

此次修订将原有的十三个项目,调整为十个项目。修订内容主要如下:

(1)优化并整合了原网络营销环境分析、网上消费者行为分析两个项目中的内容,修订为"网络营销环境及网上消费者行为分析";

(2)调整原网络营销专员和网络营销策划专员两个项目中的内容,重新编写为"网络营销策划专员";

(3)调整原在线服务专员、无线营销专员、Web2.0与网络营销三个项目中的内容,结合近年来电商企业常用的网络营销方法,重新编写为"新媒体营销专员";

(4)新增"网络创业篇",在网络经济飞速发展的背景下,为广大学生和社会人士依托互联网,践行"大众创业、万众创新"提供参考和帮助;

(5)引用了大量新案例和数据资源,替换第一版教材中的过时信息。

本教材紧跟互联网技术的最新成果,关注国内外网络营销的最新发展动态,在内容的编排上延续了"任务驱动,项目导向"的编写体例,形成了以下突出特色。

1.结构合理,针对性强

本教材以"切合职业教育的人才培养目标、侧重技能、弱化理论、强化实训"为指导思想,兼顾科学性和前瞻性、专业性和通用性等特点,主要由基础理论篇、岗位实战篇、网络创业篇三个部分组成,设计了十个工作项目,具体为:网络营销概述、网络营销基本理论与理念、网络营销环境及网上消费者行为分析、网络营销调查专员、网络营销策划专员、网站建设专员、搜索引擎优化专员、网络广告专员、新媒体营销专员、互联网创业。

与同类教材相比,本教材体系新颖、视角独到,教材内容突出了"高职"教育中"高"的特点,针对高职高专人才培养目标,在强化实践教学的同时,没有忽视理论知识的阐述,真正做到理论实践一体化。

2.岗位分解,贴近实际

本教材结合网络营销的特点,根据常规企业中网络营销岗位的设置,对典型工作任务进行了分解,以任务内容体现职业技能要求,理顺了企业从调研、策划、运营、推广等环节实施网络营销的一般流程。本教材尤其是对互联网技术发展中,不断出现的网络营销新技能和新方法适时进行了补充,增强了学生对各典型工作岗位的了解,为学生更快、更好地满足社会对网络营销人才的需求,胜任实际工作打下了基础。

3.案例丰富,可读性强

本教材紧跟互联网发展的步伐,选取了大量行业最新的教学案例。在导入案例的选择上,既贴近项目内容,又能反映网络营销新的发展动态,真正起到了导读作用;在知识链接资料的选用上,结合高职学生的特点,做到既扩大视野,又融知识性和趣味性于一体;在内容的编排上,图文并茂,生动活泼,引人入胜,给人耳目一新的感觉,增强了教材的可读性。

4.突出数字化,互动性强

本教材修订并完善了数字化教学内容,搭建了在线资源平台,扩充了辅助教学资源。移动教学、在线学习、师生交互等新的教学模式和手段的应用,解决了传统教学的痛点。编者在淘宝网创办了"助乐 EC 创业实践平台"的网络营销实践基地;在微信平台创办了"助乐农产品体验""助乐健康创业"等社群(感兴趣的读者可添加编者微信进群)。这些均为教学与实践提供了多样化的途径。

编者微信

第二版教材的修订工作由镇江高等专科学校高晖独立完成。在编写过程中,吸收了国内外众多专家学者的研究成果,参考了大量文献,搜集了近年来网络营销界有实用价值的典型案例,为了尊重原作者,编者尽可能列出文献资料来源。有些文献来源于互联网,最初作者难以追溯,敬请谅解。在本教材的修订过程中,西安交通大学出版社的编辑们也付出了辛勤劳动,在此一并致以诚挚的谢意。

由于编者水平有限,书中内容虽多次修改,但仍感不足,不当之处,敬请读者批评指正。

编 者
2019 年 7 月

目录

基础理论篇

项目一 网络营销概述 /3
  任务一 对网络营销的认识/5
  任务二 网络营销的特点及优势/8
  任务三 网络营销的职能及内容体系/10
  任务四 网络营销与传统营销/16
  任务五 我国网络营销的发展历程及现状/19

项目二 网络营销基本理论与理念 /27
  任务一 直复营销与整合营销理论/29
  任务二 定制营销与合作营销理论/33
  任务三 关系营销与客户关系管理理论/36
  任务四 体验营销与娱乐营销/39
  任务五 病毒营销与口碑营销/42

项目三 网络营销环境及网上消费者行为分析 /47
  任务一 网络营销环境的构成要素和内容/51
  任务二 网络营销的宏观环境和微观环境/52
  任务三 互联网应用环境/57
  任务四 网上消费者行为分析/60

岗位实战篇

项目四 网络营销调查专员 /82
  任务一 网络市场调研的概念和特点/84
  任务二 网络市场调研的内容和原则/86
  任务三 网络市场调研的方法和步骤/90
  任务四 网络商务信息的收集渠道和方法/95

项目五 网络营销策划专员 /98
  任务一 网络营销策划概述/101

I

任务二　网络产品策划 /105
　　任务三　网络价格策划 /110
　　任务四　网络渠道策划 /114
　　任务五　网络促销策划 /116
　　任务六　网络营销策划书规范的撰写格式 /119

项目六　网站建设专员 /123

　　任务一　认识营销型网站 /125
　　任务二　营销型网站建设的步骤 /129
　　任务三　营销型网站的诊断与推广 /139

项目七　搜索引擎优化专员 /142

　　任务一　搜索引擎营销的发展阶段 /144
　　任务二　搜索引擎营销的目标层次 /145
　　任务三　搜索引擎营销的主要模式 /149
　　任务四　搜索引擎优化的基本内容 /150

项目八　网络广告专员 /163

　　任务一　网络广告概述 /165
　　任务二　网络广告的发布方式和主要形式 /168
　　任务三　网络广告的计费模式 /174
　　任务四　网络广告策划及媒体选择 /175
　　任务五　网络广告效果评价 /180

项目九　新媒体营销专员 /184

　　任务一　认识新媒体营销 /190
　　任务二　新媒体的类型 /194
　　任务三　新媒体运营策略 /206

网络创业篇

项目十　互联网创业 /211

　　任务一　互联网思维与网络创业 /213
　　任务二　寻找网络创业机会 /219
　　任务三　网络创业前的准备 /228

参考文献 /233

基础理论篇

项目一
网络营销概述

学习目标

知识目标
正确理解并掌握网络营销的内涵;掌握网络营销的特点及优势;熟悉网络营销的职能及内容体系;掌握现代网络营销与传统营销的关系;了解我国网络营销的发展现状。

能力目标
具备运用网络营销思想分析问题的能力和熟练查询网络信息并实现在线互动的能力。

对应工作(岗位)

网络营销经理、网络营销总监、网络营销主管、营销方案策划员、企业销售代表、网站管理员、网络推广专员、网络调研专员、行业营销顾问、行业分析师、搜索引擎优化专员、网站(店)运营专员、客户服务管理员、商品管理员、价格管理员、网络广告专员、网络编辑、美工、网络公关等。

项目分析

项目概述
网络营销是20世纪90年代出现的市场营销新领域,是企业营销实践与现代通信技术、计算机网络技术相结合的产物,也是当下互联网最热门的词汇。网络营销已成为传统企业转型升级、新兴企业开拓市场的切入点,很多企业已从网络营销的成功经验中尝到了甜头。本项目是网络营销的入门知识,着重介绍网络营销的概念、特点及优势,网络营销的职能、内容体系,现代网络营销与传统营销的关系,我国网络营销的发展现状等。通过对本项目的学习,读者一定会对网络营销有比较全面的了解。

案例导读
钻石小鸟:以智者匠心,打造每一位消费者的"智慧之选"

对钻石这样一种奢侈品来说,卸下了包装华丽的外衣,没有了眼花缭乱的概念,放到欠缺尊贵享受的网络渠道去售卖,消费者还会为此买单吗?答案是肯定的。经过近10年的发展,由徐磊和徐潇兄妹共同创办的"钻石小鸟"品牌,历经种种艰辛,现已摸索出了钻石B2C行业的非同寻常之路。

发展历程

钻石小鸟,创立于2002年,开创了"鼠标+水泥"的珠宝销售模式,是国内珠宝O2O模式的创立者。目前钻石小鸟在全国19个省(市)开设有线下体验中心,为消费者提供一对一专属珠宝顾问式服务,其中,上海旗舰体验中心占地近2000平方米。作为钻石行业的标杆品牌,该公司率先推出婚戒定制服务，即为每一对情侣的爱情誓约打造专属信物。钻石小鸟的官方网站如图1-1所示。

图1-1 钻石小鸟官方网站

十余年来，钻石小鸟在产品上追求精益求精，甄选全球优质裸钻，推出北极光圆钻系列、Fire Cushion垫形钻系列、Heart in Heart双心美钻系列和Fire Princess公主方钻系列。钻石小鸟始终坚持对钻石品质的追求，以精致工艺打造璀璨钻戒，为消费者带来卓越的钻石体验。成立至今，该公司累计拥有百万会员，已成为国内专业的钻石珠宝品牌。同时，钻石小鸟不断创新，携手国内外知名设计师共同演绎"绝美华丽"，成为众多明星偶像青睐的钻饰佩戴品牌。

钻石小鸟的发展得到了国际钻石行业巨头的关注与认可，并在世界钻石之都——比利时安特卫普建立了钻石采购中心，与HRD Antwerp、Euro Star等世界权威钻石机构、供应商建立了战略合作伙伴关系，保证了在业内独一无二的品质优势，更将性价比优势发挥到了极致。

它的成功，引起了社会各界的广泛关注，获得了包括"中国十大最具成长型企业""Google最具网络人气奖""中国企业未来之星"在内的各项殊荣。CCTV、《第一财经》《新闻晨报》《北京晚报》《南方周末》等全国各类主流媒体纷纷聚焦，钻石小鸟成为国内网络钻石销售行业的一面旗帜。

早在2009年，各地钻石小鸟体验中心全面升级为4C概念体验中心，标准化的品牌体系涵盖了公司独创的钻戒DIY模式、一对一购钻服务等优势服务项目，并致力于传播钻石文化，以及"因为特别，所以闪耀"的品牌理念。在为广大客户带来非凡购钻体验和高超性价比钻石的同时，也为中国网络珠宝业的行业标准化之路开创了一片崭新的未来！

2010年，钻石小鸟网站在线售出了一颗价值200万的钻石，创造了国内在线钻石销售的纪录；不久，钻石小鸟为NBA球星斯科拉定制设计了4克拉的钻石球鞋，再次轰动业界。

互联网平台

作为钻石小鸟首创的"鼠标＋水泥"线上载体，其官方网站以强大的功能、人性化的界面，成为中国一家特别的"钻石店"，为消费者带来了便捷和人性化的网络购钻体验。体验中心360度全景照片、钻石在线3D展示、多项人性化智能搜钻方式、全新"全球寻钻"功能，等等，都为消费者带来了特别、贴心的购钻感受。

从安特卫普，到特拉维夫、孟买，直至大洋彼岸的纽约，钻石小鸟甄选全球高品质的裸钻，为消费者提供了充分的选择范围，保证了其在业内独一无二的品质优势。

但相比于传统领域的竞争对手，由于互联网实现不了"提高用户体验"的功能，很难有效地建立高附加值的品牌。比如,网上的钻石不能试戴;另外,钻石万一有质量问题,或者运输过程中发生纠纷,都比较难处理。为了解决这些问题,创始人徐潇开始思考"鼠标+水泥"的服务模式,2004年钻石小鸟在上海开设了第一家线下体验店(如图1-2所示)。

图1-2 钻石小鸟线下体验店

在网上卖钻石是一个先难后易的过程。互联网带来的成本优势与反应速度,让钻石小鸟在与传统品牌的抗衡中变得更轻、更快。与此同时,实体店又解决了网络渠道无法提供的用户体验。这种虚实结合的模式,离他们"平价Tiffany"的梦想越来越近。

总结与分析:在网上购买像钻石这样的奢侈品,对大多数网购者来说是需要勇气的。钻石小鸟作为一家诞生于互联网的网络钻石店,在十多年的发展过程中,借助互联网带来的成本优势和反应速度,依靠线下体验中心,成功打造出"鼠标+水泥"的全新钻石销售模式,开创了国内珠宝O2O模式的先河,摸索出了钻石B2C行业的非同寻常之路,使钻石小鸟由一个网络中的无名小店,发展成为拥资达数亿元的中国网络钻石销售著名品牌,创造了中国网络钻石行业的一个神话。

网络营销是一种新的营销方式或技术手段,是整个营销活动中的组成部分。对开展网络营销的企业来说,如何与分散在全球各地的顾客保持密切的联系,并能及时掌握顾客的需求,建立顾客对虚拟企业和网络营销的信任,是网络营销成功的关键。我们既要认识到网络营销的实践确实在某些方面对传统营销理论形成了一定冲击,也要意识到网络营销理论和传统营销理论的相互渗透和融合。正确理解网络营销的内涵,理顺网络营销与传统营销的关系,坚持优势互补的原则,尽可能地发挥两者的效用,一定会打开企业营销工作的新局面。

(资料来源:腾讯科技 https://tech.qq.com/a/20101113/000042.htm;钻石小鸟 http://www.zbird.com/。有修改。)

任务分析

任务一 对网络营销的认识

随着互联网的迅速发展和网民数量的急剧增长,网络营销作为20世纪90年代出现的一种全新的营销方式,正以不可阻挡之势在全球范围内迅猛发展,并与人们的日常工作、生活、学习越来越密不可分。因此我们应正确认识网络营销,自觉运用新的营销理念和营销策略,构思新时期的营销工作,借助互联网这一平台,熟练地驾驭各种新的营销工具,使网络营销成为企业在激烈的市场竞争中不断增强应变能力、增强企业经济实力、提高经济运行质量的新途径。

由于网络营销环境在不断变化,各种新的网络营销模式不断出现,并且网络营销又涉及多个学科的知识,因此人们在不同的时期、从不同的角度研究网络营销时,就存在一定的差异。从网络营销的内容和表现形式来看,人们对网络营销其实有不同的认识。有些人将网络营销等同于在网上销售产品;有些人则把域名注册、网站建设等基础网络服务内容当作网络营销;也有些人只将网站推广认为是网络营销。应该说,这些观点都只从某些方面反映了网络营销的部分内容,不能完整地体现出网络营销的全部内涵,也无法体现出网络营销的实质。

为了便于读者对网络营销有较全面的认识,有必要对它作一个比较合理的定义。笼统地讲,凡是以互联网为主要手段开展的营销活动,都可称之为网络营销,有时也称为网上营销、互联网营销、在线营销、口碑营销、网络事件营销、社会化媒体营销等,我国港台地区则多称为网络行销。网络营销在国外有许多翻译,如"cyber marketing""internet marketing""network marketing""e-marketing""online marketing"等。这些不同的概念没有本质的区别,只是从不同的角度反映网络营销的特点,而网络营销的概念和内涵还在不断发展之中。其中,"cyber marketing"主要是指在计算机上构成的虚拟空间进行营销;"internet marketing"是指在互联网上开展营销活动;"network marketing"是指包括互联网在内的可在计算机网络上开展的营销活动,这些网络可以是专用网络也可以是增值网;而"e-marketing"是目前比较习惯和经常采用的表达方式,"e"代表电子化、信息化、网络化的含义,简洁、直观、明了,而且与电子商务(e-business)、电子虚拟市场(e-market)等对应,所以"e-marketing"是指在电子化、信息化、网络化环境下开展的营销活动。

真正意义上的网络营销,应该具有其内在的规律性,可以为营销实践提供指导,可以产生实实在在的效果,具有很强的操作性。因此,本书以企业实际经营为背景,以网络营销实践应用经验为基础,系统地研究网络营销的理论和方法,使互联网在企业经营中真正发挥应有的作用。在此,我们给网络营销作以下界定:网络营销是指基于互联网和社会关系网络,连接企业、用户及公众,向用户与公众传递有价值的信息和服务,为实现顾客价值及企业营销目标所进行的规划、实施及运营管理活动。网络营销根据实现方式不同有广义和狭义之分,广义的网络营销是指企业利用一切网络进行的营销活动。狭义的网络营销是指凡是以互联网为主要营销手段,为达到一定营销目标而开展的营销活动。

对网络营销的定义,我们需要澄清以下几个问题。

1. 网络营销不是孤立存在的

网络营销是企业整体营销战略的一个组成部分,网络营销活动依附于一般营销环境而开展。网络营销理论是传统营销理论在互联网环境中的应用和发展,不同的企业对网络营销的认识不同,网络营销在企业中所处的地位也不同。比如,以经营网络服务产品为主的企业,更加注重网络营销策略,而在传统工商企业中,网络营销通常只是处于辅助地位。由此可见,网络营销与传统营销策略之间并无冲突,在实践中网络营销与传统营销两者是并存的。

2. 网络营销不等于网上销售

网络营销是为最终实现产品销售、提升品牌形象而进行的活动。网上销售是网络营销发展到一定阶段产生的结果,但不是唯一的结果,因此,网络营销本身并不等于网上销售。这可从以下三个方面来说明。

(1)网络营销的目的并不仅仅是为了促进网上销售,很多情况下,网络营销活动不一定能实现网上直接销售,但能促进线下销售,并且提高顾客的忠诚度。

(2)网络营销的效果表现在多个方面,例如提升企业的品牌价值、加强与客户之间的沟通、拓展对外信息发布的渠道、改善顾客的服务等。

(3)从网络营销的内容来看,网上销售也只是其中的一部分,并且不是必须具备的内容。许多企业网站根本不具备网上销售产品的条件,其网站主要是作为企业发布产品信息的一个渠道,通过一定的网站推广手段,从而达到产品宣传的目的。

3.网络营销不等于电子商务

网络营销与电子商务是一对紧密相关又具有明显区别的概念,两者很容易混淆。比如,有些企业建立了一个普通网站就认为是在开展电子商务,或者有人将在网上销售商品称为网络营销等,这些都是不正确的认识。电子商务的内涵很广,其核心是电子化交易,电子商务强调的是交易方式和交易过程的各个环节。网络营销的定义表明,网络营销是企业整体营销战略的一个组成部分,不论传统企业还是基于互联网开展业务的企业,也不论交易过程中是否具有电子化交易的发生,都需要网络营销。网络营销本身并不是一个完整的商业交易过程,而是为促进交易提供的一种支持,因此它是电子商务中的一个重要环节,尤其在交易发生之前,网络营销发挥着重要的信息传递作用。网络营销和电子商务的这种关系也表明,发生在电子交易过程中的网上支付和交易之后的商品配送等问题并不是网络营销所能包含的内容。同样,电子商务体系中所涉及的安全、法律等问题也不适合全部包括在网络营销中。

4.网络营销不应被称为"虚拟营销"

用"虚拟营销"来描述网络营销是不合适的。因为所有的网络营销手段都是实实在在的,甚至比传统营销方法更容易跟踪了解消费者的行为。比如,借助网站访问统计软件,企业可确切地知道网站的访问者来自何方,并在一定的时间内浏览了哪些网页;企业可以知道用户的 IP 地址,也可以知道企业发出的电子邮件有多少用户打开,有多少用户点击了其中的链接;企业还可以确切地知道订单用户的详细资料,利用专门的客户服务工具,可以与网站访问者进行实时交流。

5.网络营销是对网上经营环境的营造

开展网络营销需要一定的网络环境,如网络服务环境、上网用户数量,以及合作伙伴、供应商、销售商、相关行业的网络环境等。网络营销环境为企业开展网络营销活动提供了潜在的用户,并向用户传递营销信息,为建立顾客关系、进行网上市场调研等营销活动提供了手段和渠道。企业的网络营销活动是整个网络环境的组成部分,开展网络营销的过程,就是与这些环境因素建立关系的过程。这些关系发展好了,网络营销才能取得成效。因此,网络营销是对企业网上经营环境的营造过程,也就是综合利用各种网络营销手段、方法和条件并协调其中的相互关系,从而更加有效地实现营销目标。

网络营销具有很强的实践性特征,从实践中发现网络营销的一般方法和规律比空洞的理论讨论更有实际意义。因此,如何定义网络营销其实并不是最重要的,关键是要理解网络营销的真正意义和目的,也就是充分认识互联网这种新的营销环境,利用各种互联网工具为企业的营销活动提供有效支持。

网络营销的内涵和手段均处于不断发展演变之中,关于网络营销的定义和理解也只能适用于一定的时期。随着时间的推移,原来的定义就不能很好地反映新时期的实际状况了。因此,不要把网络营销理解为僵化的概念,也不必将本书中所介绍的网络营销方法作为固定的模式照搬,而是要根据网络营销环境的发展,在具体实践中根据各企业的实际情况灵活运用。

知识链接 2018年全球十大热门网站,中国有两个,他们的创始人是谁?

1996年"internet"一词出现至今,互联网上的网站数量已经超过10亿,在如此众多的互联网网站中,流量最大的10个网站都是谁呢?让我们来扫描下面二维码认识一下他们的创始人。

任务二 网络营销的特点及优势

组织和个人之间进行商业信息的传播和交换是市场营销的本质,如果没有信息交换,交易就成了无源之水、无本之木。互联网的最大特点是空间的无限性、信息的及时性、沟通的便利性等,这使得以互联网为操作平台的网络营销,在兼有营销的某些特性的同时,也呈现出低成本、跨时空、多媒体、互动性、个性化等特征和优势。

1. 传播的超时空性

互联网可以超越时间和空间的限制进行信息交换。在网络中,一条信息几秒钟便可传遍全世界,这使得企业与顾客之间可以脱离时空的限制,双方拥有更多的时间和更大的空间进行交易。在时间上,企业可以通过网络与顾客实现"7×24"的交易,即每天24小时,每周7天,随时随地进行商品交换活动。根据麦特卡尔夫定律,网络价值同网络用户数量的平方成正比,即n个联结能创造n^2的效益。而这一点正是其他任何一种营销方式都不可能做到的。不论是传统纸质媒体还是电视媒体,都只能在一定的范围内传播产品进行营销,而网络却可以在全球范围内寻找目标客户。

2. 交互的便捷性

互联网不仅可以展示商品信息,更重要的是它可以实现企业和顾客之间的双向沟通。企业可以从网络中收集顾客反馈的意见和建议,有针对性地改进自己的产品和服务。

网络互动性使顾客真正地参与到整个营销过程之中,顾客参与的可能性和选择的主动性得到了加强和提高。在网络营销的交互中,买卖双方不再是传统媒体的单向传播,而是双向交流。网上促销做到了一对一供求双方的连接,顾客主导化、理性化、人性化明显增强,极大地避免了推销员强势推销的干扰。通过信息提供和交互式交谈,企业与顾客建立起了长期良好的关系,增强了客户对企业的信赖感和认可度。

网络营销的出现使顾客可以多渠道地、及时地了解产品和服务的相关信息,从而使商家能快速地了解顾客的需求,并通过提供良好的在线客户服务以实现客户与商家的沟通和互动。网络可传送信息的数量与精确度远远超过其他媒体,能更好地适应市场的需求,及时更新产品或调整价格,还能更及时有效地了解并满足顾客的需要,从而大大缩短顾客、企业、产品之间的距离。企业还可以通过网络搜集市场情报,进行产品测试与顾客满意度调查,为企业的新产品设计与开发、价格制定、营销渠道的选择、促销策略的实施提供可靠而有效的决策依据。

3.运作的低成本性

网络的开放性和广泛性,也决定了网络营销的低成本性。首先,网络媒介具有传播范围广、速度快、无地域限制、无版面约束、内容全面详尽、多媒体传送、形象生动、双向交流、反馈迅速等特点,从而有利于提高企业营销信息传播的效率、增强企业营销信息传播的效果,可以大大降低企业营销信息传播的成本;其次,网络营销不需要投入店面租金成本,从而可以减少商品流通环节,减轻企业库存压力;再次,利用互联网,中小企业只需一定的成本,就可以迅速建立起自己的全球信息网和贸易网,将产品信息迅速传递到以前只有实力雄厚的大公司才能接触到的市场中;最后,顾客可以根据自己的特点和需要,在全球范围内不受地域、时间的限制快速寻找到能满足自己需要的产品并进行充分的比较与选择,这样可以较大程度地缩短和降低了交易时间与交易成本。虽然企业实施网络营销必须有一定的技术投入和技术支持,但从营销的角度来看,投入后的回报率是可观的。

4.媒介的多维性

互联网上的信息不仅仅停留在文字上,声音、图像、流媒体等都可以在互联网上进行传播,因此营销人员可以充分发挥自身的创造性和能动性,通过多种信息形式展示商品信息来打动消费者。

纸质媒体是二维的,而网络营销则是多维的,它能将文字、图像和声音有机地组合在一起,传递多感官的信息,让顾客身临其境般地感受商品或服务。网络营销的载体可以是多媒体或超文本格式的文件,广告受众可以对其感兴趣的产品信息进行更详细的了解,从而亲身体验产品和服务的真实情况。这种图、文、声、像相结合的广告形式,可以大大增强网络营销的效果。

5.市场的全球性

互联网已覆盖了全球市场,通过它,企业可方便快捷地进入任何国家的市场,网络营销为企业架起了一座通向国际市场的绿色通道。网络营销可以帮助企业构筑覆盖全球的市场营销体系,实施全球性的经营战略,加强全球范围内的经济合作,获得全球性竞争优势,提高全球性竞争能力。同时,由于互联网使用者数量增长很快并已遍及全球,目前网络使用者年龄结构年轻化、收入能力及消费水平相对较高、受教育程度普遍提高,这一群体有着较强的购买力、较强的市场影响力和明显的消费示范能力。因此,对企业而言,通过网络开辟的新市场、开展的营销活动,无疑具有强大的开发潜力,也是目前商家瞄准的新的营销方向。

6.效果的可监测性

利用传统媒体做营销,很难准确地知道有多少人接收到了该营销信息,而在互联网上则可通过流量统计系统精确地统计出每个广告被多少个用户看过,以及这些用户查阅的时间分布和地域分布,借助分析工具可准确计算广告的收益,帮助广告主正确评估广告效果,审定营销策略。

无法衡量的东西就无法管理。与其他任何形式的广告相比,网络营销能使广告主更好地跟踪广告受众的反应,及时了解潜在用户的情况。网络营销通过及时和精确的统计机制,使广告主能够直接对广告的发布进行在线监控。而传统的广告形式只能通过并不精确的收视率、发行量等来统计受众数量。

7.投放的针对性

网络营销是以消费者为主导的、非强迫性的、循序渐进式的、成本低且针对性强的营销,它避免了传统强势营销的干扰,通过交互式互动,企业可以与消费者建立长期良好的关系。

各种网络通过提供众多的免费服务,建立起完整的用户数据库,包括用户的地域分布、年龄、性别、收入、职业、婚姻状况、爱好等。这些资料可帮助广告主分析市场与受众,根据广告目标受众的特点,有针对性地投放广告,并根据用户特点进行定点投放和跟踪分析,从而帮助广告主对广告效果作出客观准确的评价。另外,网络营销还可以提供有针对性的内容环境。不同的网站或者是同一网站不同的频道所提供的服务是不同的,甚至是具有较强类别性的,这也为迎合广告目标受众的兴趣提供了可能。

8.可重复性和可检索性

网络营销可以将文字、声音、画面结合之后供用户主动检索,重复观看。而与之相比,电视广告却是让广告受众被动地接受广告内容,并且用户很容易错过广告时间,而得不到广告信息。并且在互联网上,网络营销的检索功能非常强大,检索也非常容易。

网络营销作为一种全新的营销方式,与传统营销方式相比具有明显的优势。它具有强大的生命力,但也存在诸多不足。例如,网络营销尤其是网络分销,无法满足顾客社交的心理需要,无法使顾客通过购物过程来满足显示其自身社会地位、个人成就或支付能力等方面的需要。尽管如此,网络营销作为21世纪势不可挡的营销新方式,已成为企业实施全球性竞争战略的有利武器。

知识链接　　　　　　　　　　听云

听云平台,隶属于北京基调网络股份有限公司,成立于2007年,是国内先行从事应用性能管理和用户体验优化的第三方监测服务提供商。目前有超过200名员工,研发团队占比60%,经过多年的技术深耕和市场培育,已成为我国应用性能管理(APM)行业标杆企业。

任务三　网络营销的职能及内容体系

网络营销已经发展成为一门比较完整的学科,认识并理解网络营销的职能与内容体系是企业实战的基础。灵活掌握网络营销的职能及内容体系,将有助于企业更好地在国际大市场中大显身手。

一、网络营销的职能

在互联网飞速发展的过程中,不断出现新的网络营销模式。为了帮助大家理解网络营销的基本框架,本书用网络营销的职能来说明网络营销的组成。网络营销的基本职能主要表现在以下9个方面,每一种职能的实现都有相应的策略和方法。

1.网络品牌

网络营销的重要任务之一就是在互联网上建立并推广企业的品牌,以及让企业的品牌在网上得以延伸和拓展。网络营销为企业利用互联网建立品牌形象提供了便捷有利的条件,任何企业都可以用适合自己的方式展现品牌形象。传统网络品牌建设是以企业网站建设为基础,通过一系列的推广措施与手段,进而达到客户对企业的认知和认可。网络的品牌价值是网络营销效果的表现形式之一,通过网络品牌价值转化可以实现持久的客户关系和更多的直接收益。移动互联网的发展为网络品牌提供了更多的展示机会,如建立在各种社交网络平台的企业账户、企业App(应用程序)等。

2.网站推广

获得必要的网站访问量是网络营销取得成效的基础。尤其对中小企业而言,由于经营资源的限制,发布企业及产品的新闻、投放媒体广告、开展大规模促销活动等宣传机会较少,因此通过互联网手段进行网站推广的意义显得尤为重要,这也是中小企业对网络营销更为热衷的主要原因。即使对大型企业,网站推广也是非常必要的。因为许多大型企业虽然有较高的知名度,但其网站访问量并不一定高,所以,网站推广是网络营销最基本的职能之一,也是网络营销的基础工作。在移动网络营销环境下,网站推广需要进一步扩展到企业其他官方信息平台的推广,如官方App推广等,以实现流量思维与"粉丝"思维的同步发展。

3.信息发布

网络营销的基本思想就是通过各种互联网工具,将企业的营销信息以高效的手段向目标用户、合作伙伴、公众等群体传递,因此信息发布就成为网络营销的基本职能之一。发布信息的渠道包括企业资源(如官方网站、官方微博、官方App等)以及第三方信息发布平台(如开放式网络百科平台、文档共享平台、B2B信息平台等),充分利用企业内部资源及外部资源发布信息,这些是扩大企业信息网络可见度、实现网络信息传递的基础。

4.销售促进

各种网络营销方法大都直接或间接具有促进销售的效果,同时还有许多针对性的线上促销手段(如网络优惠券、团购、积分等),而这些促销方法并不限于对线上销售的支持,事实上,网络营销对促进线下销售同样具有价值。这也就是为什么一些没有开展线上销售业务的企业一样有必要开展网络营销的原因。

5.网上销售

网上销售是企业销售渠道在网上的延伸,一个具备网上交易功能的企业网站本身就是一个网上交易场所。网上销售渠道建设并不限于企业网站本身,它还包括:企业自建的官方网站、官方商城、官方App,建立在第三方电子商务平台上的网上商店,通过社交网络销售及分销的微店,参与团购、加盟某O2O网络成为供货商等。与早期网络营销中网上销售处于次要地位相比,当前的网上销售发挥着越来越重要的作用,许多新兴的企业甚至完全依靠在线销售。

6.顾客服务

互联网提供了更加方便、快捷的在线顾客服务手段,从形式最简单的常见问题解答(FAQ)到电子邮件、邮件列表,以及聊天室、在线论坛、即时信息、网络电话、网络视频等,均具有不同形式、不同功能的在线沟通和服务的功能。在线顾客服务具有成本低、效率高的优点,在提高顾客服务水平方面具有重要作用,同时也直接影响网络营销的效果。因此,在线顾客服务已成为网络营销的基本组成内容。

7.客户关系

网络营销的基础是连接,尤其在网络营销的粉丝思维及生态思维模式下,顾客是社交关系网络中最重要的环节,对促进销售及开发顾客的长期价值具有至关重要的作用。建立客户关系的方式,从早期的电子邮件、邮件列表、论坛等到目前的微博、微信、微社群等社会化网络,其连接更为紧密,沟通更加便捷。客户关系资源是企业网络营销资源的重要组成部分,也是创造顾客价值、发挥企业竞争优势的基础保证。

8.网络调研

网络调研具有调查周期短、成本低等特点,不仅能为制订网络营销策略提供支持,而且还是整个市场研究活动的辅助手段之一。合理利用网络市场调研手段对市场营销策略具有重要价值。网络调研既可以依靠其他职能的支持来开展,同时也可以相对独立地进行,网络调研的结果反过来又可以为其他职能更好发挥作用提供支持。

9.网站流量统计分析

对企业网站流量的跟踪分析,不仅有助于了解和评价网络营销效果,同时也为发现其中所存在的问题提供了依据。网站流量统计既可以通过网站本身安装统计软件来实现,也可以委托第三方专业流量统计机构来完成。目前从事第三方专业流量统计的软件很多,比如"友盟+"、"我要啦"、百度统计、GoStats、Google Analytics。

综上所述,网络营销的各个职能之间并非相互独立,而是相互关联、相互促进的,网络营销的最终效果是各项职能共同作用的结果。网络营销的职能通过各种网络营销方法来实现,同一个职能可能需要多种网络营销方法的共同作用,而同一种网络营销方法也可能适用于多个网络营销职能。

知识链接 　　　　　电子商务的几种模式

随着电子商务应用领域的不断扩大和信息服务方式的不断创新,在人们熟知的 B2B、B2C 交易模式基础上,又延伸出了新的电商模式。那具体有哪些模式呢?它们有哪些特点呢?有哪些典型的企业和网站呢?扫描下面二维码,可以详细了解。

知识链接 　　　　　麦考林——引领健康美丽的生活方式

麦考林(MecoxLane),是一家以会员营销方式为主,专注于为用户提供与健康美丽相关产品和服务的多渠道多品牌零售和服务的企业。2010 年 10 月,麦考林作为"中国 B2C 第一股"在美国纳斯达克上市,以"目录邮购+线下门店+线上销售"的多种渠道向消费者提供物有所值的快时尚产品。

二、网络营销的内容体系

作为依托新的营销方式和营销手段的网络营销,它有助于企业在网络环境下实现营销目标。虽然网络营销的营销目的和营销工具与传统营销大体一致,但在实施和操作的过程中与传统营销方式却有着很大的区别。网络营销涉及的范围较广,所包含的内容较丰富,其内容体系主要有以下几个方面。

1.网络消费者行为分析

网络消费者是一个特殊群体,由于它具有传统市场群体截然不同的特征,所以开展有效的网络营销活动必须深入了解网上用户群体的需求特征、购买动机和模式。互联网已成为许多兴趣爱好趋同的群体聚集交流的地方,并且形成了一个特征鲜明的网上虚拟社区,了解这些虚拟社区的群体特征和偏好是网上消费者行为分析的关键。网络消费者行为分析的内容主要包括网络消费者的用户特征、需求特点、购买动机、购买决策等。

2.网络市场调研

网络市场调研是指利用互联网的交互式信息沟通渠道而实施的调查活动。它是企业开展网络营销活动的前提和基础,也是企业了解市场、准确把握客户需求的重要手段。网络市场调研包括直接的网上问卷调查和通过网络收集市场调查中的二手资料。利用网上调研工具,可以提高调查效率。互联网作为信息交流的渠道,已成为信息的海洋。因此在利用互联网进行市场调查时,重点是如何利用有效的工具和手段,实施调查和收集整理资料,目前获取信息不再是难事,关键是如何在信息的海洋中获取想要的资料信息,并分析出有用的信息。

3.网络营销策略制订

为实现网络营销目标,企业必须制订相应的网络营销策略。网络营销虽然是行之有效的营销工具,但企业在实施时不可避免地需要投入大量资源并承担未知风险,然而不同的企业在市场中所处的位置不同,因此在采取网络营销实现企业营销目标时,就必须采取与企业相适应的营销策略。与传统营销类似,网络营销策略也包括产品策略、价格策略、渠道策略、促销策略,但在具体策略制订上应充分考虑互联网的特性、网络产品的特征和网络消费者的需求特点。例如,企业在制订网络营销的价格策略时,通常可以对体验类产品采取免费或者部分免费的定价策略,而这些在传统营销中则很难实现。

4.企业营销流程的改进

与传统营销相比,网络营销的流程发生了根本改变。利用互联网,企业不仅可以实现在线销售、在线支付、在线服务等,还可以通过网络收集信息并分析客户的特殊需求,生产客户需要的个性化产品。例如,著名的美国 Levi's 公司,就是利用网络为客户量身定做个性化产品的典范。客户可以通过 Levi's 公司的网站直接输入所需服装的尺寸、款式和喜欢的颜色等信息,公司就可为其量身定做,从而满足客户的个性化需求。

5.网络营销管理与控制

网络营销管理与控制是指为了实现企业营销目标而采取的计划、组织、领导和控制等一系列管理活动的统称。

三、网络营销的主要方法

1.搭建企业网站

企业网站是一种综合性的网络营销工具,在所有的网络营销工具中,是最基本、最重要的一种。若没有企业网站,许多网络营销方法将无用武之地,企业网络营销的功能也会大打折扣。企业网站的网络营销功能主要表现在六个方面:品牌形象的塑造、产品/服务的展示、顾客关系的维系、网上调查、网上洽谈、网上销售。若企业不具备建设独立网站的能力,则可以考虑使用网上商店的模式,在第三方提供的电子商务平台,建立由商家自行经营的网上商店,这种模式如同在大型商场租用场地开设专卖店一样,是一种比较简单的电子商务形式。网上商店除了通过网络直接销售产品外,还是一种有效的网络营销手段。

2.搜索引擎营销

搜索引擎(search engine)是指根据一定的策略,运用特定的计算机程序搜集互联网上的信息,在对信息进行组织和处理后,将处理后的信息显示给用户,为用户提供检索服务的系统。搜索引擎可以使人们在浩瀚的信息海洋中方便、快捷地找到需要的信息。

作为网民进入互联网的主要入口,搜索引擎对企业推广的重要性不言而喻。对很多企业网站而言,绝大部分的流量来源都是搜索引擎。也正因为如此,搜索引擎常被作为企业网站推广和产品促销的主要手段。搜索引擎优化是针对搜索引擎对网页的检索特点,使网站建设的各项基本要素适合搜索引擎的检索原则,从而使搜索引擎收录尽可能多的网页,并在搜索引擎自然检索结果中排名靠前,最终达到网站推广的目的。对任何一家网站来说,要想在网站推广中取得成功,搜索引擎优化是最为关键的一项任务。同时,随着搜索引擎不断变换其排名算法规则,每次算法上的改变都可能会使一些排名很好的网站在一夜之间"名落孙山",而失去排名优势的直接后果就是失去了网站固有的、可观的访问量。

3.网络广告

网络广告是广告业务在计算机网络中的新拓展,也是网络营销领域率先开发的营销技术之一。网络广告是网络营销中极其重要的一个领域,是最直观的电子商务活动,作为一种新兴的产业已经得到了迅猛的发展。在互联网这种新媒体平台上发布广告,其交互性和直接性的特点所显现的优势,是报纸杂志、无线电广播和电视等传统媒体无法比拟的,并已成为互联网公司盈利模式中的一个亮点。同时,互联网技术的飞速发展为公共关系的拓展提供了极大的空间。利用互联网的开放、平等、交互等特性,网络公共关系日益引起关注,并成为各类组织开展公关活动不可或缺的重要途径。

4.交换链接

交换链接是两个网站之间简单的合作方式,即分别在自己的网站首页或者内页提供对方网站的标志或关键词并设置对方网站的超级链接,使得用户可以从对方合作的网站中看到自己的网站,达到互相推广的目的。交换链接可以增加双方网站的访问量、增强用户浏览时的印象效果、提高搜索引擎的排名优势、提高访问者的可信度。

5.信息发布

信息发布既是网络营销的基本职能,又是一种实用的操作手段。通过互联网,不仅可以浏览到大量商业信息,同时企业还可以发布信息。最重要的是将有价值的信息,比如新产品信息、优惠促销信息等及时发布在企业自己的网站上,可以充分发挥网站的功能。

6.许可 E-mail 营销

许可 E-mail(电子邮件)营销是在用户事先许可的前提下,通过电子邮件的方式向目标用户传递有价值信息的一种网络营销手段。通过电子邮件系统,用户可以通过低廉的价格,以快捷的方式,通过文字、图像和声音等各种手段,与世界上任何一个角落的网络用户取得联系。开展许可 E-mail 营销需要解决三个基本问题,即向哪些用户发送电子邮件、发送什么内容的电子邮件以及如何发送这些邮件。许可 E-mail 营销的表现形式很多,常见的有新闻邮件、电子刊物、新产品通知、优惠促销信息、重要事件提醒服务等。

7.微信营销

微信营销是网络经济时代企业或个人营销的一种新模式,是伴随着微信的流行而兴起的一种网络营销方式,是指企业或个人通过微信平台开展品牌及产品推广的宣传活动。只要注册为微信用户,就可以与周围同样注册的"朋友"形成一种联系;用户可以订阅自己所需的信息;通过微信平台,商家可以针对用户的需求,实现文字、图片、语音的全方位沟通和互动,从而推广产品,实现点对点的营销。

8. 会员制营销

会员制营销就是企业通过发展会员,提供差别化的服务和精准的营销,提高顾客忠诚度,长期增加企业利润。其中,会员卡是会员进行消费时享受优惠政策或特殊待遇的"身份证"。会员制营销已经被证实是电子商务网站中一种有效的营销手段,国内外许多零售型网站都实施了会员制计划,几乎已经覆盖了所有行业。

9. 博客/微博营销

博客/微博营销是一种基于个人思想、体验等表现形式的知识资源,通过网络传递信息,是一种新颖的、行之有效的营销传播方式。企业或个人利用博客/微博这种网络交互式平台,发布并更新与企业或个人相关的信息,从而树立良好的企业形象和产品形象。企业或个人通过更新博客/微博内容与关注者进行交流互动,或者发布关注者感兴趣的话题,同时密切关注、及时回复平台上关注者提出的相关询问,以达到营销目的。博客/微博营销其本质是一种以知识信息资源为基础的内容营销模式,即通过增加企业信息的网络可见度实现品牌或产品推广。该营销方式注重价值的传递、内容的互动、系统的布局、准确的定位,博客/微博的火热发展也使得其营销效果尤为显著。

10. 病毒式营销

病毒式营销并非真的以传播病毒的方式开展营销,而是通过用户的口碑宣传的关系网络,信息像病毒一样传播和扩散,利用快速复制的方式传向数以千计、数以百万计的受众。病毒式营销是一种常用的网络营销方式,通过"让大家告诉大家"的口口相传的用户口碑传播原理,利用网络的快速复制与传递功能,将要表达的信息在互联网上像病毒一样迅速扩散与蔓延。因此,病毒式营销是一种高效的信息传播方式,由于这种传播是用户之间自发进行的,因此是一种几乎不需要费用的网络营销手段。

11. 网络事件营销

随着信息技术与互联网的不断发展,网络已经成为汇集民意的新渠道。在网络这一传播媒介的协助下,网络事件营销方式成为企业及时、有效、全面地向大众宣传产品或服务的新型营销模式。网络事件营销是一种高谋略的营销推广方法,精通此方法的企业往往可以通过精心策划的事件来吸引目标人群的广泛关注。在网络营销实践中,事件营销因成本低、传播迅速、影响面广以及关注度高等优点而备受企业青睐。

12. 新媒体营销

新媒体营销是指利用新媒体平台,在特定产品的概念诉求的基础上,对消费者进行心理引导的营销推广方式。新媒体营销的渠道,或称新媒体营销的平台,主要包括但不限于门户、搜索引擎、微博、微信、博客、播客、论坛、手机、移动设备、应用程序等。新媒体营销并不是单一地通过上面的渠道中的一种进行营销,而是需要多种渠道整合进行,甚至在营销资金充裕的情况下,可以与传统媒介营销相结合,形成全方位、立体式营销。

13. 网络营销的其他方法

除了上面介绍的网络营销的主要方法外,网络营销的实现方式还有很多,比如社会性网络服务(social networking services, SNS)营销、软文营销、论坛营销、精准营销、数据库营销、嵌入式营销、社群营销、视频营销等,本书将在后面的章节中分别进行介绍。

知识链接

网络直销模式的代表——戴尔

戴尔计算机公司(DELL)于1984年由年仅19岁的迈克尔·戴尔创立,初创时注册资金为1000美元,是得克萨斯州法律所规定的最低额度。2003年6月,戴尔计算机公司的市值已经达到800亿美元,营业额则达到了310亿美元。一个年轻的创业者,以极低的创业成本,在计算机行业处于领先地位,并开创了互联网直销模式的先河,让我们扫描下面二维码一起来看看他成功的奥秘吧!

任务四 网络营销与传统营销

网络营销与传统营销并不是彼此对立的,它们各有优劣,适合不同的企业。作为一种新兴的低成本营销方法,网络营销可以以较低的成本帮助广大中小企业拓展营销渠道,打造自己的品牌,这在传统营销中是不可想象的。

传统营销在很多情况下还是有效的,但对资金实力有限的中小企业,选择网络营销已经是一种趋势。现在有些传统企业,不再招聘大量业务员发传单、打电话,也不再到电视、报纸、户外展柜投放大量的广告,而是将宣传阵地转向了互联网。他们购买几台电脑,通过网络营销一样可以做到和以前一样的业务量甚至做得更好。

一、网络营销与传统营销的区别

在互联网环境中,网络营销较传统营销,从理论到方法都有了很大的变化,主要表现在以下几个方面。

1.营销理念的转变

网络营销的出现,使大规模目标市场向个人目标市场转化成为可能,并向集中型、个性化营销理念转变。而在传统营销中,不论是无差异策略还是差异化策略,其目标市场的选择都是针对某一特定消费群,很难把每个消费者都作为目标市场。目前,企业可通过互联网收集大量信息以了解消费者的不同需求,从而使企业的产品更能满足顾客的个性化需求。海尔集团多年来发展迅速,一直深受消费者的好评,原因是多方面的,但满足消费者个性化需求,无疑是一个不可忽视的原因。亚马逊、淘宝网、当当网等的成功,部分原因也要归功于其提供的个性化服务。

2.支撑技术的不同

以现代信息技术为支撑是网络营销与传统营销最大的区别。网络营销是一种在现代科学技术基础上发展起来的新的营销模式,它的核心是以计算机信息技术为基础,通过互联网和企业内部网络实现营销活动的信息化、自动化和全球化。在互联网时代,企业营销活动的信息收集、产品开发、生产、销售、推广、售后服务与评价等一系列过程,均离不开现代计算机技术的支撑。

3.供求平衡的变化

网络营销缩短了生产者和消费者之间的距离,节省了商品在流通中经历的诸多环节,有利于降低流通费用和交易费用。传统营销模式下,企业无法对产品的配置和数量加以精确规划,供应商不清楚客户何时需要他们的产品,不得不建立库存以应对各种需求,库存常有积压,由此导致供应链臃肿,造成清理库存的损失,然而网络营销却使这种现象逐渐得到了改善。

4. 市场环境的变化

网络营销面对的是完全开放的市场环境,互联网的出现及广泛应用已将企业营销引向了一个全新的信息经济环境。传统市场营销活动中的物理距离,在很大程度上被网络的电子空间距离所取代,"时差"不复存在。互联网的开放性和参与性使网络营销面对的市场环境完全开放,其丰富多彩的内容和灵活便利的商业信息交流模式,吸引着越来越多的网络用户。

5. 沟通方式的转变

传统营销在沟通方式上只能做到信息输送的单向性,利用媒体广告、公关活动等传统促销手段也只能提供单向的信息传输,企业很难及时得到消费者的反馈信息,因此生产经营策略和企业营销方式的调整必然滞后,这最终影响了企业目标和企业盈利的实现。通常,在传统媒体上,尤其是在电视上做广告,尽管企业投入了巨额资金,但由于受到媒体本身特性的限制,所达到的营销目标也许只是企业的形象宣传,对产品的性能、特征、功效无法进行深入的描述与刻画,消费者也总是处于被动地位,只能根据广告等在媒体中出现的频率、广告的创意等来决定购买意向,有关产品功能、性能等指标很难获悉。

网络营销的出现,在很大程度上弥补了传统营销在沟通方式上的不足。互联网使信息沟通模式由单向被动式,转变为双向主动交互式。目前在网上流行的QQ、微信等即时通信工具可以使人们随时保持双向沟通。通过互联网,企业可以为用户提供丰富、详细的产品信息,用户也可以通过网络向企业反馈信息,真正做到双向互动交流。

6. 营销策略的改变

网络营销的双向互动性,使企业真正实现了全程营销模式。企业必须从产品的设计阶段开始,就充分考虑消费者的需求与意愿。在互联网上,即使是小型企业也可以通过电子公告栏、在线讨论平台和电子邮件等方式,以极低的成本在营销全过程中对消费者进行即时的信息收集。消费者则有机会对从产品设计到定价以及服务等一系列问题发表意见。这种双向交互式沟通方式,提高了消费者的参与性和积极性,更重要的是它能使企业的决策有的放矢,从根本上提高消费者的满意度。

7. 时空界限的变化

网络营销消除了传统营销中的时空限制,它能够提供24小时无间断服务,消费者可以随时查询所需商品或企业的信息,在网上进行购物,并且查询和购物程序简便、快捷。这种优势在某些特殊商品的购买过程中尤其突出。

需要注意的是,尽管同样是网络营销,网络公司与传统企业的理解会有所不同,网络营销的内容也会不一致。对传统企业来说,网络营销是一种辅助性的营销方式,建立网站、网站推广、利用网站宣传自己的产品和服务等,都是网络营销的内容。网站为人们提供了一个了解企业的窗口。但传统企业的网站形象与企业的现实形象之间并不一定完全一致,因为在企业网站建立之前,人们已经有了一定的认识。企业的品牌形象是在建立企业网站之前就已经确立了。但对网络公司而言,网站则代表着网络公司的基本形象,人们有时甚至不去考虑一个网络公司有多大的经营场所,有多少员工,而仅从网站的内容和设计进行判断。也就是在网民的心目中,网站是一个虚拟的企业,是人们了解网络公司的重要途径。因此,对网络企业来说,网站的品牌形象比传统企业的网站重要得多,这也是为什么许多企业在网上进行实名认证的原因。互联网公司与任何其他行业的公司一样,也需要制订有效、合理的市场营销方案。

二、网络营销与传统营销的联系

网络营销与传统营销虽然各有不同的特点,但也有相同之处,主要表现在以下两个方面。

1. 传统营销是网络营销的基础

网络营销作为一种新的营销方式或技术手段,是整个营销活动中的一个组成部分。企业若想借助网络手段产生价值,就必须将网络营销与传统的企业营销方式结合起来,否则,仅仅靠一种信息手段从事商务活动,必将会因为对行业的不理解和资源缺乏而没有任何优势可言。网络营销不是横空出世的,它与传统营销之间没有严格的界限,两者都是企业的经营活动,都需要通过组合运用来发挥最大的功效,单靠某一种手段就达到理想的营销目标是不切实际的。

现代企业不论用什么手段开展营销,首要的问题就是要了解现有顾客和潜在顾客的需求,然后采取一定的措施满足用户的需求。归根结底,互联网只是一种信息中介,能够获得利润的是其提供的信息服务。互联网不可能完全取代传统的行为模式,大量的交易还要通过离线方式进行。网络只是一种营销手段,而不是营销活动的全部。网络经济的主体是利用互联网提供的便利,大幅度降低交易成本和向消费者提供更好服务的传统公司,以及研制、生产、销售或者提供互联网和网络公司所需设备、软件及其服务的制造商和服务商。也就是说,只有传统公司利用网络技术改造价值链,降低生产成本和交易费用,互联网经济才能有足够的支撑。

2. 网络营销与传统营销都需要通过组合发挥作用

现代企业要想实现预定经营目标,仅靠单一的手段是远远不够的,必须要开展多种营销活动,启动多种关系,制订各种营销策略,并加以组合运用,这样才能实现预期目标。因此,在具体的营销实践中,不论是网络营销还是传统营销,都应把满足消费者的需求作为一切活动的出发点。这里的需求,不仅仅是指消费者的现实需求,还包括潜在需求。

目前,网络营销已成为许多企业的重要经营策略,尤其是中小企业对这种低成本的营销方式表现出了更大的热情。许多网络公司都在为盈利而努力,一些网上零售商甚至发展实体店来拓展销售渠道,网络公司并购传统企业的事件时有发生。另外,传统企业对网络营销的热情日益高涨,注资或并购网络公司的案例也在不断增加。网络企业与传统企业、网络营销与传统营销之间也在相互融合。事实上,两者之间并没有严格的界限,网络营销理论不可能脱离传统营销的理论基础。

三、网络营销与传统营销的融合

网络营销作为一种全新的营销理念和营销方式,凭借互联网的特性将对传统营销方式产生巨大的冲击,但这并不代表网络营销将完全取代传统营销模式,它们之间必将是一个相互配合、相互协调、相互融合,并逐步整合的过程。其原因有以下几个方面。

首先,从心理学的角度看,消费行为至少有两种动机:一种是真的产生了购买的需要,这种情况只要能够使消费者及时地、安全地满足该需要就可以,这种动机的需要可以被网络满足;另一种则并不仅仅是为了购买,而是为了享受消费的过程,有这种动机的消费者则是把整个挑选、试货等过程看作一种享受,不愿意把这一过程缩短,传统营销过程中的这种优点是网络营销无法取代的。

其次,消费者购物往往有"眼见为实"的心理。在商品的挑选上,传统营销比网络营销有更大的自主性。消费者到商场购物,常常会对所需商品的各方面进行仔细查看,以确定它是否符合自己的需要,这种选择是完全自主的,消费者可以了解想知道的几乎所有信息。但网络营销方式下的商场是虚拟的,从网上对商品的了解程度在于营销人员输入到计算机中的信息量。有些信息,如商品的质地、质量、重量、大小等不一定会在网上全部展现。即使能了解到所有需要的信息,消费者购买某些产品时也会有一种不踏实的感觉,更何况销售者亲临商场购物都怕碰到假冒伪劣产品。另外,也确实发生过通过网上购物方式而获得的食品已过保质期的现象。所以对有的产品、有的企业完全用网络营销取代传统营销,并不能取得预期效果。

再次,网络营销还要面对许多领域无法体会的问题。网络给人们带来了种种便利,同时也带给人们更多的烦恼。尽管电子商务日益普及和完善,但网络依然存在着安全的"脆弱性"。目前的金融结算体系还不能完全适应电子商务的要求,无法消除用户对交易安全性的顾虑。网上交易首先要防黑客,还要防诈骗,尤其在C2C方面,网络欺骗已到了比较严重的地步。国内90%以上的电子商务站点都存在一些普遍性的安全漏洞,攻击者可以轻易盗取用户账号、交易密码,并可使用用户资金进行网上交易。这些安全漏洞将直接影响电子商务站点的信誉,对国内电子商务的发展进程将产生重大影响。由于买卖双方都素未谋面,彼此毫无了解,网站对上传信息无法确认以及跟踪交易,为诈骗提供了肥沃的土壤。网上支付、网上信用等都造成了人们不会完全改变传统消费方式的事实。

最后,互联网上的销售市场,只是整个商品市场的一部分,覆盖的消费者群体只是整个市场中的某一部分。许多消费群体由于各种原因还不能或者不愿意使用互联网,比如老年人。而传统的营销策略和手段却可覆盖这部分群体。

虽然已经有越来越多的人认识到互联网对企业发展的重要作用,但只有部分企业认识到将网络与传统营销融合起来的重要性。美国马特里克斯(Matrixx)营销公司的调查显示,还有不少被调查的公司没将网络用到对顾客的服务体系当中,这些公司只是将互联网看作一种销售工具。正确的做法应该是,通过网络营销来支持企业的整个营销体系,但是网络营销只能作为企业整体营销战略中的一部分,不是唯一的解决方案,网络营销方案也必须与企业战略策划相互匹配与支撑,最终将网络营销整合到企业整体的营销计划之中,并充分发挥两者融合后的更大优势。

知识链接　　　　钱天白——中国Internet之父

钱天白,被称为"中国Internet之父"、我国十大杰出网络人物。他在普及宣扬Internet概念上起了不可忽视的作用。

任务五　我国网络营销的发展历程及现状

网络营销是随着互联网进入商业应用而逐渐产生的,尤其是万维网、电子邮件、搜索引擎得到广泛应用之后,网络营销的价值才日益凸显。电子邮件虽然早在1971年就已经诞生,但在互联网普及之前还没有被应用于营销领域,到了1993年才出现了基于互联网的搜索引擎。

1994年被认为是网络营销发展中最重要的一年。1994年10月14日,美国著名的连线网(www.wired.com)在其主页上刊登了AT&T等14个客户的Banner广告,这是网络广告首次面世,同时基于互联网的知名搜索引擎雅虎(Yahoo)、网络爬虫(Web Crawler)、搜信(Infoseek)等网站也相继诞生,这也标志着网络营销实践的出现。1995年7月全球最大的网上商店亚马逊宣告成立。

知识链接 　　　　　　　　第77个接入互联网的国家

1994年4月20日,中国正式成为第77个真正拥有全功能Internet的国家。

一、我国网络营销的发展历程

相对于互联网发展较早的美国,我国的网络营销大致诞生于1997年,相对起步较晚。在1997年之前,国内的网络营销相对比较初级,尚未形成有影响力的网站及网络营销应用。

从1994年至今,我国的网络营销大致经历了五个发展阶段:萌芽阶段(2000年以前)、发展与应用阶段(2001—2005年)、市场形成与发展阶段(2006—2010年)、社会化转变阶段(2011—2015年)、多元化与生态化阶段(2016年至今)。我国网络营销的发展历程及特征如表1-1所示。

表1-1　我国网络营销的发展历程及特征

2000年以前	2001—2005年	2006—2010年	2011—2015年	2016年至今
①萌芽阶段	②发展与应用阶段	③市场形成与发展阶段	④社会化转变阶段	⑤多元化与生态化阶段
网络营销传奇 网站快速发展 电商平台出现 网上零售开始 企业上网服务 搜索引擎影响	网络营销服务 企业网站建设 网络广告发展 E-mail营销 搜索引擎营销 网上销售环境	第三方服务 认识需求提高 服务专业化 网络营销资源 新概念、新方法 社会化网络	全员网络营销 Web2.0营销 社会化媒体 网上销售成熟 传统方法衰落 移动营销崛起	渠道分散化 信息社交化 效果不确定性 用户生态思维 社会关系资源 用户价值营销

1.萌芽阶段(2000年以前)

我国于1993年3月与国际互联网连通,1994年3月获准加入互联网,同年5月,所有联网工作全部完成,政府对互联网的进入表示许可,并确定中国的网络域名为".cn"。中科院高能物理研究所的Ihepnet与因特网的连通迈出了中国和世界各地数百万台电脑共享信息和软硬件的第一步。1995年8月在北京召开的高能物理大会上宣布确定中国网向全世界开放。

在这一阶段,"网络营销"的基本表现为概念和方法不明确、是否产生效果主要取决于偶然因素、多数企业对互联网几乎一无所知。

在1997年以前,还未普及的网络使人们对其产生了强烈的神秘感。从早期报纸刊登的文章中可以看出一些我国企业最早利用网络开展营销活动的痕迹。如被称为网络营销经典神话的"山东农民网上卖大蒜"。据可查证的资料记载,山东陵县西李村支部书记李敬峰上网的时间是1996年5月,所采用的网络营销方法为"注册了自己的域名,把西李村的大蒜、菠菜、胡萝卜等产品信息一股脑儿地搬上因特网,发布到了世界各地"。现在,在搜索引擎中输入"山东十李敬峰"之类的关键词,除了前面所介绍的相关报道外,却无法找到其他有关的资料。1996年山东青州农民李鸿儒首次在国际互联网上开设"网上花店",他的公司没有一名推销员,年销售收入却达950万元,客户遍及全国各地。李鸿儒因此被人们称为"中国网络营销第一人",《计算机世界报》1997年第6期对李鸿儒的报道如图1-3所示。在很大程度上,早期的"网络营销"更多地具有神奇色彩,与网络营销的理性应用还有很大距离。

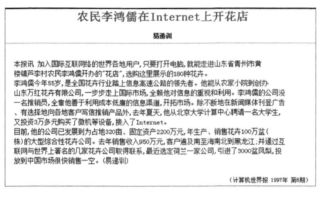

图1-3 《计算机世界报》1997年第6期对李鸿儒的报道

1997年,我国的网民数量只有62万,能上网的计算机只有29.9万台。全国站点只有1500个,应该说,此时的大多数企业对互联网处于朦胧的认知阶段。

然而,也有部分企业抓住了互联网的优势,实现了网络营销的"第一桶金"。1997年江苏无锡小天鹅公司利用互联网,向国际上8家大型洗衣机生产企业发布了合作生产洗碗机的信息,后来通过网上洽商,他们最终敲定与阿里斯顿进行合作,并签订了价值2980万元的合作合同。1997年海尔集团通过互联网将3000台冷藏冷冻冰箱远销爱尔兰,截至1999年5月12日,该公司累计通过互联网发布信息11298次,接受并处理用户电子函件3600多封,公司网站的访问人数由1998年的平均每天2300人次,扩大到平均每天27000人次,并有20%出口业务通过互联网实现(如图1-4所示)。

图1-4 海尔集团通过网络营销发展业务

以新网、万网、中国频道为主的基础应用服务商领衔国内的网络营销,同时大大小小的网络营销渠道初步建立。北京、上海、广州等地不少商业企业也纷纷在网上开设虚拟商店,全国网上商店已达100家左右。

2.发展与应用阶段(2001—2005年)

进入21世纪后,我国的互联网也开始进入门户时代。2001年以后,以"企业上网"为主要业务的一批专业服务商开始发展,一些公司已形成了在该领域的优势地位,这种状况也标志着国内的网络营销服务领域逐渐走向清晰化。以3721网站领航我国的网络营销事业为代表,门户网站、搜索引擎服务商、电子商务服务商等群雄并起,快速进入网络营销领域。同时各地的网络营销渠道也在快速发展和巩固,配合厂商的全国布局,形成了成熟的全国网络营销服务网络。2003年底,企业建站数量达595550个,比上年同期增长了60.3%,全国电子商务交易的总额也达到了2788万元。

在这一阶段,百度、谷歌、雅虎逐渐形成三足鼎立之势,网络营销服务大部分集中在基础应用和搜索引擎推广领域。随着传统企业对网络营销的需求不断扩大,不少企业通过互联网以较低的成本获得了很大的回报,促使更多我国企业开始尝试加入网络营销的行业中来。我国企业在网络营销中的表现非常多元化,企业不再单纯地选择和依赖一种网络营销工具来完成本企业的网络营销推广,更多的网络营销工具也应运而生。

根据中国互联网信息中心(China Internet Network Informaton Center,CNNIC)的统计数据显示,我国2004年网络营销市场规模达到了39.47亿元,2005年达到了56.31亿元。企业在这一时期网络营销采用的主要方式是网络广告、E-mail营销、搜索引擎营销等。

3.市场形成与发展阶段(2006—2010年)

2005年以后,在网络营销服务市场规模不断扩大的同时,网络营销服务产品类别在不断增加,网站访问统计分析系统、实时在线服务工具等网络营销管理工具逐渐得到关注,专业的网络营销顾问咨询服务、网络营销培训也越来越受到重视。

随着传统企业对网络营销需求的不断增大,企业对网络营销的应用也逐渐成熟和理智,对网站推广综合解决方案的需求明显增加,企业更希望获得完整的网站推广整体方案而不是购买孤立的网站推广产品,同时规范的网站优化思想被越来越多的企业认可。随着互联网经济的火热发展,出现了越来越多的网络营销资源,其中包括可用的免费推广资源及网络营销管理服务,如免费网络分类广告、网上商店平台、免费网站流量统计系统等。淘宝网、慧聪网等网站成为B2B电子商务平台的领先者。

2007年开始,网络营销进入了井喷式发展的阶段,搜索广告、B2B平台、广告联盟、社区营销等都开始以更快的速度蓬勃发展,同时又出现了一些新的网络营销概念,如博客营销、RSS营销等。营销效果的可控性、精准性越来越强。

2008年,在金融危机的刺激下,我国网络营销呈现高增长态势。据独立第三方数据统计分析服务提供商CNZZ统计显示,2008年网络营销交易规模达1000亿之多,增速超过130%,网购用户规模达8000万,网购占社会消费品零售总额的比重首次突破1%。

2009年,我国网络营销基础继续扩大,网络营销逐渐彰显出影响力。例如,网络推手开始浮出水面,口碑营销开始进入企业规划。比较主流的网络营销手段有品牌广告、搜索引擎关键字广告、网络口碑营销、网络互动营销等。这些营销手段依靠的是网络新闻、搜索引擎、网络视频、博客、社交网站、论坛等网络应用用户数量巨大,并且2009年这些网络应用仍旧发展迅速。

2010年,我国网络购物市场交易规模达4980.0亿元,占到社会消费品零售总额的3.2%。

同时,网络购物用户规模达到1.48亿,在网民中的渗透率达30.8%。越来越多的人通过互联网了解身边的事情,了解吃穿住行用的品牌,此时的企业也看到了这一充满诱惑力的变化,而这也直接导致了网络营销的持续爆发式增长。

《第27次中国互联网发展状况统计报告》显示,截至2010年12月底,我国小企业在电子商务(网络营销)方面的互联网应用水平为42.1%,其中电子邮件营销方式是企业最普遍采用的互联网营销方式,有21.3%的企业曾经采用过电子邮件营销,利用电子商务平台推广的比例为19.3%,利用搜索关键字广告进行营销的比例为15.4%。

在这一阶段,企业对网络营销的认识越来越理性化,网络营销的发展进入了稳定的发展时期。但综合分析来看,当时国内的网络营销还远没有达到成熟的阶段,大约还需要延续5~10年的时间。

4.社会化转变阶段(2011—2015年)

网络营销社会化的表现是网络营销从专业知识领域向社会化普及知识发展演变,这是互联网应用环境发展演变的必然结果,这种趋势反映了网络营销主体必须与网络环境相适应的社会化实质。需要说明的是,网络营销社会化并不简单等同于基于社会网络化服务的网络营销,社会化网络营销只是网络营销社会化所反映的一个现象而已。正是由于网络营销社会化趋势,加之移动互联网对社会化网络营销的促进,网络营销逐渐从流量导向向粉丝导向演变,尤其是微博、微信等移动社交网络的普及,为粉丝经济环境的形成提供了技术和工具基础。

以网络营销社会化为基本特征,这个阶段大致可归纳为以下六个方面的特点。

(1)开始向全员网络营销发展。博客营销形式灵活多样,Web2.0人人皆可参与,这些互联网服务为全员网络营销奠定了技术基础和思想基础。事实上企业的每位员工乃至每位合作伙伴或者顾客都直接或者间接地对企业的网络营销产生着正面或者负面的影响,每个人都可以成为网络营销的组成部分。全员网络营销的影响将是持久而深远的。本书在后续内容中将对社会化网络营销进行详细的介绍。

(2)不断出现基于Web2.0的网络营销平台。在传统网络营销,如搜索引擎营销、网络广告、网络会员制营销,广泛应用的同时,开放式在线百科(WIKI)平台营销、问答式(ASK)社区营销、文档分享等多种形式的Web2.0应用平台为企业开展网络营销提供了平台和工具,使得网络营销的形式更加丰富多彩。这意味着网络营销的内容和方法更加庞大,企业开展网络营销的竞争也更为激烈。

(3)社会化媒体营销蓬勃兴起。在2009年年初,大家对微博的了解可能还很少,但到了2012年之后,微博几乎与QQ等网络工具一样成为上网用户必不可少的互联网应用之一。社会化网络服务(social networking services,SNS)快速发展,出现了一批有代表性的SNS网站,如人人网、开心网、新浪微博、腾讯微信等。以微博营销为代表的SNS营销也成为2011年之后最热门的网络营销分支领域之一,其应用普及速度远远高于当年的博客营销,成为粉丝经济的典型标志,也为后期微信营销的快速扩展培养了用户基础。

(4)网络营销与网上销售紧密结合。如果说早期的网络营销以网络宣传、品牌推广为主,那么进入21世纪第一个十年,网上销售已经成为网络营销要求的必然结果之一,尤其是淘宝、京东等网上商店平台巨大的影响力,吸引了大量企业和个人利用淘宝或天猫开设企业的网上专营店和旗舰店,让企业的网络营销与在线销售结合得更加紧密。同时,大量企业开始建设自己的网上商城,消费者可通过企业官方网站而不是第三方B2C网站平台就可实现在线购买。

航空公司的机票在线购买、酒店行业的网上预定,以及部分消费类电子产品企业及品牌服装企业的网上直销等,都显现出勃勃生机。这标志着真正的企业电子商务时代的到来。团购电子商务模式如雨后春笋,也标志着电子商务环境已经基本成熟。

(5)部分传统网络营销模式逐渐被冷落。由于营销人员对新型网络营销资源的关注,使得部分传统网络营销模式的受关注程度逐渐降低,如B2B电子商务平台逐渐被用户冷落,曾作为网站推广主要方法的搜索引擎优化也不再是主流。微博出现之后,博客的被关注程度有所弱化,微信的出现则对微博又有相当大的影响。随着越来越多网络营销工具的出现,部分传统网络营销模式受到冷落也在情理之中,毕竟企业无法在所有的领域都投入充足的资源和精力,关注当前的热点是很多企业的选择。

(6)移动网络营销的重要性不断突显。2009年之后智能手机很快得到普及,移动网络营销的便利性和即时性得到了充分体现,移动网络营销对传统网络营销不仅仅是补充,同时又开拓了一个全新的营销领域,诞生了很多基于手机的网络营销方法,如微信公众号及各种应用程序(App)等,为网络营销带来了巨大的发展空间。

5.多元化与生态化阶段(2016年至今)

目前的网络营销处于快速发展的演变时期。从网络营销的应用环境来看,新的网络营销平台和资源不断涌现;从网络营销的方法来看,传统网络营销与移动网络营销方法日益融合,移动网络营销方法逐渐成主流;从网络营销的指导思想来看,流量和粉丝地位同样重要,同时又都具有进一步发展演变的趋势。简单归纳起来,2016年以后几年的网络营销发展趋势主要体现在两个层面——网络营销思维生态化和网络营销环境多元化。

(1)正在形成的网络营销生态化思维。根据网络营销的发展历程分析,每个重要的历史阶段都会伴随相应的指导思想和思维模式。网络营销的思维模式大致经历了四个层次:技术思维(2000年前)、流量思维(2001—2009年)、粉丝思维(2010—2015年)、生态思维(2016年以后),如图1-5所示。技术思维是指以技术为导向,注重网站及推广的技术本身。流量思维是指以网站访问量为目标,这也是网站运营的核心目标。粉丝思维是指获取尽可能多的粉丝关注,向粉丝传递网络营销信息。生态思维是指以用户关系网络的价值体系为基础设计网络营销战略。

图1-5 中国网络营销思维模式的演变

全员网络营销的理念和方法,使网络营销社会化迈出了重要的一步,进而形成了网络营销的粉丝思维。与流量思维相比,人的重要性进一步突出,并且逐渐从企业员工发展到整个社会关系网络。网络营销的导向是通过集聚粉丝资源,向粉丝传递网络信息并得到粉丝的再次传播,从而实现网络信息传递的放大效应,获得网络营销的价值。但总体来说,粉丝思维属于单向价值模式,即基本出发点是用户为企业创造价值。

网络营销的生态思维是对粉丝思维的发展,其核心思想是:在吸引粉丝关注的基础上,进一步建立用户之间、用户与企业之间的价值关系网络,明确用户之间的关联关系及用户价值体现,使用户成为企业价值链的组成部分,通过社会关系网络互联及全维度价值传递,从而最大化实现用户价值。因此,网络营销的生态思维可简单描述为用户价值型网络营销。

网络营销生态思维与企业生态思维、行业生态思维等都有一定的共性,同时又有特定的含义。企业生态思维注重产品系列的关联,网络营销生态思维的关注重点在于用户价值的关联关系。预计用户价值型网络营销将成为网络营销社会化的高级形态。

(2)日益复杂的网络营销多元化环境。2016年之后的网络营销环境,其显著特征之一是多元化,如网络营销渠道的多元化、网络营销方法的多元化、网络营销资源的多元化和社会关系网络的多元化等。与多元化相对应的是分散化,即传统主流网络营销方法的重要程度在下降,多种新型网络营销方法,尤其是基于手机的网络营销方法不断涌现。分散化也将带来一系列新的问题,例如,难以在短期内形成被公认的网络营销效果评价方式,网络营销效果的不确定性增加等。多元化环境下的网络营销特征及趋势体现在以下几个方面。

①网络营销分散化程度将继续提高。主流渠道分散化的趋势,从2009年已经开始表现出来,这正好与社会化网络及移动网络营销的发展同步,移动网络营销进一步加剧了网络营销分散化。

②网络营销的融合化将提速。2014年之后,网络营销进入网络可信度与网络可见度融合的阶段,2016至2018年之间传统网络营销与移动网络营销的融合速度越来越快,融合程度也越来越高。

③内容营销将进入高级阶段。传统的内容营销形式如许可E-mail营销、博客营销、微博营销等,在移动互联网环境下将不断发展演变,从内容形式及营销模式方面将继续创新,以用户价值为核心的理念进一步得到体现。

④网络营销思想及策略不断升级。基于网络营销生态思维的用户价值营销策略将在实践中不断完善,网络营销思想的层次也将在实践中进一步提升。

二、我国网络营销的发展现状

1.搜索引擎策略仍在高速发展

搜索引擎在网络营销中的地位显得越来越重要,搜索引擎策略包括基于自然检索的搜索引擎推广方式和付费搜索引擎广告方式。以百度竞价排名为代表的搜索引擎广告在2006年持续快速发展,成为各种规模的企业网络推广的重要渠道之一。搜索引擎广告市场的高速增长也反映了企业对搜索引擎推广的重视程度。随着上网用户数量的增加,用户使用搜索引擎检索的次数也在增加,这进一步提高了搜索引擎的网络营销价值。另外,随着百度等搜索引擎市场推广力度的增加,以及各种新搜索引擎的出现(如电信互联星空搜索、MSN搜索、QQ搜搜等)和专业搜索引擎的发展,也为搜索引擎策略的发展带来了更大的活力。

2.Web2.0网络营销受到的重视程度越来越高

尽管Web2.0网络营销尚未形成主流,但随着Web2.0网站的快速发展,不仅提供了更多的网络营销资源,也随之出现了更多的网络营销方法。一些典型的Web2.0应用,如博客、网摘、播客等逐渐表现出其网络营销价值,成为可以被有效利用的网络营销工具。

3.规范的网站优化思想的影响力继续提升

在搜索引擎策略中,基于搜索引擎自然检索的推广模式涉及搜索引擎优化方法。在搜索引擎优化的发展历程中(尤其是2003年至2005年期间),曾经因为一些从业者不规范的操作方式为企业搜索引擎策略带来了较大的影响。后来新竞争力网络营销管理顾问公司提出了规范的网站优化思想,并且通过大量实例和理论研究传播正确的网站优化理念和方法,根据该公司综合众多企业的分析发现,规范的网站优化思想得到了广泛认可并且影响力继续提升。

4.企业网络营销管理意识有所提高

多家专业免费流量统计系统的出现,提高了企业网络营销管理的意识。网站流量统计分析是网络营销管理中的基础内容,是了解网站运营状况、评价网站推广效果、分析用户访问行为,并在此基础上改进网络营销策略的基本手段之一。免费流量统计工具为企业关注网站运营效果、提高网络营销管理能力发挥着重要作用。在一定程度上来讲,是免费流量统计服务的发展为企业网络营销管理提供了启蒙教育。

5.企业网站数量增长缓慢,专业水平较低

尽管企业应用互联网已经有十多年,但相对于互联网用户的增加速度而言,企业网站数量的增长速度相对缓慢,数量较少。根据中国互联网信息中心的统计,截至2012年12月底,我国网站数量为268万个,80%的中小企业没有建立独立的专业网站。企业网站数量增长速度不高的现象,在一定程度上表明,前几年建成的企业网站因专业水平等因素的制约,企业未能从网站的建设中带来明显的效益,这也影响了更多企业建设网站的积极性。根据新竞争力网络营销管理顾问公司的调查,超过75%的企业网站在专业性方面都存在非常突出的问题。造成这种状况的主要因素之一,在于大部分企业的网站建设工作都依赖于网络营销服务商的专业水平,由于一些服务商自身水平不高,为企业建设的网站体现不了网络营销效果。这种状况不论对网站建设服务市场的进一步发展,还是对企业网络营销水平的提升,都是非常不利的。

6.B2B电子商务平台仍然是普及程度最高的网络营销方法之一

尽管企业网站数量比较少,专业水平有限,但中小企业的网络营销仍然非常活跃,信息发布、网上商店等无站点的网络营销方法多年来一直在稳定发展。借助于淘宝网、慧聪网等B2B平台发布供求信息并进行推广,是一定时期内普及应用程度较高的网络营销方法。近年来,跨境电子商务的发展,方便了外贸企业进出口业务的发展,这类企业对B2B电子商务平台的依赖性更大。阿里巴巴等领先的B2B电子商务网站信息资源整体优化状况较好,其搜索引擎检索功能的易操作性使潜在用户很容易发现企业发布的供求信息,效果甚至比自行建设一个专业性欠佳的独立网站更加明显。

7.网络营销产品在线直接购买程度低

在众多网络营销服务商的努力推动下,购买网络营销服务产品(尤其是网络推广产品,如网络实名、百度竞价排名、谷歌关键词广告等)的企业日益增加。但到目前为止,网络服务产品还主要依靠服务商的推销,用户直接在线购买较少。即使像域名注册、虚拟主机等基础网络营销服务已经实现了在线购买的电子商务流程,但大部分企业用户仍然需要依靠本地服务商的线下服务。网络营销产品提供商对传统代理渠道依赖的状况,一方面表明网络营销渠道服务商的价值不高,另一方面也表明国内网络营销服务的层次还比较低。

项目小结

通过对本项目内容的学习和实践,读者应该能够正确理解并掌握网络营销的内涵、特点及优势,熟悉网络营销的职能及内容体系,理顺网络营销与传统营销的关系,全面了解我国网络营销的发展历程和各发展阶段的特征,并逐渐培养起运用网络营销的思想分析问题、解决问题的能力。

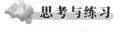

项目二 网络营销基本理论与理念

学习目标

知识目标

理解并掌握各种网络营销理论的内涵;掌握网络整合营销的思想;熟悉关系营销与客户关系管理的内容;掌握病毒营销与口碑营销的关系。

能力目标

能够运用网络营销的各种理论与理念来分析和解决各种实际问题;熟练掌握网络整合营销的步骤;结合网络企业实际,能够熟练地运用各种网络营销策略。

对应工作(岗位)

网络营销经理、网络营销总监、网络营销主管、营销方案策划员、企业销售代表、网站管理员、网络推广专员、网络调研专员、行业营销顾问、行业分析师、搜索引擎优化专员、网站(店)运营专员、客户服务管理员、商品管理员、价格管理员、网络广告专员、网络编辑、美工、网络公关等。

项目分析

项目概述

网络营销理论是在传统营销理论的基础上发展起来的新的营销理论,它与传统营销理论既有区别又有联系,从事网络营销工作的相关人员都必须对其有所了解和熟知。本项目重点阐述网络营销的基本理论和理念,着重介绍直复营销与整合营销、定制营销与合作营销、关系营销与客户关系管理、体验营销与娱乐营销、病毒营销与口碑营销等内容。相信读者通过本项目的学习,一定会对网络营销的基本理论与理念有比较清晰的认识。

案例导读 网易味央黑猪:"互联网+农业"品牌营销

在第九届虎啸奖颁奖盛典暨第十二届虎啸国际高峰论坛上,网易旗下"互联网+农业"品牌网易味央黑猪凭借品牌营销案例斩获11项虎啸大奖。我们可以从网易味央黑猪的"互联网+农业"品牌营销中学到什么呢?

一、大树底下好乘凉

即便味央黑猪肉最终卖出了千万业绩,如果没有网易前期在资金和资源方面的投入,如今也很难成为网红。

那如何在农产品营销中快速成名呢?答案是:找到口碑和品质都好的行业知名机构合作,比如你是搞生态养殖的,那么你可以选择盒马鲜生、超级物种、7Fresh等新零售渠道合作。这些都是知名大品牌,而且有相对成熟、稳定的渠道,不仅能产生实际的销售业绩,更能在公司对外谈判时起到一定程度的背书作用,增加筹码。

二、擅于制造话题,引发舆论焦点

以营销见长的网易擅长"没事搞事"来制造话题,引发舆论焦点,并调动相关资源提升用户参与感,拉近消费者和推介产品的距离。图2-1为销售中的网易味央黑猪肉。

纵观味央猪的发展史,你会发现其实就是一起经过缜密策划的营销事件。媒体曝出网易创始人丁磊养猪,养猪场选址在浙江,接着揭秘味央猪的养猪场……味央猪在网易考拉拍卖,1元"全民养猪众筹",睡进网易味央猪场、史上首个猪场直播、味央"双12中国式相亲"……以低门槛、趣味化、多元的方式将"网易养猪"变成"大家养猪",让受众从"消费者"变成"参与者"。此外,1919万的众筹金额在中国农业众筹中也是少见的,让养猪场的主人们看到品牌农业的另一种可能。

图2-1 销售中的网易味央黑猪肉

值得注意的是,配合养猪众筹,网易味央接连发起了两次事件营销。一是联合国内住宿分享平台"小猪短租"发起"睡进网易味央猪场"活动,邀请网友睡进养猪场。这种极富戏剧性的营销操作,让养猪场"臭气熏天"的刻板印象瞬间成为历史,也将网易味央农场的高科技属性和安心品牌理念正式推出。二是在多数养殖场见光死的现状下,反其道而行,将"直播"这一参与感和信任感极强的形式首次引进养猪业。在众筹突破888万之际,在网易新闻、B站、斗鱼等多家平台直播猪场,并邀请网易CEO丁磊和财经作家吴晓波对话养猪。在几个小时内,将网易味央黑猪"住豪宅、吃猪粮、蹲马桶、听音乐"的传说从新闻稿变成现实。从结果来看,这次直播吸引的围观人数高达500万,很多人在感叹"人不如猪"的背后,安心品质、福利养殖的品牌理念也已深入他们的心中。

除了以上两次事件营销外,网易味央针对众筹还推出了表情包、黑猪新闻联播等一系列策划,多元、密集的创意从不同渠道为众筹的关注度蓄水,也让网易味央养猪众筹和网易云音乐乐评地铁和网易严选的丁磊采茶,共同成为网易的热门营销。

三、打造人格化IP——网红猪小花

为突出自身在技术创新、福利养殖、产品品质上的明显优势,网易味央推出了一个虚拟IP(知识产权)形象猪小花,不间断地推出黑猪宇宙大碟、猪小花表情包、黑猪新闻联播,策划猪小花时装周走秀、"嘿猪"出道MV、3D AR餐厅营销、"双11"直播答题、和杨洋一起直播等创意营销,对外输出了一个有趣、有品,猪生幸福的"猪界黑富美"的IP形象,进一步包装了"安心品质、福利养殖"的品牌理念。通过这些持续、统一的创新营销,网易味央可以说是打造了中国农业品牌中成功的品牌IP。

网易不仅特地为黑猪出了一张《网易味央黑猪宇宙大碟》专辑,还一本正经地在网易云音乐独家上线,此种不走套路的操作获得了大量用户的好评。在专辑中,《我叫猪小花》的歌词中唱到"春夏秋冬,健康养生用马桶。南北西东,山好水好做运动",从细微处体现了网易味央黑猪用"猪马桶"、自由空间大等猪场的现实。

四、发挥名人效应

2017年的乌镇互联网大会后的聚餐中,网易创始人丁磊邀请参会者吃的饭中就有网易味央黑猪肉。通过中国互联网半壁江山"内测团"的好评,"名人效应"让这款猪肉快速在大众中成名,使其产品成为媒体、大众追捧的"网红"。

此外,陈晓卿、沈宏非、陈立等美食家的关键评价,潘石屹、谢霆锋的加持,在杭州等地举办的各式"全猪宴"和美食自媒体测评,又在另一个维度上提升了味央黑猪的价值。让网易味央黑猪轻松顺利地登上了头条,并将关注度转化为了销售量。

（资料来源:网经社 http://www.100ec.cn/detail_6498081.html。有修改。）

总结与分析:农产品如何做出品牌是中国农业的难题。农产品如何做好品牌,则是中国营销界的超级难题。在了解网易味央黑猪的品牌打造之路后,我们不难发现,在互联网大发展的背景下,网易正是利用自身平台的影响力、创始人的身份、丰富的互联网营销经验和渠道等基础,结合当下大众关注的"食材安全"这一品牌核心,通过各种渠道,用创新、反常规等方式,让味央黑猪安全放心的特点渗透到大众消费群体,从而实现品牌打造及营销转化一举两得的效果。

任务分析

任务一　直复营销与整合营销理论

一、直复营销理论

直复营销理论产生于20世纪80年代,当时的美国直复营销协会认为,直复营销是为了在任何地方产生可度量的反应和/或达成交易而使用一种或多种广告媒体相互作用的市场营销体系。直复营销的"直"来自英文的"direct",即直接的意思,是指不通过中间分销渠道而直接通过媒体连接企业和消费者。例如,企业网店是一种典型的直复营销方式,用户通过搜索引擎或网络广告直达企业网站选择商品、下单、结算。直复营销中的"复"来自英文中的"response",即"回复"的意思,是指企业与顾客之间的交互,顾客对这种营销能够有一个明确的回复,企业可以统计到这种明确回复的数据,由此可对以往的营销效果进行评价。"回复"是直复营销与直接销售的最大区别。

从直复营销的定义来看,网络营销所包含的这一系列活动完全符合直复营销的理念,并成为典型的直复营销活动。互联网作为一种交互式的、可以双向沟通的渠道和媒体,在企业与顾客之间架起了方便的、双向互动的桥梁。通过互联网,顾客可以直接参与从产品设计、定价到订货、付款、生产、交易的全过程,企业可以直接获得市场需求情况、开发产品、接收订单、安排生产并直接将产品送给顾客。网络营销作为一种有效的直复营销策略,源于网络营销活动的效果是可测试、可度量和可评价的。互联网信息处理高效率、低成本的特点,使企业可以及时了解消费者需求变化的情况,有助于细分目标市场、提高营销活动效率。有了及时的营销效果评价,企业还可以及时改进以往的营销方式,从而获得更满意的营销执行结果。

1.网络直复营销的特点

(1)在网络直复营销活动中,用户与企业都可在任何时间和地点,进行信息的双向交流。

互联网可以全天候提供网上信息发布、沟通,顾客可根据自己的时间安排通过网络获得信息。而传统营销模式往往都是有地域和时间属性的。这是网络直复营销非常显著的一个特点。网络直复营销作为一种相互作用的体系,提供了开放、自由的双向式信息沟通网络,企业和用户之间实行"一对一"的信息沟通和交流,为企业"一对一服务"提供了可能。

(2)网络直复营销对营销数据可以精确掌握。通过网络技术和数据库技术,企业和顾客之间所有的交互数据都可以进行保存、分析,进而提供决策依据。比如,通过用户人口数据,可以分析出企业搜索引擎推广的效果和各网络广告所带来的收益,进而调整网站推广策略;根据用户所处地理位置和所购商品,可以分析出各地区用户的消费习惯,进而细分目标市场;根据各产品的页面浏览频率,可以得出哪一类商品更受关注,进而调整企业的产品策略;通过了解用户的购买需求及反馈信息,可以发现企业经营中的不足,进而优化营销策略。

(3)网络直复营销极大地降低了企业经营成本。企业通过网络直面用户,降低了产品的中间分销成本。由于信息渠道的扁平化,企业可将产品库存压缩到最低,甚至是零库存生产,也就是完全按订单生产。从营销成本来看,目前的搜索引擎推广、网络广告推广和社区营销等常用推广方式,也为网络营销的开展极大地降低了成本。

2.网络直复营销的常见做法

网络直复营销主要有以下两种方式:一种是企业在互联网上建立自己独立的网站,申请域名,制作网站主页和销售网页,由网络管理员专门处理有关产品的销售事务;另一种是企业委托信息服务商在网站上发布相关信息,企业利用有关信息与客户联系,直接销售产品。虽然在第二种有信息服务商参加,但主要的销售活动仍然是在买卖双方之间完成的。

网络直复营销可利用网络工具,如电子邮件、公告牌等,随时了解用户的愿望和需要,并据此开展各种形式的网络产品促销活动,迅速扩大产品在网络市场中的占有率。企业能通过网络及时了解到用户对产品的意见和建议,并针对这些意见和建议提供技术服务,答疑解难,提高产品质量,减少服务与质量瑕疵,通过这种一对一的销售模式,企业可以与消费者在心理上建立良好的关系。

知识链接

直复营销之父——莱斯特·伟门

莱斯特·伟门是伟门公司的创始人,是公认的"直复营销之父",开创了全新的产品和服务销售方式。他通过庞大的多媒体代理机构,掀起了直复营销突破运动,从而创建了唱片邮购公司哥伦比亚唱片俱乐部和美国运通旅游与娱乐信用卡业务公司。

二、整合营销理论

1.整合思想的演变

网络整合营销强调首先要把顾客整合到整个营销过程中来,从顾客的需求出发,在最大限度地满足顾客需求的基础上,实现企业利润的最大化。整合营销将企业营销战略的重心由4P转移到4C,体现了"以顾客为中心",以及注重沟通的思想。由于4P和4C都是对营销过程中重点元素的静态描述,没有从营销核心目的的角度将其表述为一个动态的过程。随着市场的发展,企业需要从更高层次上以更有效的方式在企业与顾客间建立起有别于传统的新型的主动性关系,舒尔茨教授在4C营销理论的基础上又提出了4R的概念。

(1)4P的基本含义。1960年,美国密歇根大学教授杰罗姆·麦卡锡在其第一版《基础营销学》中,第一次提出了著名的4P营销组合经典模型,即产品(product)、价格(price)、渠道(place)、促销(promotion)。作为市场营销组合的代码简称,4P是一个传统的市场学概念。4P理论重视产品导向,以满足市场需求为目标。最早将复杂的市场营销活动简单化、抽象化、体系化,构建了营销学的基本框架,至今仍然是人们思考营销问题的基本模式。然而,随着市场环境的变化,该理论没有把消费者的行为和态度变化作为思考市场营销战略的重点,不能完全适应市场的变化,故而是一种静态的营销理论。

(2)4C的基本含义。鉴于市场营销理论的发展和4P自身存在的不足,1990年,罗伯特·劳特朋发表了《4P退休 4C登场》的文章,提出了一个以顾客为中心的新的营销模式——著名的4C理论,即顾客(consumer)、成本(cost)、方便(convenience)、沟通(communication)。该理论不再以产品为重心,更注重顾客,注重如何与顾客沟通。

(3)4R的基本含义。美国学者唐·舒尔茨在4C营销理论的基础上,提出了4R的营销思想。4R分别代指关联(relevance)、反应(reaction)、关系(relationship)、回报(reward),即与顾客建立紧密的关联,提高企业对市场的反应速度,重视企业与顾客的互动关系,注重企业在营销活动中的回报。该理论认为,企业需要从更高层次上以更有效的方式在企业与顾客之间建立起新型的主动性关系。

(4)4P、4C、4R三者的关系。4R是在4P、4C基础上的创新与发展,在一定时期内和特定环境下,4P还是营销的一个基础框架,4C也是很有价值的理论和思路。因此,三种理论仍具有自身的适用性和可借鉴性。在营销实践中,应该把三者有机结合起来,根据市场环境和服务对象的具体情况,选择合适的营销工具,使之发挥最大的营销效果。

(5)4I的主要内容。随着移动互联网的迅速崛起,移动互联网的多维网络状的生态思维逐渐被人们所认知。这种生态思维以节点彼此连接,形成大小不同的生态圈,不同生态圈之间又彼此连接形成更广的生态圈。更广的态圈再彼此连接,形成更大更广的生态圈或系统。因此,网络整合营销又被赋予了新的原则,即突出4I的移动营销原则。4I分别代指趣味原则(interesting)、利益原则(interests)、互动原则(interaction)、个性原则(individuality)。

2.整合营销的概念

整合营销(integrated marketing communication,IMC),又称整合营销传播,是欧美国家20世纪90年代以消费者为导向的营销思想的具体体现,是由美国西北大学市场营销学教授唐·舒尔茨提出的。整合营销就是根据企业的目标设计战略,并支配企业各种资源以达到战略目标(图2-2)。传媒整合营销作为整合营销的分支应用理论,就是从"以传播者为中心"到"以受众为中心"的传播模式的战略转移。整合营销倡导更加明确的消费者导向理念,因而,传媒整合营销理论对我国新的改革形势下传媒业的发展应该具有重要的指导意义和实用价值。

在市场营销学界,"整合营销"概念的产生和流行是20世纪90年代的事情。但人们对整合营销传播在概念上的理解却多有分歧,就连提出整合营销传播理论概念的舒尔茨本人也在不断修正自己的观点。随着营销环境的不断变化,人们对整合营销传播的要求也在不断提升,因此,整合营销传播也在不断发生调适性改变,从早先重在营销传播的战术和运作,发展到现在立足于营销管理,以此来建立顾客关系的系统化战略规划。

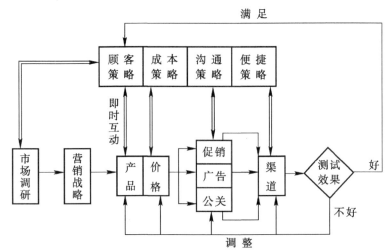

图2-2 网络整合营销的决策过程

20世纪90年代初,传统营销传播的"自上而下"的管理方式被"权力下移"所取代,家庭结构与价值观的变化、媒体剧增、电脑的信息处理带来的革命、消费者根据自己的品位自行决定购物方式与地点等,使世界局势整体发生了变化,也改变了企业运营获利的方式。

3.网络整合营销的概念

互联网的出现改写了人们的交往和沟通形式,新技术的发展和新媒体的产生,使"简单变得越来越复杂,复杂也变得越简单"。品牌不是分割哪一个目标对象,也不只是单一的品牌营销——消费者不再被划分为群体和社区,因为人人都是自媒体。网络整合营销是利用互联网特性和技术,更加有效、高性价比地完成整合营销计划,达到传统的整合营销不能达到的高效客户关系管理等,从而精准地实施营销策略,实现企业营销的高效率、低成本、大影响。可以从以下几个方面来理解网络整合营销的概念:网络整合营销是基于信息网络(主要是互联网),利用网络技术和网络特性的最大化、最快速、最有效、最精准地进行整合营销;网络整合营销是以为客户提供有价值的信息为基础,由客户创造、传播为主导的整合营销理念进行的网络营销。

4.网络整合营销的特点

(1)传播资讯的统一性。整合营销是帮助企业与顾客、关系利益人发展品牌关系、维护和强化品牌关系的商业模式。实施整合营销,需要一个整合的组织结构,以及一个可以同时传达信息和倾听关系利益人声音的沟通渠道。企业以统一的传播资讯向消费者传达,即用一个声音来说话,消费者不论从哪种媒体所获得的讯息都是统一的、一致的。其目的是运用和协调各种不同的传播手段,使其发挥出最佳、最集中统一的作用,最终实现企业与消费者之间建立长期的、双向的、维系不散的关系。

(2)互动性。消费者可以与企业开展富有意义的交流,可以迅速、准确、个性化地获得信息、反馈信息,如果说传统营销理论的实质是"消费者请注意"的话,那么,整合营销所倡导的格言就是"请消费者注意"。虽然只是两个词之间位置的调换,但使消费者在营销过程中的地位发生了变化。

(3)目标营销。企业的一切营销活动都应该围绕企业的目标来进行,实现全程营销。整合营销目标,使所有营销活动都拥有同一目标,向同一方向发力,必然会事半功倍,达到预期效果。

知识链接

《江南 Style》为什么是个成功的营销?

韩国歌手朴载相拍摄的《江南 Style》发布于 2012 年 7 月 15 日,短短几个月风靡全球。截至 2012 年 10 月 15 日,这个视频在 YouTube 上的点击量已经超过 4.6 亿次,成为 YouTube 历史上最受欢迎的视频。不仅如此,这首歌还登上了英国流行乐榜冠军以及美国流行音乐榜亚军。这是第一次有一首韩国歌曲能够占据美国电视黄金时段。据传闻,歌手本人几个月中,仅靠这首歌就赚到了超过 500 万元人民币的收入。他是怎么做到的呢?请扫描二维码了解。

任务二 定制营销与合作营销理论

一、定制营销

定制营销是指在大规模生产的基础上,将市场细分到极限程度——把每一位顾客视为一个潜在的细分市场,并根据每一位顾客的特定要求,单独设计、生产产品并迅速交货的营销方式。其核心目标是以顾客愿意支付的价格,并以能获得一定利润的成本,高效率地进行产品定制。美国著名营销学者科特勒将定制营销誉为 21 世纪市场营销的最新领域之一。在全新的网络环境下,兴起了一大批像戴尔、亚马逊、宝洁等为客户提供定制服务的企业。

1. 定制营销的优势

与传统营销方式相比,定制营销体现出其特有的竞争优势。

首先,定制营销可以体现以顾客为中心的营销观念。从顾客需求出发,与每一位顾客建立良好关系,并为其开展差异性服务,实施一对一的营销,最大地满足用户的个性化需求,从而有助于提高企业的竞争力。由于定制营销注重产品设计创新与特殊化,其个性化的服务管理与经营效率有助于实现市场的快速形成和裂变发展。在这种营销中,消费者需要的产品由消费者自己来设计,企业则根据消费者提出的要求来进行大规模定制。

其次,定制营销实现了以销定产,有助于降低企业库存成本。在大规模定制下,企业的生产运营受客户的需求驱动,以客户订单为依据来安排定制产品的生产与采购,使企业库存最小化,从而降低了企业成本。因此,定制营销的目的是把大规模生产模式的低成本和定制生产以客户为中心这两种生产模式的优势结合起来,在不牺牲经济效益的前提下,了解并满足单个客户的需求。可以这样说,定制营销将确定和满足客户的个性化需求放在企业营销的首要位置,同时又不牺牲效率。

再次,定制营销可以在一定程度上减少企业新产品的开发和决策风险。

2. 网络定制营销的特点

互联网技术的发展有助于改善企业与顾客的关系,随着企业与顾客相互了解的增加,网络营销活动将更适合于定制。网络定制营销又称为在线个性化定制,它不同于传统的定制营销,并具有以下几个特点。

(1)规模化生产。网络营销仍然以大规模生产为基础,借助产品设计和生产过程的重新组合可以更好地满足顾客日益个性化的需求,同时又不失规模经济效益。

(2)网络数据库营销。网络企业在定制营销时,通常以顾客数据库为营销工具。企业将自己与顾客发生的每一项联系都记录下来,如网络顾客购买的时间、数量、价格、特定需求等详细的顾客信息。这样,企业可以通过数据库,分析新老顾客的需求状况,从而制订更具体、更有针对性的网络营销策略。

(3)完全细分市场。在网络定制营销中,企业完全可以对市场进行细分。由于网络时代,顾客越来越强调个性化需求,这就要求以每一位顾客来划分市场,企业要根据每个人的需要确定自己的网络营销组合。

(4)顾客主动参与。在定制营销中,为了确保顾客的满意度,必须鼓励顾客的积极参与及合作。离开顾客的参与,定制营销将流于形式,不能最大限度地满足顾客的需求。

知识链接　　　　　　　　　个性定制

"个性定制"一词来源于法国的高级定制时装,它有一个专门的词汇——Haute Couture。世界上第一家符合"Haute Couture"概念的时装店于1858年出现在巴黎。那我们国内的个性定制情况如何,可以为哪些群体提供服务呢？请扫描二维码了解。

二、合作营销

合作营销,也可以称为联合营销、协同营销,主要是指两个或两个以上相互独立的企业,通过共同分担营销费用,协同进行营销传播、品牌建设、产品促销等方面的营销活动,以达到共享营销资源、实现优势互补、增强市场开拓、巩固营销目标的一种营销理念和方式。

1.合作营销的形式

(1)水平合作营销。水平合作营销是指企业在某一特定营销活动内容上的平行合作。如两个企业在开发某一新产品上通力合作,或者在对产品的广告和促销上进行合作,或者互相为对方产品提供销售渠道等。水平合作最有可能在同行业的企业中展开,它能实现共享资源、共担风险、降低成本、强化市场竞争力等目标。合作形式有共同开发、共同销售、特许经营、联合生产、联合服务、共享资源等。

(2)垂直合作营销。垂直合作营销是企业在不同的营销活动内容上的合作。企业把供应商、分销商和消费者均纳入自己的市场营销渠道系统,通过与供应商、分销商在营销理念上整合,共同面向市场,调动消费者购买的积极性,从而实现企业、供应商、分销商、消费者多方共赢的结果。如丹麦的诺沃公司是生产胰岛素和酶的一家小企业,具有一定的生产技术优势,但是其自身的销售能力却很差。为此,诺沃公司与美国的施贵宝公司合作,由施贵宝公司专门负责北美市场的销售活动,这样取长补短,取得了很好的效果。垂直合作营销又可分为特许经营和销售代理制两种主要形式。

(3)交叉合作营销。交叉合作营销是指企业在营销活动中全方位、多角度的合作,主要在不同行业的企业之间进行,这种合作对市场的启动和渗透具有重要作用。如在麦当劳与迪士尼的全球销售联盟中,麦当劳在迪士尼乐园中开设快餐店,对其市场渗透具有显著的积极意义。又如,中国第一汽车集团有限公司曾与中国建设银行合作,凡购买捷达轿车的客户均可在中国建设银行申请购车贷款,这无疑给捷达轿车的市场启动注入了巨大活力,也极大地提高了中国建设银行的市场渗透。随着企业多元化战略的不断应用,这种交叉合作已越来越为企业所接受。交叉合作又被称为全方位合作或全面合作,它在国际营销中的重要性将受到越来越多的重视。

2.合作营销的利弊

合作营销的最大好处是可以使联合体内的各成员以较少的费用获得较大的营销效果,有时还能达到单独营销无法达到的目的。合作营销的优点主要体现在以下几个方面:

(1)巩固已有的市场地位,增强企业的竞争实力。美国的通用、福特、克莱斯勒三大汽车公司当年就是通过与日本和韩国的企业合作来提高市场占有率的。三大汽车公司以定牌生产的方式,购进日本和韩国的小轿车在美国市场销售,以满足一部分消费者的需求。而英特尔与微软之间构建的"Wintel"联盟,给竞争者设置了一道难以逾越的屏障,从而保证了双方的竞争优势。

(2)有利于开发新市场。企业要想进入一个国际新市场,不仅需要巨额的投资,还会遇到很多意想不到的非关税壁垒的限制。通过与当地企业的合作,可以开辟出一条进入新市场的捷径,而多家企业联手开拓新市场也可以规避很多风险。法国酸奶制造商达能和加拿大冷冻食品公司麦肯公司合作进军南非的酸奶市场,成功地挑战了欧文和强生这样的大品牌。

(3)有助于多元化战略的展开。多元化战略要求企业有意识地向新的领域进军。但是,新的领域对企业来说是一个陌生的地带,要承担很大的市场风险,通过合作营销就能减少这样的市场风险。

(4)减少无益的竞争。同一行业的企业在激烈的竞争中往往会产生负效应,从而增加企业的生产成本,进行合作营销能避免这种情况的产生。

除了上述优点,合作营销的弊处也不容忽视,这些缺点主要表现在以下几个方面:

(1)联合各方所承担的费用难以商定,利益冲突较难摆平,相互关系较难处理。

(2)营销活动的时间、地点、内容和方式较难统一,各方都希望选取对自己最有利的活动时间、地点、内容和方式。

(3)营销活动开始后,各方为了吸引顾客,或提高产品的销量,有可能互相拆台,使合作伙伴成为竞争对手。

(4)在联合营销活动中,要突出本企业或本企业产品的特色有一定困难。

3.合作营销的原则

网络企业要想扬长避短,必须摆正合作的思想,正确运用合作营销理念,坚持合作的原则,这样才能达到预期效果。

(1)互利互惠原则。互利互惠是合作营销最基本的原则,只有合作各方都能得到好处,合作营销才能顺利进行。比如,桂格麦片公司与上海联华超市联合推出了一项营销活动,即凡购买桂格麦片超值装(卖600克附送150克)的消费者,还可以得到联华超市5元面值的折扣券1张。这一营销活动不但对桂格麦片进行了促销,也对联华超市的其他商品的销售产生了推动,桂格麦片公司和联华超市双方都能从中得到好处,自然双方会同心协力共同合作。

(2)目标市场趋同或相近原则。合作各方要有基本一致的目标消费群体,才容易收到理想效果。如美宝莲润唇膏的折扣券是夹在博士伦隐形眼镜向其会员寄发的资料册中发送的。这种合作之所以可行,是因为这两种产品有共同的目标消费群体,都是年轻女性。嘉龙牌食用油和家乐牌调味粉联合营销的内容是顾客买一壶油和一组调味粉,就可以减价 3.5 元。这两种产品的目标消费者一致,销售渠道一致,甚至可以放在一个货架上推广,因此这样的营销效果较好。

(3)优势互补原则。可口可乐与北京大家宝薯片"绝妙搭配好滋味"的促销活动,则是基于可口可乐是微甜的软饮料,大家宝薯片是微咸的休闲食品,这种搭配可以在口感上相互调剂,甜咸适宜,在销售中双方实现双赢。

(4)形象一致原则。选择合作对象还要考虑对方市场形象的问题。企业树立市场形象并不容易,一旦选择合作伙伴不当,将有可能损害甚至破坏自己的市场形象,得不偿失。市场定位差距较大的企业间的合作,或者选择与品牌形象欠佳的企业合作,都是不明智的。

(5)强强联手原则。合作营销最好是知名企业、知名品牌之间的强强联合。如果是强弱联合或弱弱联合,这种联合有可能起反作用。柯达胶卷与可口可乐两家公司曾推出"巨星联手、精彩连环送"的促销活动,由于双方都是知名企业、推广的都是名牌产品,因此该活动对消费者的吸引力就非常大。

知识链接

芭比娃娃的联合促销

美泰公司(Mattel)旗下著名的玩具品牌"芭比娃娃"自 1959 年上市以来,一直致力于与包括服装、珠宝、日用品、电子产品等各类品牌间的联合促销活动。芭比娃娃有何魅力能保持小女生的长久吸引力呢?好奇的你,扫一扫下面二维码,了解一下吧。

任务三 关系营销与客户关系管理理论

一、关系营销

关系营销,也称作关系营销学,是指在营销过程中,企业要与消费者、竞争者、分销商、供应商、政府机构和公众等发生交互作用的营销过程。它的结构包括外部消费者市场、内在市场、竞争者市场、分销商市场等,其核心是与自己有直接或间接营销关系的个人或集体保持良好的关系。

网络关系营销,是指企业借助联机网络、电脑通信和数字交互式媒体实现营销目标。它是一种以消费者为导向、强调个性化的营销方式,适应了定制化时代的要求;它具有极强的互动性,是实现企业全程营销的理想工具;它还能极大地简化顾客的购买程序,节约顾客的交易成本,提高顾客的购物效率。现代企业应充分发挥互联网的互动优势,灵活开展网络营销,促进企业的持续发展。

1. 关系营销的本质特征

(1)双向沟通。在关系营销中,沟通应该是双向而非单向的。只有广泛的信息交流和信息共享,才可能使企业赢得各个利益相关者的支持与合作。

(2)合作。一般而言,关系有两种基本状态,即对立和合作。只有通过合作才能实现协同,因此合作是"双赢"的基础。

(3)双赢。关系营销旨在通过合作增加关系各方的利益,而不是通过损害其中一方或多方的利益来增加其他各方的利益。

(4)亲密。关系能否得到稳定和发展,情感因素也起着重要作用。因此,关系营销不只是要实现物质利益的互惠,还必须让参与各方能从关系中获得情感的需求满足。

(5)控制。关系营销要求建立专门的部门,用以跟踪顾客、分销商、供应商及营销系统中其他参与者的态度,了解关系的动态变化,及时采取措施,消除关系中的不稳定因素和不利于关系各方利益共同增长的因素。

此外,通过有效的信息反馈,也有利于企业及时改进产品和服务,更好地满足市场需求。

2. 网络营销的关系营销属性

在网络营销活动中,互联网作为一种有效的双向沟通渠道,使企业与顾客之间可以实现低成本、高效率的沟通和交流,它为企业与顾客建立长期关系提供了有效的技术保障。

(1)网络营销的实质就是满足顾客的个性化需求,根据顾客的个性化需求借助柔性化生产技术,从而最大限度地满足顾客需求,为顾客消费产品和服务创造更多的价值。网络企业也可以从顾客的需求中了解市场、细分市场和选择目标市场,最大限度地降低营销费用,提高对市场的反应速度。

(2)网络跨时空的特点使得企业与顾客之间可以进行充分的交流。企业利用互联网可以更好地为顾客提供产品或服务并与顾客保持密切联系,同时还可以实现对产品设计、产品生产、产品配送、消费者需求满足等营销活动的全过程进行质量控制。顾客也可以借助互联网以快速便捷的方式获得企业的产品或服务。

(3)互联网以最低的沟通成本帮助企业与上下游企业在市场竞争中建立合作发展的战略联盟关系,从而实现关系各方双赢或多赢。如联想公司就是通过建立电子商务系统和管理信息系统实现与分销商的信息共享,从而降低库存成本和交易费用,同时使双方的合作关系更加密切。

二、客户关系管理

客户关系管理(customer relationship management,CRM),最初由高德纳公司(Gartner Group)提出,并伴随着网络软件应用的兴起和电子商务的开展进入中国。最早发展客户关系管理的国家是美国,在1980年初便有所谓的"接触管理"(contact management),即专门收集客户与公司联系的所有信息;1985年,巴巴拉·本德·杰克逊提出了关系营销的概念,使人们对市场营销理论的研究又迈上了一个新的台阶;到1990年则演变成包括电话服务中心支持资料分析的客户关怀(customer care)。

1. 客户关系管理的概念

从管理科学的角度来考察,客户关系管理源于市场营销理论;从解决方案的角度考察,客户关系管理是将市场营销的科学管理理念通过信息技术的手段集成在软件上,得以在全球大规模的普及和应用。客户关系管理既是一项综合的IT技术和管理软件,也是一种新的营销观念。它源于"以客户为中心"的新型商业模式,是一种旨在改善企业与客户关系的新型管理机制。通过向企业的销售、市场、服务等部门和人员提供全面及个性化的客户资料,并强化跟踪服务、信息分析能力,可以使企业内部协同构建和维护一系列与客户以及商业伙伴之间卓有成效的"一对一"关系,从而使企业得以提供更快捷和周到的优质服务,提高客户满意度,吸引和留住更多的客户,增加营业额,并通过信息共享和优化商业流程,有效地降低企业经营成本。

客户关系管理有三层含义:①体现为新的企业管理的指导思想和理念;②创新的企业管理模式和运营机制;③企业管理中信息技术、软硬件系统集成的管理方法和应用解决方案的总和。

通俗地来说,客户关系管理就是利用软件、硬件和网络技术,为企业建立一个客户信息收集、管理、分析、利用的信息系统。客户是企业的一项重要资产,是客户关系管理的核心;客户关怀是客户关系管理的中心,其目的是与所选客户建立长期和有效的业务关系,在与客户的每一个"接触点"上都更加接近客户、了解客户,增强客户的满意度,培养客户的忠诚度。

如图2-3所示,客户关系管理的功能可以归纳为三个方面:对销售、营销和客户服务三部分业务流程的信息化;与客户进行沟通所需要的手段(如电话、传真、网络、电子邮件等)的集成和自动化处理;对上面两部分功能所积累的信息进行加工处理,产生客户智能数据库,为企业的战略、战术的决策提供支持。一般来讲,当前的客户关系管理产品所具有的功能都是图2-3的子集。

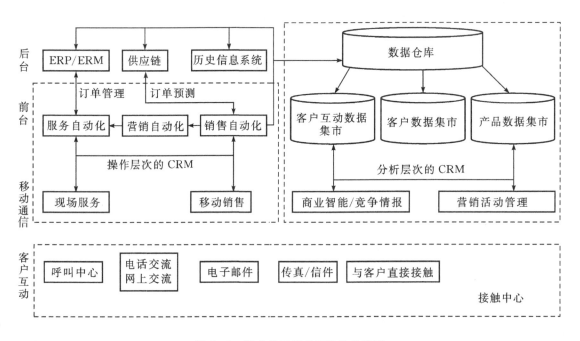

图2-3 客户关系管理系统的功能图

2.客户关系管理的企业价值

让我们首先看一些数据:50%以上的企业利用互联网是为了整合企业的供应链和管理后勤;客户满意度如果有了5%的提高,企业的利润将加倍;一个非常满意的客户的购买意愿将6倍于一个满意的客户;2/3的客户离开其供应商是因为客户关怀不够;93%的企业CEO认为客户管理是企业成功和富有竞争力的重要因素。

根据对一些成功实现客户关系管理的企业调查表明,每个销售员的销售额增加51%,顾客的满意度增加20%,销售和服务的成本降低21%,销售周期减少1/3,利润增加2%。

归纳起来,客户关系管理的目标体现在以下三个方面:

(1)提高效率。通过采用信息技术,可以提高业务处理流程的自动化程度,实现企业范围内的信息共享,提高企业员工的工作能力,并有效减少培训需求,使企业内部能够更高效地运转。

(2)拓展市场。通过新的业务模式(电话、网络)扩大企业经营活动范围,及时把握新的市场机会,占领更多的市场份额。

(3)保留客户。客户可以自己选择喜欢的方式,同企业进行交流,方便地获取信息得到更好的服务。客户的满意度得到提高,可帮助企业保留更多的老客户,并更好地吸引新客户。

3.客户关系管理的作用

客户关系管理的产生是市场与科技发展的结果,是一种旨在改善企业与客户之间关系的新型管理机制,它被广泛实施于企业的市场营销、销售、服务与技术支持等与客户相关的领域。而在线 CRM 是基于互联网模式并专为中小企业量身打造的在线营销管理、销售管理、完整客户生命周期管理的工具。客户关系管理系统有助于解决客户关系管理中常常出现的遗忘老客户、盲目寻找新客户、客户信息分散、企业缺乏竞争力、软件灵活性差、开发升级难等"顽疾"。客户关系管理系统的具体作用体现在以下三个方面:

(1)通过客户关系管理系统,销售管理人员不仅可以根据实时数据,进行市场预测分析,制订可行性的计划和目标,还可以帮助他们更加有的放矢地跟踪客户。企业可以对销售人员实施动态业绩考核和评比,让不同分公司、销售人员之间形成正激励效应,提升公司业绩。

(2)通过客户关系管理系统,可以将企业资源进行科学而全面的分类,包含对客户、竞争对手、合作伙伴等的具体分类。这样信息记录就会更加全面,有助于实现公司内部资源管理的计算机化、标准化、自动化,减轻管理人员工作负担,提高工作效率,也有助于企业领导的监控和决策。

(3)由于不同的企业都有着不同的经营管理特色,即使是同一行业的企业,管理流程也不尽相同。因此,客户关系管理系统要能针对企业的实际需求,灵活开发,适时扩展功能,做好系统维护及升级工作,努力帮助企业优化客户资源,为企业经营活动及时提供真实、准确、翔实的信息。

知识链接 Zoho——全球 CRM 系统及 SaaS 云计算软件提供商

Zoho 是一个什么高科技的东西呢?扫描下面二维码了解一下吧!

任务四 体验营销与娱乐营销

一、体验营销

体验营销是通过看(see)、听(hear)、用(use)、参与(participate)等手段,充分刺激和调动消费者的感官(sense)、情感(feel)、思考(think)、行动(act)、关联(relate)等感性因素和理性因素,重新定义、设计的一种思考方式的营销方法。这种思考方式突破了传统的"理性消费者"的假设,认为消费者消费时是理性与感性兼具的,消费者在消费前、消费中和消费后的体验才是购买行为与品牌经营的关键。

1. 体验营销的实施模式

体验营销的目的在于促进产品销售,通过研究消费者状况,利用传统文化、现代科技、艺术和大自然等手段来增加产品的体验内涵,在给消费者心灵带来强烈的震撼时促成销售。体验营销主要有以下八种实施模式:

(1)节日模式。每个民族都有自己的传统节日,传统的节日观念对人们的消费行为起着无形的影响。这些节日在丰富人们精神生活的同时,也深刻影响着消费行为的变化。随着我国的节假日不断增多,出现了新的消费现象——"假日消费",企业若能把握好商机便可大大增加产品的销售量。

(2)感情模式。感情模式是通过寻找消费活动中导致消费者情感变化的因素,掌握消费规律以及有效的营销心理方法,来激发消费者积极的情感,促进营销活动顺利进行。

(3)文化模式。利用传统文化或现代文化,使企业的商品及服务与消费者的消费心理形成社会文化气氛,从而有效地影响消费者的消费观念,进而促使消费者自觉地接近与文化相关的商品或服务,促进消费行为的发生,甚至形成一种消费习惯和传统。

(4)美化模式。由于每个消费者的生活环境与背景不同,对美的要求也不同,这种不同的要求也反映在消费行为中。人们在消费行为中求美的动机主要有两种表现:一种是商品能为消费者创造出美和美感;另一种是商品本身存在客观的美的价值,这类商品能给消费者带来美的享受和愉悦,使消费者体验到美感,满足对美的需要。

(5)服务模式。对企业来说,优越的服务模式可以征服广大消费者的心,取得他们的信任,同样也可以使产品的销售量大增。

(6)环境模式。消费者在感受良好的听、看、嗅过程中,容易产生喜欢的特殊感觉。因此,良好的购物环境,不但迎合了现代人文化消费的需求,也提高了商品与服务的外在质量和主观质量,还使商品与服务的形象更加完美。

(7)个性模式。为了满足消费者的个性化需求,企业开辟出了一条富有创意的双向沟通的销售渠道。在掌握消费者忠诚度之余,企业通过这种模式满足了消费大众参与的成就感,同时也增进了产品的销售。

(8)多元化经营模式。现代的销售场所不仅装饰豪华,环境舒适典雅,配有现代化设备,而且集购物、娱乐、休闲为一体,使消费者在购物过程中也可娱乐、休息;同时也使消费者自然而然地进行心理调节,从而创造更多的销售机会。

2. 体验营销的主要策略

(1)感官式营销策略。感官式营销是消费者通过视觉、听觉、触觉与嗅觉建立感官上的体验,其主要目的是创造知觉体验。感官式营销可使消费者区分企业和产品的不同,引发消费者的购买动机和增加产品的附加值等。以宝洁公司的汰渍洗衣粉为例,其广告语突出"山野清新"的感觉——"新型山泉汰渍带给你野外的清爽幽香"。宝洁公司为创造这种清新的感觉也做了大量工作,并取得了很好的效果。

(2)情感式营销策略。在情感式营销过程中,要触动消费者的内心情感,创造情感体验,可以是一个温和、柔情的正面心情,如欢乐、自豪,甚至是强烈的激动情绪。情感式营销需要真正了解什么刺激可以引起某种情绪,以及如何使消费者自然地受到感染,并融入这种情景中来。在"水晶之恋"果冻广告中,我们可以看到一位清纯、可爱、脸上写满幸福的女孩,依靠在男朋友的肩膀上,品尝着他送给她的"水晶之恋"果冻,就连旁观者也会感受到这种"甜蜜爱情"的体验。

(3)思考式营销策略。思考式营销可以启发人们的智力,创造性地让消费者获得认识和解决问题的体验。它运用惊喜和诱惑,引发消费者产生统一或各异的想法。在高科技产品宣传中,思考式营销被广泛使用。

(4)行动式营销策略。通过偶像如影视歌星或著名运动明星等来激发消费者,使其生活形态予以改变,从而实现产品的销售。在这一方面耐克可谓做得极为经典。该公司的成功主要原因之一是有出色"Just Do It"广告,经常地描述运动中的著名篮球运动员迈克尔·乔丹,从而升华身体运动的体验。

(5)关联式营销策略。关联式营销策略是包含感官、情感、思考和行动或营销的综合策略,该营销策略特别适用于化妆品、日常用品、私人交通工具等领域。美国市场上的"哈雷牌"摩托车,车主们经常把它的标志文在自己的胳膊上,乃至全身,每个周末都去全国参加各种竞赛,由此可见哈雷品牌的超凡影响力。

二、娱乐营销

娱乐是与一个特定的对象建立和传达一种感情上的联系,这种联系越强大,成就越辉煌。在今天的商业文化中,感情上的联系总是发生在经济联系之前,当企业满足了客户感情上的需要而不仅仅是对产品的需要时,创造的就不只是一个客户,而是一个狂热的追随者。因为客户都是感性的,娱乐是调动客户情感最有效的手段,所以娱乐和营销的结合是必然的。通过娱乐的方式引起客户情感的共鸣,就能引导客户的行为。

1.娱乐营销的定义

娱乐营销就是借助娱乐的元素或形式将产品与客户的情感建立联系,从而达到销售产品,建立忠诚客户的目的的营销方式。"实体、媒体、消费者三位一体"与"互动性"是娱乐营销不同于以往营销活动的最显著特点。从娱乐营销的原理分析,娱乐营销的本质是一种感性营销,通过感性共鸣,引发客户购买行为。

娱乐营销的成功体现在以下五个方面:①把握目标受众的心理特点;②以创新式娱乐方式满足大众娱乐化的心理;③引发消费者的积极参与、互动与扩散;④对娱乐营销进程的深刻把握,把握住大众的好奇心理;⑤把握舆论制高点,注重媒体传播。

娱乐营销正在为企业创造多元化的价值,具体体现在以下几个方面:可以在短时间内提升企业知名度,打造美誉度;可以快速推广新产品,宣传新概念;能提升企业竞争力,加强对客户的吸引力;能让客户更加容易满意,更加忠诚;可以让员工更加热爱工作,提升员工满意度;可以为企业创造利润、战胜竞争对手。

2.网络娱乐营销

网络时代的娱乐营销最大特点就是互动性高和传播性快。网络上各种分类论坛人气都很高,与论坛合作借助论坛的高人气做营销已是十分常见的网络营销方式。而娱乐营销更是其中最容易成功和影响力最大的营销方式。比如之前的贾君鹏事件等,就是开始于论坛,传播于论坛,并取得了超越常规营销方式的效果。网络娱乐营销可通过病毒营销、口碑营销、文化营销、活动营销、植入营销、话题营销、体验营销等方式予以体现。

3.娱乐营销的策略

(1)锁定策略。锁定策略是指精确定义期望的客户群,迎合其感情上的需要和对成功的期望。中国移动曾在福建举行的"飞越100万·动感地带——周杰伦巨星演唱会"上设计了一次营销活动。随着周杰伦的激情演出,全场3.5万多歌迷的热情一浪高过一浪。演唱会后,仅厦门每天动感地带的新增用户就比往日增加近两成。中国移动的细分品牌"动感地带"的成功就是一种锁定策略,通过准确细分市场,锁定目标客户群,通过情感定位——"我的地盘听我的",迎合目标群体感情上的需要——自立自主;通过选择周杰伦做形象代言人满足目标群体对成功的期望——酷、有个性、有才华,加上各种互动活动,以及相关联的增值服务,使"动感地带"成为中国移动成长最快的业务。

(2)扩展策略。扩展策略是指拓展体验,开发关联产品,给客户创造更多的机会,以购买其他东西的方式,享受所提供的感情上的联系。体验的拓展需要高度创新的思考,电影产业化的成功是这一策略的具体表现。比如,从《泰坦尼克号》的各种延伸产品,到《侏罗纪公园》的副产品,有午餐盒、笔记本、床单、人物玩偶,以及游戏拉线盘等。

(3)重复策略。重复策略是创造一种客户和员工都想重复的体验。《同一首歌》是央视的一个权威音乐品牌节目,以制作独具特色的系列大型演唱会和各类公益主题、演唱会为主,赢得了观众的喜爱和好评。《同一首歌》在不同城市的举办,创造了观众和演员都想重复的体验——想起当年的情境、忆起当年的情事、体验当年的情怀,并获得了一次又一次的成功。

(4)升级策略。升级策略是指说服客户在购买了一件商品以后,继续对这件商品投入更多的消费。微软毋庸置疑是这一策略的典范代表,不断升级的软件让微软成为创造百万富翁最多的企业。

(5)创新策略。创新是娱乐营销的关键核心,企业要想借助娱乐节目推广品牌、营销产品,就必须深度关注节目的创新内容。要想使投入有所回报,就一定要在创新上下功夫。

知识链接

《爸爸去哪儿5》的营销

作为曾经第一批综艺节目的代表,《爸爸去哪儿5》以56亿播放量的亮眼成绩完美收官。节目中,智能植入的"假"广告不仅成为营销圈新宠,十多家品牌的赞助和营销效果更是让大众重新见识了《爸爸去哪儿》的强大影响力。

任务五 病毒营销与口碑营销

一、病毒营销

病毒营销,也可称为病毒性营销,并不是真的通过传播病毒达到营销目的,而是通过用户的口碑宣传网络,利用快速复制的方式,借助病毒迅速蔓延的特点,将信息传播和扩散给数以千计、数以百万计的受众。病毒营销是一种高效的信息传播方式,由于这种传播是用户之间自发进行的,几乎不需要费用,因此,已经成为网络营销中最为独特的手段,被越来越多的商家和网站成功利用。

1.病毒营销的特点

病毒营销通过引导人们发送信息给他人或吸收朋友加入某个程序等方式,来增加企业知名度或促进销售产品与服务。这种方式可以通过电子邮件、聊天室交谈,或者在网络新闻组或消费者论坛发布消息进行推销。这种策略利用快速繁殖,将信息爆炸式地传递给成千上万的网民。其关键是要正确引起人们的传播意愿,并且毫不费力地传播。病毒营销具有一些区别于其他营销方式的特性。

(1)有吸引力的"病原体"。天下没有免费的午餐,任何信息的传播都要为渠道的使用付费。之所以说病毒营销是无成本的,它主要是利用了目标消费者的参与热情,但渠道使用的推广成本是依然存在的,只不过目标消费者受商家的信息刺激,自愿参与到后续的传播过程中,原本应由商家承担的广告成本,转嫁到了目标消费者身上,因此对商家而言,病毒营销是无成本的。

(2)高效的传播速度。大众媒体发布广告的营销方式是"一对多"的辐射状传播,实际上无法确定广告信息是否真正到达了目标受众。病毒营销是自发的、扩张性的信息推广,它并非均衡地、同时地、无差别地传播给社会上的每一个人,而是通过类似于人际传播和群体传播的渠道,产品和品牌信息被消费者传递给那些与他们有着某种联系的个体。例如,目标受众读到一则有趣的Flash内容,第一反应或许就是将这则Flash转发给好友、同事,无数个参与的"转发大军"就构成了成几何倍数传播的主力。

(3)高效率的接收。大众媒体投放广告有一些难以克服的缺陷,如信息干扰强烈、接收环境复杂、受众戒备抵触心理严重。而那些形态可爱的"病毒",由于是受众从熟悉的人那里获得或是主动搜索来的,在接受过程中比较积极;接收渠道比较私人化,这样反而扩大了传播效果。这些优势使病毒营销尽可能地克服了信息传播中的其他影响,增强了传播的效果。

(4)更新速度快。网络产品有自己独特的生命周期,一般都是来得快,去得也快。病毒营销的传播过程通常呈S形曲线,即在开始时很慢,当其扩大至受众的一半时速度加快,而接近最大饱和点时又慢下来。针对病毒营销传播力的衰减,一定要在受众对信息产生免疫力之前,将传播力转化为购买力,方可达到最佳的销售效果。

知识链接　　　　　　　病毒营销的起源

Hotmail是世界上最大的免费电子邮件服务提供商,在创建之后的一年半时间里,吸引了1200万注册用户,而且还在以每天新增加15万用户的速度发展。令人不可思议的是,在该网站创建的12个月内,Hotmail花费了很少的营销费用,还不到其竞争者的3%。欲知详情,请扫描二维码了解。

2.实施病毒营销的步骤

病毒营销一直是网络营销人员津津乐道的话题。一个好的病毒营销计划远远胜过投放大量广告所获得的效果。病毒营销并不是随便可以做好的,有些看起来很好的创意,或者很有吸引力的服务,最终并不一定会获得预期的效果,如何才能取得病毒营销的成功呢?一般需要经过以下四个步骤。

(1)策划与制造病毒产品。实施病毒营销的关键是策划与制造病毒产品,病毒产品必须具有独特的魅力、不可抗拒的诱惑力、方便快捷的传播力、令人心动的吸引力和顺畅高效的扩散渠道。随着互联网的发展,病毒营销的推广方式越来越多,如搞笑动画、图片、文字、免费优惠券、免费邮箱等。另外,"病毒"不能让受众产生反感,"病毒"推广的语言模式应该是"允许式"而不是"强迫式",让网络消费者自愿接受并自愿传播。

(2)选择易感人群。病毒营销的成败与否则取决于能否找到"有影响力的人",即早期的接受者,或者说能起到领袖作用的消费者群体,这样就可能营造出一个目标消费群体。

(3)迅速大规模扩散。易感人群"感染病毒"后,企业还应该不失时机地强化病毒继续大规模迅速传播的机制,创造易感人群与强力传播者、随意传播者以及大众传播者之间接触的机会,以强化"病毒"迅速大规模的扩散,实现企业推广网站、产品或服务的目的。

(4)病毒更新。病毒产品一般也有自己的生命周期,一旦病毒产品的传播基本上达到饱和时,企业就应该适时推出新一代病毒产品,开展新一轮病毒营销,以维系老用户,拓展新市场。

知识链接

Gmail 的邀请

Gmail 是 Google 在全球率先推出的 1G 免费邮箱。在推广的过程中,Gmail 是如何运用病毒营销传播的呢?请扫描二维码了解一下吧!

二、口碑营销

口碑营销是有效利用口碑传播机制实现企业营销目的的活动,是企业运用各种有效的手段,引发企业的顾客对其产品、服务以及企业整体形象的谈论和交流,并激励顾客向其周边人群介绍和推荐的市场营销方式和过程。口碑营销早已有之,地方特产、老字号厂家商铺及企业的品牌战略等,都包含了口碑营销的因素。

1.网络口碑营销的特点

(1)高信任度。口碑传播的主体是企业与消费者之外的第三方,与交易双方几乎不存在任何利益关系,所以相对于纯粹的网络广告、商家推荐、促销等而言,具有较高的可信度。它对一个品牌知名度和美誉度的改变是潜移默化的,同时也是深入人心的。

(2)低成本。网络口碑营销的表现形式,是现实或潜在消费者,以网络沟通与交流的方式,将商品的有关信息传递给与其交往的其他网络消费者,其他网络消费者也成为一个媒体,以口碑相传的方式主动传播信息并影响他人,从而直接或间接地影响目标顾客的购买决策。而作为信息传播的第三方对企业及其产品信息的传播,完全是一种自发的主动行为,并不需要企业支付任何代价与报酬,所以说,口碑传播是最廉价的信息传播工具。

(3)受众准确。当一个产品或者一项服务形成了良好的口碑,就会被广为传播。口碑营销具有较强的针对性。传播形式往往借助社会公众之间一对一的传播方式,信息的传播者和被传播者之间都有着某种联系。消费者有自己的交际圈、生活圈,彼此了解。日常交流往往围绕彼此喜欢的话题进行,信息的传播者可以针对被传播者的具体情况,选择适当的传播内容和形式,形成良好的沟通效果。当某人向自己的同事或朋友介绍某件产品时,绝不是有意推销,而是针对朋友的一些问题,提出建议。因此,消费者自然会更多地关注口碑相传的方式,口碑营销的传播推广手段更中肯、更直接、更全面。

(4)团体性。不同的消费群体之间有着不同的话题与关注焦点,因此各个消费群体构成了一个个攻之不破的小阵营,甚至是某类目标市场。他们有相近的消费趋向,相似的品牌偏好,只要影响了其中的一个人或者几个人,在目前沟通手段与途径无限多样化的时代,信息便会以几何级数的增长速度传播开来。这时,口碑传播不仅仅是一种营销层面的行为,更反映了小团体内在的社交需要。很多时候,口碑传播行为都发生在不经意间,比如朋友聚会或者共进晚餐时的聊天等,传递相关信息主要是因为社交的需要。所以,我们可以看到口碑营销有深层次的社会心理作为基础,是构架于人们各种社会需求心理之上的,比一般的营销手段更天然、自发,也更加易于接受。

(5)提升企业形象。很难想象,一个口碑很差的企业会得到长远的发展。口碑传播不同于利用广告宣传,口碑是企业形象的象征,而广告宣传仅仅是企业的一种商业行为。口碑传播是人们对某种产品或服务有较高的满意度的一个表现,而夸张的广告宣传有可能会引起消费者的反感。企业拥有的良好口碑,往往会在无形中对企业的长期发展,以及企业产品销售、推广都有较大的影响,这样企业也就拥有了企业形象。这种良好的企业形象一经形成就会成为企业的一笔巨大的无形资产,对产品的销售与推广、新产品的推出都有着积极的促进作用。

(6)发掘潜在消费者。专家发现,人们出于各种各样的原因,热衷于把自己的经历或体验转告他人,譬如刚去过的餐馆口味如何、新买手机的性能怎样等。如果经历或体验是积极的、正面的,他们就会热情主动地向别人推荐,帮助企业发掘潜在消费者。据有关调查表明:一个满意的消费者会引发8笔潜在的买卖,其中至少有一笔可以成交;一个不满意的消费者足以影响25人的购买意愿。由此"用户告诉用户"的口碑影响力可见一斑。

(7)影响消费者决策。在购买决策的过程中,口碑起着很重要的作用。比如,消费者身边的人对产品的态度会对消费者的购买产生直接影响。因此,将消费者的购买决策与口碑营销相联系,也许会让平常看似不起眼的产品销售情况得到大大改善。

在购买过程中,口碑的作用是什么?如果要用最简单的一句话来概括的话,就是"使得消费者决定采取和放弃购买决策的关键因素"。为了能在购买决策过程中吸引消费者,许多成功的品牌特别重视在消费者的口碑上下功夫。

(8)两面性。网络口碑既有正面的口碑信息也有负面的口碑信息。正面的口碑信息有利于企业品牌价值和社会形象的提升,可以为企业的长足发展奠定坚实基础;负面的口碑信息会导致或加速企业和产品或服务的衰落,企业在进行网络口碑营销中,必须加强对负面口碑的管理。

2.网络口碑营销的步骤

(1)制造传播话题。传播话题必须足以激发用户的兴趣,让用户自发产生传播行为。要想做好舆论的引导和口碑的形成,在话题的设置上是有讲究的,话题制造者的影响力或者代表性很重要。如果是借助论坛传播,论坛的意见主导者或者版主就比较有代表性;如果借助博客来传播,知名博客领袖的影响力不言而喻;如果借助网络视频传播,网络红人等更具有号召力;只有善用这些资源才能做到事半功倍。

（2）设计传播机制。只有设计出极具激励性的传播机制，才能使口碑传播顺利进行。这个传播机制的动力是让用户融入产品的开发过程，用户会对产品产生共鸣，并进行传播。当然，把最新的产品和服务免费赠送给用户，让他们再赠送给其他人，也是扩大口碑营销队伍的方法。

（3）选择种子用户。种子用户就是最适合做"口碑传播者"的人。对企业来说，种子用户是企业所在行业的舆论主导者。网络口碑营销必须找到一部分带有极强传播性的人群，由他们将产品或服务信息传播出去。天性热心、乐于助人，喜欢在网上发表评论的人比较适合做种子用户。

（4）维护并更新传播话题。口碑传播过程可能有许多不确定事件发生，口碑的传播也不一定永远向企业利好的方向发展，这就需要企业积极监控口碑传播过程及网络舆论导向，并采取积极有效的引导纠偏措施。任何一个能激起大众兴奋的传播话题都会衰减过时，企业还要及时进行传播话题的更新，以维持企业长盛不衰的网络口碑。

知识链接　　　　　　　　**百雀羚一镜到底的神广告**

2017年5月7日，百雀羚凭借一组一镜到底的广告刷遍朋友圈：一名1931年的老上海摩登女郎，看似街头漫步，实则是完成一项谋杀任务……该条广告一经推出被多方转载，不仅制作团队公众号短时间内阅读量突破10万，一些业内公众号二次转载后，其阅读量也纷纷超过10万。真的有如此神奇吗？扫描一下二维码来看一看吧！

项目小结

通过本项目的学习和实践，读者应该能够正确理解并掌握网络营销的基本理论；熟悉直复营销、整合营销、定制营销、病毒营销及口碑营销等网络营销理论；了解合作营销、关系营销、客户关系管理、体验营销及娱乐营销等网络营销新理念；明确各网络营销理论之间的关系，并能运用相关的理论和理念指导实践，不断提高各自分析和解决网络企业实际问题的能力。

思考与练习　　　　　**拓展活动**

项目三
网络营销环境及网上消费者行为分析

学习目标

知识目标

理解并掌握网络营销环境的内容；熟悉网络营销环境的构成要素；熟悉网络营销宏观和微观环境；掌握网络营销的互联网应用环境；理解并掌握网上消费者的特点和类型；掌握消费者的需求特征和购买动机；熟悉网络时代消费者行为的变化；掌握影响消费者购买的主要因素以及其网上购买过程。

能力目标

熟悉网络营销的各种环境，结合企业的实际情况，分析企业所处的网络环境，有效地服务于企业网络营销活动；能够运用网上消费者的需求特征和购买动机，正确地分析和解决企业的实际问题；能够联系实际，熟练地分析所属企业的网上消费者行为特征，指导企业网络营销工作。

对应工作（岗位）

网络营销经理、网络营销总监、网络营销主管、营销方案策划员、企业销售代表、网站管理员、网络推广专员、网络调研专员、行业营销顾问、行业分析师、搜索引擎优化专员、网站（店）运营专员、客户服务管理员、商品管理员、价格管理员、网络广告专员、网络编辑、美工、网络公关等。

项目分析

项目概述

网络营销环境是网络企业赖以生存和发展的基础，网上消费者是网络企业开展网络营销活动的对象，是企业网络市场发展的基础和关键，是网络企业利润的源泉。随着互联网技术的日益发展和不断成熟，网络营销环境呈现出新的形势，网上消费者的消费心理和行为也在发生着改变。本项目分别阐述了网络营销的构成要素以及网上消费者的特点和类型，介绍了网络营销的宏观环境、微观环境、互联网应用环境，分析了网上消费者的需求状况及其购买动机与购买行为。

案例导读 《啥是佩奇》刷爆朋友圈，感动的背后你看懂了什么？

2019年1月17日，一则被频繁转发、点赞的视频播出后迅速形成"病毒式"传播，仅微博就有5000多万次的播放量及25万次转发。究竟是什么有如此威力呢？原来这是一则由阿里影业和咪咕公司共同制作出品的《小猪佩奇过大年》贺岁电影的先导片《啥是佩奇》，时长5分40秒。

作为2019年第一则爆红的网络广告片,《啥是佩奇》在各大社交网络平台上掀起了一片热议。在一片叫好声之外,也有小部分人认为这是一则对中国乡村存在刻板印象的宣传短片。但单从文案营销的角度分析,这则短片视频还是非常具有学习借鉴价值的。因为它不仅充分调动了大众的情绪,大部分人表示被这则广告片感动了,纷纷点赞、留言、转发,还带来了不少购买转化,很多人表示春节期间要带上一家人去影院购票支持。此外,它还为电影打破了年龄层的限制。由于先导片中主人公爷爷的加入,为观众开启了新的视角,让电影从原本只是一部父母陪着孩子去看的卡通片,变成了一部适合全家老小共同观影的家庭贺岁片。

一、营销因素

《啥是佩奇》这则广告为何会大火?它究竟具备了哪些因素呢?

1.故事性

好故事能够让受众沉溺其中,并引发情感共鸣。

(1)描述现状。主人公李玉宝给儿子打电话,想要询问他们春节回家的时间。接电话的却是孙子,他告诉爷爷自己想要的新年礼物叫"佩奇"。

(2)发现问题。李玉宝发现自己不知道啥是孙子口中所说的"佩奇"。

(3)订立目标。李玉宝决定要搞懂并为孙子准备他要的新年礼物"佩奇"。

(4)克服障碍。李玉宝通过查字典以及跑遍全村到处打听,终于从曾经去过北京当保姆的老三媳妇口中得知,"佩奇"是一只长得像鼓风机似的红色卡通小猪。于是李玉宝决定亲自动手改装鼓风机。

(5)解决收尾。李玉宝经过反复改装和刷漆后,终于做成了让孙子倍感意外和惊喜的鼓风机版的佩奇。李玉宝的儿子带他和孙子一起去电影院,看到了真正的卡通版佩奇。最后引出广告"大年初一不收礼,全家进城看佩奇"。

2.反差性

制造认知的反差或剧情的反转,才能更迅速吸引受众的注意,让其印象深刻。反差性主要表现在以下五个方面。

(1)标题《啥是佩奇》。看到《啥是佩奇》的标题时,相信大多数的受众会认为这是一部基于佩奇动画片原型的搞笑的欢快的视频短片。出于好奇点击进去一看,却发现这是一个讲述一位农村老人想要送孙子礼物佩奇的故事。出乎意料的反差,让受众忍不住往下看。

(2)不识佩奇。佩奇对在城里生活的儿子和在城里长大的孙子而言,就像每天吃的豆浆、油条一般熟悉的东西;而对于一直在农村生活的爷爷,则是一个陌生的存在。这种强烈的对比反差,引人深思。

(3)鼓风机版佩奇和卡通版佩奇。爷爷做出来的粉红色鼓风机版佩奇,并不是孙子口中所说的卡通佩奇,即便如此也让孙子倍感惊喜。爷孙俩虽存在认知反差,但也不妨碍他们之间爱的沟通,进一步说明了"爱无代沟"。

(4)儿子不回家过年和接父亲去城里过年。李玉宝以为儿子今年不回来过年,失落感油然而生。正当观众也跟着剧情揪心的时候,视频却来了一个大反转,原来儿子已经开车回来接他去城里过年了。这个反转将留守老人渴望儿孙回家团圆的心情渲染得淋漓尽致。

(5)中国移动和电影《小猪佩奇过大年》。刚开始受众一直以为这则宣传片是中国移动做的广告,但直到最后分镜头出现的"大年初一不收礼,全家进城看佩奇",才发现这是电影《小猪佩奇过大年》的先导片。这颠覆用户心理预期的同时,也让受众同时记住了该部电影和中国移动。

3.传播性

一则优质的广告文案,除了完成让受众点击的任务外,还要刺激他们主动分享扩散。这就要求文案自带传播和话题讨论的属性。其传播性主要表现在以下两个方面:

一方面,选对成名的文创作品是成功的关键。电视动画片《小猪佩奇》在国内年播放量过百亿,佩奇的形象也已高度符号化。因此,绑定佩奇,就能够确保覆盖较为广泛的受众基数,具备良好的传播基础。

另一方面,时间和情绪是最好的资源助力。只有选对时间,才能做对的事。《啥是佩奇》这则先导片发布时恰逢春节前夕,大家都归家心切,思乡之情也越发浓烈。团圆成为每一个人心中最迫切实现的愿望。这时推出这样一部主打亲情牌的广告宣传片,受众的情绪也随之瞬间被点燃。刷屏现象也就顺理成章。

二、借势营销

还有一个问题也很关键:面对热点,你的产品或品牌要如何借势?

(1)造型借势。如果销售的产品外形是佩奇的造型,或是与佩奇相似,都可以在此时采用造型借势。如某淘宝商家在此短片刷屏之后,立刻推出了同款佩奇鼓风机,见图3-1。重庆市政府也借势呼吁大家到重庆旅游找佩奇,见图3-2。

图3-1 网上销售的"佩奇"同款　　　图3-2 重庆旅游宣传广告

(2)谐音借势。"佩奇"的谐音是"配齐",因此也有商家趁机呼吁用户购买自己的成套产品,如家具、保险、年货礼盒、相机镜头、汽车、通信套餐等,见图3-3。

图3-3 各厂家借力"佩奇",推出系列产品广告

(3) 品种借势。卡通形象佩奇的原型是一头猪。卖猪肉的商家和餐馆,此时也借势宣传,见图3-4。

图3-4 "小猪配齐"宣传广告

(4) 场景借势。相关产品或品牌也可以结合该广告片中的场景进行借势。下面盘点《啥是佩奇》中都有哪些可以植入广告的场景,见表3-1。

表3-1 《啥是佩奇》中可植入的广告场景盘点

场景	可植入广告	主打卖点
1.李玉宝给儿子打电话,信号不好听不见	智能手机	信号好,通话顺畅不卡顿
2.李玉宝查字典找佩奇	三大运费商的安装宽带服务	网速快,能快速找到答案
3.李玉宝广播全村,询问"啥是佩奇"	天猫精灵、小度等智能音箱	随叫随应,即问即答
4.村民告诉李玉宝,他在手机上找到佩奇了	音乐、短视频或资讯平台	提供及时全面的资讯与娱乐,与时代接轨
5.小卖部老板给李玉宝找到的佩奇,是一瓶洗发水	儿童洗发水	无硅油,无泪配方
6.李玉宝苦恼,和老哥们一起喝酒,并询问他们是否知道佩奇	酒	消除烦恼,让人更快讲出真心话
7.李玉宝敲门找老三媳妇	智能可视对讲门铃	安全智能,可远程识别访客身份
8.李玉宝拿着油漆,想要把猪刷成红色	油漆	上漆用泼取代刷,不费力还上色均匀不掉漆
9.李玉宝动手改良鼓风机	机械电焊专业招生	就业率高,下一代硬核佩奇等你制造
10.李玉宝在家里自己家擀皮包饺子	速冻饺子	新鲜,皮薄馅足,有爸妈的味道

续表

场景	可植入广告	主打卖点
11.儿子开车回来接李玉宝	车	下雪天不打滑,回家速度比打电话还快
12.李玉宝给儿子一家带去自家产的年货	干货类年货	食材新鲜,原生态无添加,原产地自留款
13.李玉宝全家去电影院看佩奇	淘票票等购票App	便捷有优惠

(资料来源:https://www.jianshu.com/p/8fbe2eae27bc。有修改。)

任务分析

任务一 网络营销环境的构成要素和内容

网络营销环境是指对企业的生存和发展产生影响的各种外部条件,即与企业网络营销活动有关联因素的部分集合。互联网已经成为面向大众的普及性网络,其无所不包的数据和信息,为上网者提供了最便利的信息搜集途径。同时,上网者既是信息的消费者,也可能是信息的提供者。层出不穷的信息和高速增长的用户,使互联网成为营销者日益青睐的新资源,网上的营销活动也从产品宣传及信息服务,扩展到营销的全过程。

网络营销环境是一个综合的概念,由多方面的因素组成。社会的发展,特别是网络技术在营销中的运用,使得环境更加多变。虽然对网络营销主体而言,环境及环境因素是不可控制的,但它也有一定的规律性,可通过分析,对其发展趋势和变化进行预测和判断。网络企业的营销观念、网络消费者的需求和购买行为,都是在一定的经济社会环境中形成并发生变化的,因此分析网络营销环境十分必要。分析网络营销环境,必须掌握构成网络营销环境的五要素。

1.构成网络营销环境的五要素

目前,在信息技术迅猛发展的情况下,互联网本身就已经构成了一个市场营销的整体环境。从环境构成上看,它具有以下五个方面的要素。

(1)提供资源。信息是市场营销过程的关键资源,是互联网的血液,通过互联网可以为企业提供各种信息,指导企业的网络营销活动。

(2)全面影响力。体系环境要与体系内的所有参与者发生作用,而非个体之间的互相作用。每一个上网者都是互联网的一分子,可以无限制地接触互联网的全部,同时在这一过程中要受到互联网的影响。

(3)动态变化。不断更新和变化是互联网的优势所在,整体环境在不断变化中发挥作用和影响。

(4)多因素互相作用。整体环境是由互相联系的多种因素有机组合而成的,涉及企业活动的各因素,在互联网上通过网址来实现。

(5)反应机制。环境可以对其主体产生影响,同时主体的行为也会改变环境。企业可以将信息通过企业网站存储在互联网上,也可以通过互联网上的信息作出决策。因此,互联网已经不只是传统意义上的电子商务工具,而是独立的、新的市场营销环境,而且以其范围广、可视性强、公平性好、交互性强、能动性强、灵敏度高、易运作等优势为企业营销创造了新的发展机遇与挑战。

2.网络营销环境的内容

根据营销环境对企业网络营销活动影响的直接程度,网络营销环境可以分为网络营销的宏观环境、网络营销的微观环境和互联网应用环境三部分。

网络营销的宏观环境是指对企业网络营销活动影响较为间接的各种因素的总称,主要包括政治法律、人口、经济、社会文化、科学技术、自然地理等环境因素。

网络营销的微观环境是指与企业网络营销活动联系较为密切、作用比较直接的各种因素的总称,主要包括企业内部条件和供应商、营销中介、顾客、竞争者、合作者以及公众等企业开展电子商务、网络营销的上下游组织机构。由于不同行业企业的微观营销环境是不同的,因此微观营销环境又称为行业环境因素。

互联网应用环境是指互联网络自身构成了一个市场营销的整体环境,主要包括网络规模、网民属性和网络接入方式等多个方面。

任务二　网络营销的宏观环境和微观环境

一、网络营销的宏观环境

网络的宏观环境对网络企业短期的利益可能影响不大,但对网络企业长期发展的影响不可估量,因此企业一定要重视对网络宏观环境的分析与研究。

1.网络营销的政治环境和法律环境

网络营销的政治环境是指那些对企业网络营销活动有一定影响的各种政治因素的总和,它包括一个国家(或地区)的政治制度、政治局势、政府在发展电子商务和网络营销方面的方针政策等因素。网络营销的法律环境是指能对企业的网络营销活动起规范或保障作用的有关法律、法令、条例及规章制度等法律性文件的制定、修改与废除及其立法与司法等因素的总和。

网络营销的政治环境因素和法律环境因素对企业网络营销活动的影响有两个方面:一是保障作用;二是规范作用。因此,在网络营销活动中企业要遵守目标市场东道国的相关法律法规的规定;要服从国家有关发展战略与政策的要求;要积极利用国家政策给网络营销带来的机会,尽量争取对企业、对社会、对消费者皆有利的法律法规和政策出台;要积极运用国家法律法规武器,保护自己在网络营销活动中的合法权益。

互联网的迅速普及以及在此基础上形成的全球电子商务框架,在改变传统贸易框架的同时,也对工商行政管理、金融、税收等诸多领域现有的政策及法律提出了挑战。网络营销作为一种崭新的商务活动方式,涉及大量传统的商务活动所没有涉及的问题,如电子合同的签订、数字签名的法律效力、网络贸易中的争议、对网上犯罪的惩罚、网上消费者权益的保护、网上知识产权的保护等,都需要一个完整健全的法律法规体系加以认定、规范和保障。

2.网络营销的经济环境

网络营销的经济环境是指影响企业网络营销活动的外部经济因素。在网络营销活动中,一方面要考虑现实的网络营销经济环境的水平;另一方面要考虑网络经济对网络营销所产生的特有的影响和作用。网络经济就是建立在网络基础之上,并由此所产生的一切经济活动的总和。网络经济不仅是以计算机网络为中心的一个新行业,还包括由这个新行业派生出来的若干相关行业。但从本质上看,网络经济是一种以信息技术为基础、以知识要素为主要驱动因素、以网络为基本工具的新的生产方式。

网络经济与传统经济相比,具有许多不同的特点,主要表现在以下几个方面:

(1)网络经济是全球一体化的经济。网络经济打破了时空的限制,加快了全球经济一体化的进程。企业通过互联网就可以面对全球用户,产品通过互联网可以轻而易举地走向世界。

(2)网络经济的正反馈机制。在网络经济的一些领域,商品价格下降,需求因之增加;需求增加,供给成本因之降低;供给价格进一步降低,则创造更多的需求。这种因需求方规模经济效应产生的供给方低成本、低价格,进而形成高需求、低价格的现象,控制论将其称为正反馈机制。由于网络经济具有正反馈机制,所以网络参与者越多、覆盖面越大,网络的价值就越高。

(3)网络经济的冒尖市场原理。当两个或更多的公司争夺正反馈效应较大的市场时,有时会产生一种极端的结果,即只有一家公司可以胜出,其余的竞争对手要么退出,要么被边缘化,最后形成一种自然垄断,经济学家称这种市场为冒尖市场。

(4)网络经济的核心是创新,创新的核心是速度。由于冒尖市场原理,不断追求垄断力量就成了网络经济的主要动力。在网络经济条件下,由创新获得的垄断必须依靠更新的创新才能予以击破。网络经济时代,产品的生命周期大大缩短,产品的更新换代速度越来越快。因而,企业之间为追求市场垄断就必须在产品创新方面展开激烈的竞争。

(5)中小企业的地位提升。互联网的发展,使中小企业能够与大企业一样,通过网络向国际市场宣传企业、展示产品。在高风险与高收益并存、需求瞬息万变的市场条件下,企业的快速反应能力和市场敏感度则是其生存与发展的关键。中小企业具有反应快、转向容易、投入低、风险分散的独特优势,特别适合网络经济时代高新技术产业发展的需要。因此,中小企业地位的提升就成了网络经济中的必然趋势。

(6)个性化、多样化的产品趋势越来越明显。由于消费者需求多样化、高新技术成果层出不穷、产品开发设计手段日益高效化。近年来,国际市场产品多品种、小批量的特征越来越明显。

(7)网络经济是虚拟经济。网络经济既可以是实物经济的虚拟化表现,也可以是完全独立的虚拟经济行为,与现实空间上的实物经济并行不悖。此外,人们的思维模式也由有形思维向虚拟思维方式转变。

(8)长尾效应出现。网络时代是关注"长尾",发挥"长尾"效益的时代。由于关注的成本大大降低,人们有可能以很低的成本关注正态分布曲线的"尾部",关注"尾部"产生的总体效益甚至会超过"头部"。长尾理论已经成为一种新型的经济模式,被成功应用于网络经济领域。网络的出现,使得企业有可能做到首尾兼顾,让具有潜质的"尾"转化为强势的"头",在"头"的影响力带动下,吸引更多的"尾",或者实现以"尾"制胜的利己化生存,或者实现首尾兼顾的赢家通吃。

3.网络营销的人文与社会环境

社会文化是指社会成员共有的、与其他群体相区别的、对客观物质世界的主观认识,又叫亚文化，如民族文化、地理文化等。网络社会文化是一种不分国界，不分地区，建立在互联网基础上的亚文化，它涵盖了人们在参与信息网络应用与技术开发过程中所建立起来的一整套价值观念、思想意识、行为方式、语言习惯、知识符号以及社会关系等。所有触及互联网的人，触及的不仅是技术，而且是一种以网络为媒介，以信息为标志的崭新的生活方式。

作为一种日益介入人类社会生活各个领域的新技术工具，网络技术体现了一定的文化理念和人类特定的精神目的。网络技术为人们创造了崭新的、反传统的数字化虚拟空间，同时也为人类营造了一个"虚拟社会"。在这个虚拟社会里，人们发生着思想交流、观念交融、价值嬗变和行为改变，形成了一种独具特色的网络文化。

网络营销人文与社会环境的构成要素主要有以下四个方面：

(1) 网络语言。网络社会人群较集中，形成了网络社会约定俗成、自我确认和互相认同的"方言"。网络语言一般由汉字、数字、符号、外文甚至图形等组成，能够简单方便、快捷迅速地实现意思表示与情绪表达。

(2) 网络礼仪。因特网在长期发展过程中逐步形成了一些网络行为准则，许多因特网接入服务商将这些准则规范化，形成了一系列网络社会约定俗成的行为规范与准则，比较突出的网络礼仪规范主要体现为自由自律、平等尊重、礼貌诚信和奉公守法。

(3) 网络习俗。在网络社会形成过程中也逐步形成了人们习以为常的一些习惯性观念、态度与行为方式。比较突出的网络习俗主要有休闲娱乐和免费共享。

(4) 社会文化差异。网络虽然能够跨越时空，却很难在短期之内跨越原有的现实社会的文化鸿沟。这是因为，尽管网络社会逐步形成其独有的文化内容，但网络社会的成员来自不同国家、不同地区、不同种族，有着不同的宗教信仰、不同的语言习惯、不同的习俗禁忌，所以说，社会文化也是影响企业网络活动的重要因素之一。因此，企业要想使网络营销活动被目标市场的消费者接受，就必须认真研究目标市场顾客群的文化背景。入国守禁、入乡随俗、入门避讳，要想在互联网上开展营销活动，就必须熟悉网络文化，了解网络习俗，遵守网络礼仪，避免文化禁忌。

4. 网络营销的科技与教育环境

科学技术对经济社会发展的作用日益显著，科技的基础是教育。网络营销的科技与教育环境是网络宏观环境的基本组成部分。现在企业环境的变化与科学技术的发展有着非常大的关系，特别是在网络营销时期，两者之间的联系更为密切。网络营销企业的发展离不开网络技术的发展和支持，以计算机以及网络通信技术为代表的信息产业已经渗透到人们社会生活和经济生活的各个领域和各个层面。

每一次科学技术的进步都会给企业带来新的市场机会，互联网的应用给那些经营灵活的企业，特别是对中小企业的发展带来了机遇，他们可以通过互联网获得与大企业同样的信息资源、资金、人才优势，同样可以进入国际市场。而对一些传统的大企业，由于受到传统思想及习惯势力的禁锢，很有可能跟不上互联网的快速发展步伐，甚至有可能被淘汰。同时，科技的变革也大大提高了企业的经营管理工作效率和效益。网络技术的应用为更多、更新的营销方式的出现创造了条件。

针对网络营销的特点和企业生存发展的需要，企业应当及时转型，积极进行技术创新，实现企业发展的科学决策,必须不断学习新知识,学会新技术,增强自身的应变能力。具体应采取的策略为:实施产业联合战略,谋求合作发展道路;必须不断学习,增强自己的应变能力;重视网络经济中不均衡增长的压力;关注网络新技术,不断创新网络营销的方式。

知识链接　　　　Google+前景预测　助力优化网络环境

Google+是一个扩展后的 Google,其目的是让 Google 在线资产在日常生活中更普及,而不只是网上冲浪时偶然点击搜索的一个网站。你知道在社交网络中,它有什么作用吗?

5.网络营销的自然地理环境

网络营销的自然地理环境是指影响网络营销目标市场顾客群的需求特征与购买行为的气候、地貌、资源和生态等因素。从网络营销活动本身的角度看,网络是跨时空的,似乎自然地理环境并不能对其产生太大的影响。但不可否认的是,从目标市场顾客群需求特征与购买行为的角度分析,自然地理因素对网络营销的确也会产生较大的影响。

6.网络营销的人口环境

从企业营销的角度看,市场是由现实或潜在需求且有支付能力的消费者群构成的。在其他条件固定或相同的情况下,人口的规模决定着市场容量和潜力;人口结构影响着消费结构和产品构成;人口组成的家庭、家庭类型及其变化,对消费品市场有明显的影响。网络营销企业一方面可以直接收集一手资料,通过网民数量、结构等内容的分析发现营销机会;另一方面也可以收集二手资料,了解网络营销人口环境,从而制订行之有效的营销策略。人口环境对企业网络营销的影响主要表现在以下几方面:

(1)网络用户的数量及其增长速度决定网上市场的规模。网络营销市场的规模大小与网络用户的总量成正比。统计一个国家、一个地区的网络用户数及人均的国民收入,就可以大致了解这个国家、这个地区网络营销的市场潜力有多大。在网络营销活动中,如果面向国际市场,则企业的营销工作还必须注意世界人口的变化趋势。

(2)网络用户的结构决定或影响着网络营销产品及服务的需求结构。应从网络用户的性别、年龄、家庭、学历、职业、城乡状况等几个方面去分析网络用户结构。不同性别、不同文化层次、不同年龄、不同收入、不同职业以及不同地域的人群,需求会有很大的差异,也使人们的购物行为,特别是满足高层次需求的购物行为产生很大的区别。

二、网络营销的微观环境

网络营销的微观环境由企业及其周围的活动者组成,并直接影响着企业为顾客服务的能力。它包括企业内部条件、供应商、营销中介、顾客或用户、竞争者、营销公众、合作者等因素。

1.企业内部条件

企业内部条件是指对企业网络营销活动产生影响,而营销部门又无法直接控制或改变的各种企业内部条件因素的总称。这些因素或者对网络营销活动起着制约作用,造成企业网络营销的劣势局面；或者对网络营销活动发挥保障作用,形成企业网络营销的优势地位。企业内部条件分析是企业科学规划营销战略、合理制订营销策略的基础。

在网络营销活动中,企业内部条件分析主要考虑企业发展战略对网络营销的重视程度,以及网络营销所需资源的保障能力及企业其他部门的配合能力等。企业内部条件对网络营销的影响主要体现在企业组织结构的快速反应能力、高技术、复合型人才、企业内部管理信息化、网络化等关键因素上。

2.供应商

供应商是向企业及其竞争者提供生产经营所需原材料、零部件、能源、资金等生产资源的企业或个人。企业与供应商之间既有合作又有竞争,这种关系既受宏观环境影响,又制约着企业的营销活动。供应商对企业的营销业务有直接的影响,企业一定要与供应商搞好关系。

在网络经济条件下,为适应网络营销的要求,企业与供应商的关系主要表现出以下变化。其一,网络企业对供应商的依赖性增强。网络营销条件下,企业可以选择的供应商数量虽然大大增加,但企业对供应商的依赖却丝毫没有减弱,反而是增强的。其二,企业与供应商的合作性更强。网络的应用使企业和供应商之间共享信息、共同设计产品、合作解决技术难题等更加容易,企业和供应商之间也更容易建立长久合作的关系。

3.营销中介

营销中介是协助企业推广、销售和分配产品给最终购买者的那些企业和个人,包括中间商、物流配送机构、营销服务机构和金融机构等。

(1)中间商。中间商是协助企业寻找顾客或直接与顾客进行交易的商业企业。在网络经济条件下,由于网上购物、无店铺经营的兴起,一些产品的销售不再仅仅依靠传统的采购、存储、销售的模式,借助于互联网技术的新营销方式大量涌现。在网络营销活动中,过去由传统中间商承担的售前、售中、售后服务,现在则由中间商的减少而改由制造企业自己解决。因此,在传统企业实现电子商务,开展网络营销的过程中,需要很好地协调企业与中间商的关系,促进中间商的转型,最大限度地实现企业、中间商和消费者的共赢。

(2)物流配送机构。物流配送机构是协助制造企业储存产品,或负责把产品从原产地运送到销售地的企业,包括仓储企业和运输企业。物流配送机构对企业网络营销的影响主要表现为企业对物流配送的依赖性加强。由于互联网技术的发展,线下物流配送成为制约企业电子商务、网络营销的瓶颈。然而,这也为物流配送企业提出了发展的空间。

(3)营销服务机构。营销服务机构是市场调研企业、广告代理企业、广告媒体机构、营销咨询策划公司以及提供会计和法律服务的机构,等等。在网络经济条件下,对营销服务机构的依赖性也日益增强。当前企业面临的市场更广阔,遇到的营销问题更加复杂,面对的竞争更加激烈,用户要求更加多样化,企业只有依靠专业的营销服务机构,才能更好地解决这一系列的问题。

(4)金融机构。金融机构是对货物购销提供融资、结算或保险的各种企业,主要包括银行、信托公司、保险公司等。电子商务是资金流、信息流、商流、物流的统一。对通过网络营销手段达成交易的买卖双方来说,银行等金融机构的介入是必要的,这些机构在支持并服务于企业的网络营销活动中,为自身的发展也带来了效益。

4.顾客或用户

顾客或用户是产品销售的市场,是企业直接或最终的营销对象。网络技术的发展极大地消除了企业与顾客之间的地理位置限制,创造了一个让双方更容易接近和交流的平台。互联网真正实现了经济全球化、市场一体化。它不仅给企业提供了广阔的营销空间,同时也扩大了消费者选择商品的范围。通过互联网,顾客可以得到更多的需求信息,从而使购买行为可以更加理性化。

网络营销成功的关键是充分了解网络顾客或用户的特性,深入细致地塑造企业形象,建立起顾客或用户对网络虚拟企业和网络销售的信任感。

5.竞争者

市场经济的本质特征是竞争经济。通过竞争实现优胜劣汰,提高经济活动的效率,同时优化配置社会资源。虽然竞争给企业带来了压力,但同时也是企业变革的动力。一个企业面对的竞争威胁不仅来自本行业现有的企业,还包括潜在加入者、替代品生产者、供应商和购买商等。

在网络虚拟市场中,市场竞争出现了以下新的特点:识别竞争者的难度加大,企业竞争的国际化进程加快,企业间更加重视相互合作、共同发展,不断的技术创新成为企业生存之本。高新技术产业的数字化、网络化、智能化将成为未来经济的主流,而这些都是以先进的技术和持续的创新为基础的。

6.营销公众

公众是对企业实现营销目标有现实或潜在影响的群体和个人。在网络经济条件下,网络的开放性、共享性决定了公众对企业的影响力在不断加大。一个企业的公众除了顾客、营销中介及竞争者外,还包括媒介、政府、社会团体、公众利益团体以及与企业无直接利害关系的一般公众、与企业同处某一区域的其他组织和个人、组织内部成员,等等。这些公众,有的可能永远不会成为企业的现实顾客,但企业的行为直接或间接地影响他们的利益,营销的成效也或多或少、或直接或间接地受到这些公众舆论与行为的制约。因此,与各类公众增加沟通与了解,得到各类公众的理解与支持,是企业做好营销工作的重要条件之一。

7.合作者

企业间建立合作性的战略联盟具有极其重要的意义。企业与合作方合力加速扩大市场容量,从中获得一定的市场份额,这是战略联盟创造新市场的思想,这不是抢竞争对手的市场,而是与对手共同创造、分享一个更大的市场。在网络经济条件下,任何一个企业都离不开各方面合作伙伴的支持与保障,企业必须学会处理好与合作伙伴之间的关系。

任务三 互联网应用环境

互联网的迅猛发展,不仅实现了经济的全球化、国际市场的一体化,影响着全球的经济政策,而且还不断改变着人们的消费观念、生活方式,以及企业的经济行为。

2019年2月28日,中国互联网络信息中心(CNNIC)在北京发布了第43次《中国互联网络发展状况统计报告》,该报告从互联网应用发展、政务应用发展、产业与技术发展及互联网安全等多个方面展示了2018年我国互联网的发展状况。从该报告中可以看出互联网基础资源保有量稳步提升,互联网协议第6版(Internet protocol version6,IPv6)应用前景广阔,新兴技术领域保持良好发展势头。

截至2018年12月,我国IPv6地址数量为41079块/32,年增长率为75.3%;域名总数为3792.8万个,其中".cn"域名总数为2124.3万个,占域名总数的56.0%。在IPv6方面,我国正在持续推动IPv6大规模部署,进一步规范IPv6地址分配与追溯机制,有效提升IPv6安全保障能力,从而推动IPv6的全面应用。在域名方面,2018年我国域名高性能解析技术不断发展,自主知识产权软件研发取得了新突破,域名服务安全策略本地化定制能力进一步增强,从而显著提升了我国域名服务系统的服务能力和安全保障能力。

2018年,我国在基础资源、5G、量子信息、人工智能、云计算、大数据、区块链、虚拟现实、物联网标识、超级计算等领域发展势头向好。在5G领域,核心技术研发取得突破性进展,政企合力推动产业稳步发展;在人工智能领域,科技创新能力得到了加强,各地规划及政策相继颁布,有效推动了人工智能与经济社会发展深度融合;在云计算领域,我国政府高度重视以此为代表的新一代信息产业发展,并积极推动企业战略布局,云计算服务已逐渐被国内市场认可和接受。

1.网络接入设备使用情况

根据中国互联网发展状况统计调查数据显示,截至2018年12月,我国网民使用手机上网的比例达98.6%,较2017年底提升1.1个百分点;网民使用电视上网的比例达31.1%,较2017年底提升2.9个百分点;使用台式电脑上网的比例为48.0%,较2017年底下降5个百分点;见图3-5。

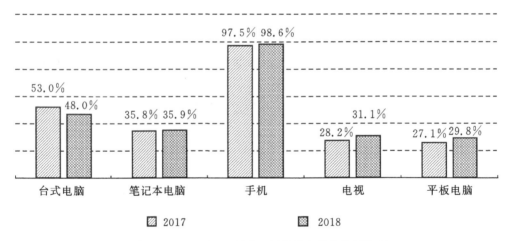

图3-5 2018年12月我国网络接入设备使用情况

2.网站数量

根据中国互联网发展状况统计调查数据显示,截至2018年12月,我国网站数量为523万个,较2017年底下降1.9%,见图3-6。

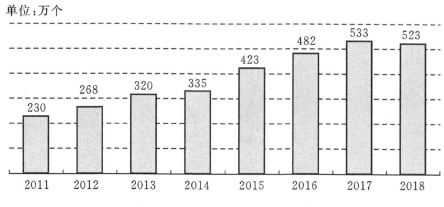

图 3-6　2011—2018 年我国网站数量

3. 移动 App 在架数量

根据工业和信息化部公布数据显示,截至 2018 年 12 月,我国市场上监测到的移动应用程序(App)在架数量为 449 万款,见图 3-7。其中,我国本土第三方应用商店移动应用数量超过 268 万款,占比为 59.7%;苹果商店(中国区)移动应用数量约 181 万款,占比为 40.3%。

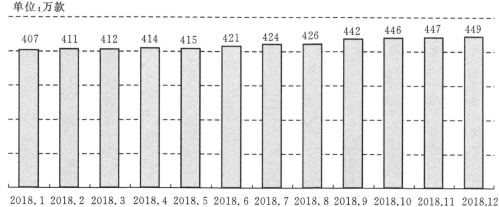

图 3-7　2018 年我国移动应用程序(App)在架数量

4. 移动应用程序 App 分类占比

根据工业和信息化部公布数据显示,截至 2018 年 12 月,游戏类应用数量约 138 万款,占比达 30.7%;生活服务类应用规模达 54.2 万款,排名第二,占比为 12.1%;电子商务类应用位于第三,规模为 42.1 万款,占比为 9.4%;见图 3-8。

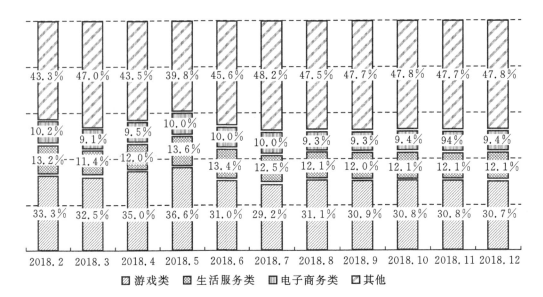

图 3-8 移动应用程序(App)分类点比

5.各类 App 使用时长占比

根据中国电信公布的数据显示,2018 年移动网民经常使用的各类 App 中,即时通信类 App 用户使用时间最长,占比为 15.6%;网络视频、网络音乐、短视频、网络音频和网络文学类应用使用时长占比分列第二到六位,依次为 12.8%、8.6%、8.2%、7.9% 和 7.8%;见图 3-9。

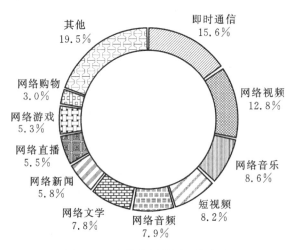

图 3-9 各类应用使用时长占比

任务四 网上消费者行为分析

随着网络用户人数的不断增长和互联网应用的迅速发展,互联网现已成为人们日常工作和生活密不可分的一部分。现在,人们可以方便地通过网络购买自己需要的物品。当某个产品在使用过程中遇到问题时,还可以随时到服务商网站获取相关信息,或与厂商在线服务人员进行实时交流。而在网络销售迅速发展背后的网上消费者行为,更是应该关注的重点。

一、我国上网用户现状

1.总体网民规模

根据第43次《中国互联网络发展状况统计报告》显示,截至2018年12月,我国网民规模达8.29亿,互联网普及率达59.6%,较2017年底提升了3.8个百分点,全年新增网民5653万。其中,手机网民规模达8.17亿,网民通过手机接入互联网的比例高达98.6%。网民男女比例为52.7:47.3,与2017年同期基本持平。见图3-10、图3-11、图3-12。

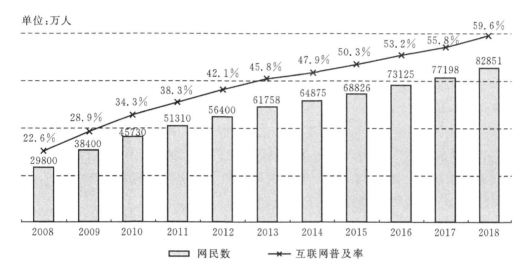

图3-10 2008—2018年我国网民规模与互联网普及率

图3-11 2008—2018年我国手机网民规模及其占网民比例

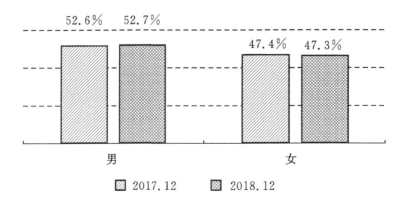

图 3-12 2018 年我国网民性别结构

2.网民年龄结构

我国网民以中青年群体为主,并持续向中高龄人群渗透。截至 2018 年 12 月,10~39 岁群体占整体网民的 67.8%,其中 20~29 岁年龄段的网民占比最高,达 26.8%;40~49 岁中年网民群体占比由 2017 年底的 13.2% 扩大至 15.6%,50 岁及以上的网民比例由 2017 年底的 10.4% 提升至 12.5%;见图 3-13。

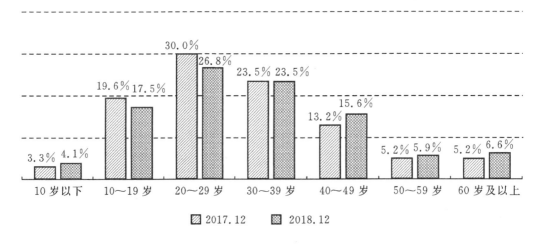

图 3-13 2018 年 12 月我国网民年龄结构

3.网民学历结构

我国网民以中等教育水平的群体为主。截至 2018 年 12 月,初中、高中/中专/技校学历的网民占比分别为 38.7% 和 24.5%;受过大专、大学本科及以上教育的网民占比分别为 8.7% 和 9.9%;见图 3-14。

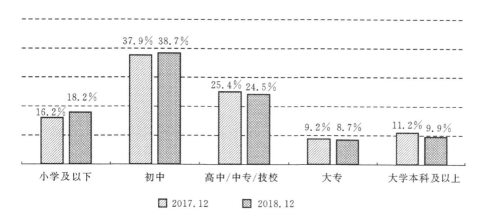

图 3-14　2018 年 12 月我国网民学历结构

4. 网民个人月收入结构

截至 2018 年 12 月,月收入在 2001～5000 元的群体占比最高,为 36.7%;月收入在 5000 元以上的人群占比为 24.1%,较 2017 年底提升 3.9 个百分点;有收入但月收入在 1000 元以下的人群占比大幅下降,已由 2017 年底的 20.5% 下降至 15.8%;见图 3-15。

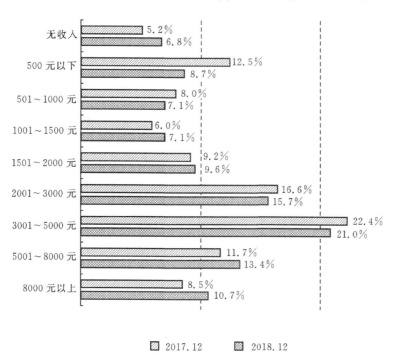

图 3-15　2018 年 12 月我国网民个人月收入结构

5. 上网时长

如图 3-16 所示,人均周上网时长为 27.6 小时。

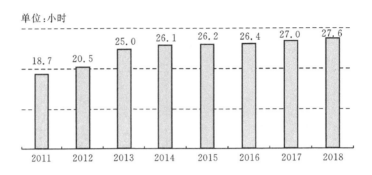

图 3-16 2011—2018 年我国网民平均每周上网时长

6. 网民的运动轨迹

2018 年,我国个人互联网应用保持良好发展势头,见表 3-2、表 3-3。网上预约专车或快车用户规模增速最高,年增长率达 40.9%;在线教育取得较快发展,用户规模年增长率达 29.7%;网上外卖、互联网理财、网上预约出租车和网络购物用户规模也取得高速增长;短视频应用迅速崛起,使用率高达 78.2%。

表 3-2 2017—2018 年我国网民网上应用对比

应用	2018.12 用户规模(万)	2018.12 网民使用率	2017.12 用户规模(万)	2017.12 网民使用率	年增长率
限时通信	79172	95.6%	72023	93.3%	9.9%
搜索引擎	68132	82.2%	63956	82.8%	6.5%
网络新闻	67473	81.4%	64689	83.8%	4.3%
网络视频	61201	73.9%	57892	75.0%	5.7%
网络购物	61011	73.6%	53332	69.1%	14.4%
网上支付	60040	72.5%	53110	68.8%	13.0%
网络音乐	57560	69.5%	54809	71.0%	5.0%
网络游戏	48384	58.4%	44161	57.2%	9.6%
网络文学	43201	52.1%	37774	48.9%	14.4%
网上银行	41980	50.7%	39911	51.7%	5.2%
旅行预订	41001	49.5%	37578	48.7%	9.1%
网上订外卖	40601	49.0%	34338	44.5%	18.2%
网络直播	39676	47.9%	42209	54.7%	-6.0%
微博	35057	42.3%	31601	40.9%	10.9%
网约专车或快车	33282	40.2%	23623	30.6%	40.9%
网约出租车	32988	39.8%	28651	37.1%	15.1%
在线教育	20123	24.3%	15518	20.1%	29.7%
互联网理财	15138	18.3%	12881	16.7%	17.5%
短视频	64798	78.2%			

表 3-3 2017—2018 年我国手机用户应用对比

应用	2018.12 用户规模（万）	2018.12 手机网民使用率	2017.12 用户规模（万）	2017.12 手机网民使用率	年增长率
手机限时通信	78029	95.2%	69359	92.2%	12.5%
手机搜索	65396	80.0%	62398	82.9%	4.8%
手机网络新闻	65286	79.9%	61959	82.3%	5.4%
手机网络购物	59191	72.5%	50563	67.2%	17.1%
手机网络视频	58958	72.2%	54857	72.9%	7.5%
手机网上支付	58339	71.4%	52703	70.0%	10.7%
手机网络音乐	55296	67.7%	51173	68.0%	8.1%
手机网络游戏	45879	56.2%	40710	54.1%	12.7%
手机网络文学	41017	50.2%	34352	45.6%	19.4%
手机旅行预订	40032	49.0%	33961	45.1%	17.9%
手机网上订外卖	39708	48.6%	32229	42.8%	23.2%
手机在线教育课程	19416	23.8%	11890	15.8%	63.3%

（1）即时通信产品中内容质量提升。截至 2018 年 12 月，即时通信用户规模达 7.92 亿，较 2017 年底增长 7149 万，占网民整体的 95.6%；手机即时通信用户达 7.80 亿，较 2017 年底增长 8670 万，占手机网民的 95.5%；见图 3-17。在内容质量方面，即时通信企业的主体责任得到进一步落实，平台内容共治的格局已经初步形成。

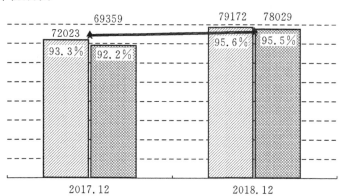

图 3-17 2017—2018 年即时通信用户规模及使用率

（2）搜索引擎大力发展信息流。截至 2018 年 12 月，我国搜索引擎用户规模达 6.81 亿，使用率为82.2%,用户规模较2017年底增加4176万,增长率为6.5%;手机搜索用户规模达6.54亿,使用率为80.0%,用户规模较2017年底增加2998万,增长率为4.8%;见图3-18。主流搜索引擎利用平台入口优势,通过链接新闻、短视频等内容,推出信息流产品,以持续提升用户使用黏性。信息流广告为搜索引擎收入增长提供了新动力,正在成为业务收入的重要部分。

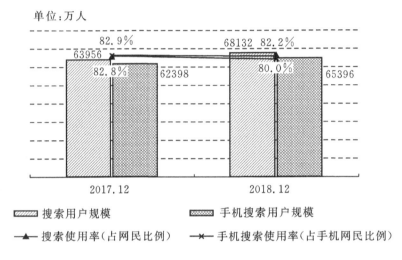

图3-18 2017—2018年搜索用户规模及使用率

(3)网络新闻媒体加强优质内容争夺。截至2018年12月,我国网络新闻用户规模达6.75亿,年增长率为4.3%,网民使用比例为81.4%;手机网络新闻用户规模达6.53亿,占手机网民的79.9%,年增长率为5.4%;见图3-19。商业新闻媒体发展呈现出以下特点:第一,加强优质内容争夺;第二,重塑内容分发机制;第三,发展多元内容载体。

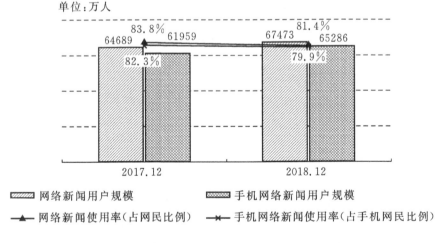

图3-19 2017—2018年网络新闻用户规模及使用率

(4)社交应用商业模式不断成熟。截至2018年12月,微信朋友圈、QQ空间用户使用率分别为83.4%、58.8%,较2017年底分别下降3.9%、5.6%;微博使用率为42.3%,较2017年底上升1.4%;见图3-20。社交应用商业模式不断成熟,具体表现在以下两方面:一方面,广告依然是社交平台变现的主要方式;另一方面,内容生产者能通过社交平台实现商业变现。

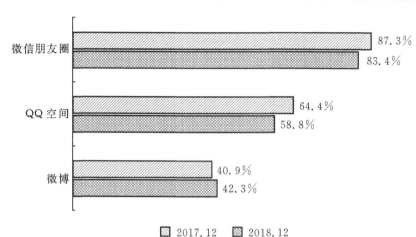

图 3-20 2017—2018年典型社交应用使用率

(5)网络购物保持升级态势。截至2018年12月,我国网络购物用户规模达6.10亿,较2017年底增长14.4%,占网民整体比例达73.6%;手机网络购物用户规模达5.92亿,较2017年底增长17.1%,使用比例达72.5%;见图3-21。2018年网络消费继续保持升级态势,消费升级为行业增长提供了强劲动力,也进一步推动市场成熟发展。与此同时,电商流量加速分化,拼购模式、小程序电商、内容电商等新模式交易规模呈指数增长。

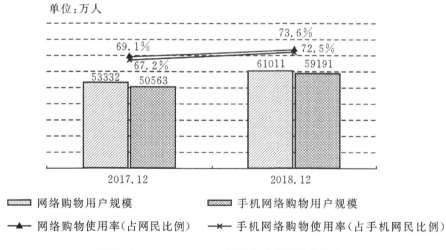

图 3-21 2017—2018年网购用户规模及使用率

(6)网上外卖市场"两分天下"。截至2018年12月,我国网上外卖用户规模达4.06亿,较2017年底增长18.2%,继续保持较高增速;手机网上外卖用户规模达3.97亿,增长率为23.2%,使用比例达48.6%;见图3-22。在市场格局方面,外卖市场"两分天下"竞争格局已然清晰。在行业趋势方面,在市场变化和平台战略调整背景下,新的行业趋势正在形成。一是外卖业务在本地生活服务生态体系中的重要性日趋凸显,逐步成为各平台在生活服务领域竞争的胜败关键;二是行业生态进一步开放,协同实现多赢。

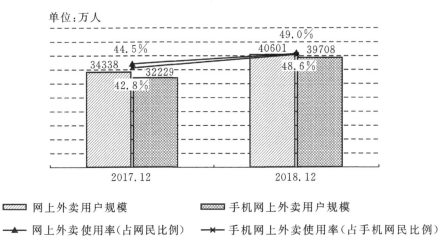

图 3-22 2017—2018 年网上外卖用户规模及使用率

(7)旅游度假产品领跑在线旅行增长。截至 2018 年 12 月,在线旅行预订用户规模达 4.10 亿,较 2017 年底增长 3423 万,增长率为 9.1%,见图 3-23;网上预订机票、酒店、火车票和旅游度假产品的网民比例分别为 27.5%、30.3%、42.7% 和 14.5%;其中,预订旅游度假产品的用户规模增速最快,增长率为 35.5%。

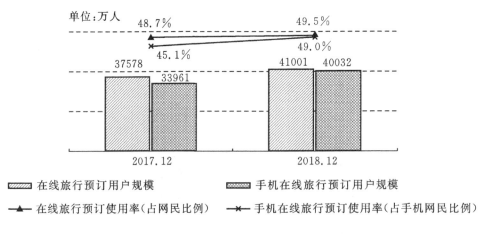

图 3-23 2017—2018 年在线旅行预订用户规模及使用率

(8)互联网理财朝稳健方向发展。截至 2018 年 12 月,我国购买互联网理财产品的网民规模达 1.51 亿,同比增长 17.5%,网民使用率为 18.3%,见图 3-24。行业逐步朝稳健、规范的方向发展,一方面降低理财市场规模过大带来的金融风险;另一方面降低金融机构融资成本,促进资金回流银行,有效提升资金社会利用效率。

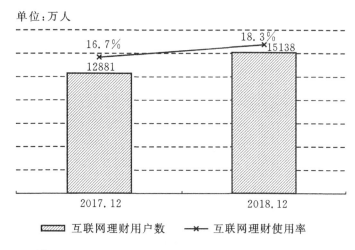

图 3-24 2017—2018 年互联网理财用户规模及使用率

(9)网络支付场景不断延伸。截至 2018 年 12 月,我国网络支付用户规模达 6.00 亿,较 2017 年底增加 6930 万,年增长率为 13.0%,使用比例由 68.8% 提升至 72.5%;手机网络支付用户规模达 5.83 亿,年增长率为 10.7%,在手机网民中的使用比例由 70.0% 提升至 71.4%。网民在线下消费时使用手机网络支付的比例由 2017 年底的 65.5% 提升至 67.2%;见图 3-25。2018 年国内网络支付市场发展呈现以下特点:第一,行业竞争依旧激烈;第二,支付场景不断延伸;第三,支付方式更为多元。

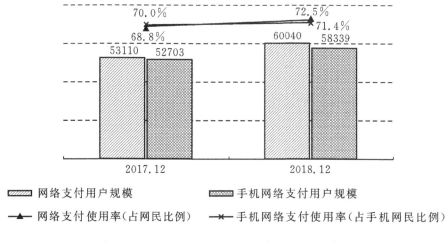

图 3-25 2017—2018 年网络支付用户规模及使用率

(10)网络音乐平台对短视频扶持力度加大。截至 2018 年 12 月,网络音乐用户规模达 5.76 亿,较 2017 年底增加 2751 万,占网民总体的 69.5%;手机网络音乐用户规模达 5.53 亿,较 2017 年底增加 4123 万,占手机网民的 67.7%;见图 3-26。2018 年国内数字音乐版权环境的持续改善、各平台对短视频类音乐形式的进一步扶持和大型音乐集团的持续融资共同推动了网络音乐行业的进一步发展。

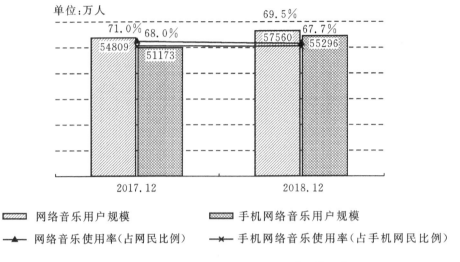

图 3-26　2017—2018 年网络音乐用户规模及使用率

(11)网络文学版权营收提升。截至 2018 年 12 月,网络文学用户规模达 4.32 亿,较 2017 年底增加 5427 万,占网民总体的 52.1%;手机网络文学用户规模达 4.10 亿,较 2017 年底增加 6666 万,占手机网民的 50.2%;见图 3-27。网络文学行业在 2018 年持续健康发展,用户规模和上市企业营收均实现进一步增长。跨界内容的布局和版权营收的提升是行业变化的主要特征。

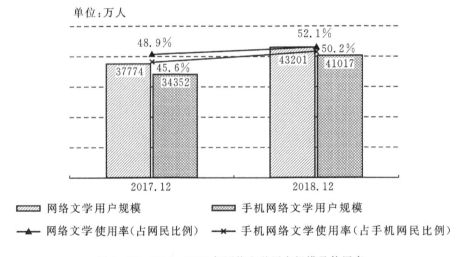

图 3-27　2017—2018 年网络文学用户规模及使用率

(12)网络游戏方面,国产游戏的国际影响力进一步扩大。截至 2018 年 12 月,我国网络游戏用户规模达 4.84 亿,占整体网民的 58.4%,较 2017 年底增长 4224 万;手机网络游戏用户规模达 4.59 亿,较 2017 年底增长 5169 万,占手机网民的 56.2%;见图 3-28。2018 年国内网络游戏行业保持平稳发展,国内游戏厂商与海外市场的联系日益密切,游戏不良影响的社会共治格局已经初步形成。

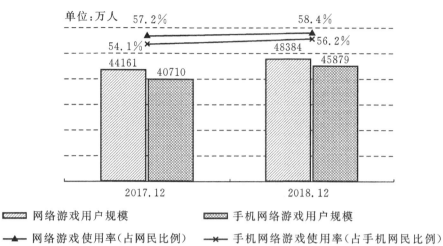

图 3-28　2017—2018 年网络游戏用户规模及使用率

(13) 网络视频方面,短视频内容生产专业度加深。截至 2018 年 12 月,网络视频用户规模达 6.12 亿,较 2017 年底增加 3309 万,占网民整体的 73.9%;手机网络视频用户规模达 5.90 亿,较 2017 年底增加 4101 万,占手机网民的 72.2%;见图 3-29。短视频用户规模达 6.48 亿,用户使用率为 78.2%。随着短视频市场的逐步成熟,内容生产的专业度与垂直度加深,同质化内容已无法立足,优质内容成为各平台的核心竞争力。

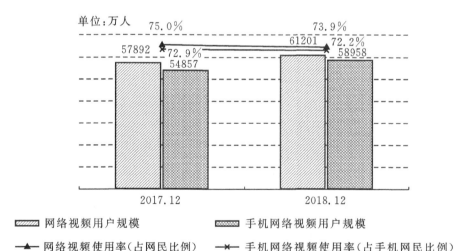

图 3-29　2017—2018 年网络视频用户规模及使用率

(14) 网络直播进入转型调整期。截至 2018 年 12 月,网络直播用户规模达 3.97 亿,较 2017 年底减少 2533 万,用户使用率为 47.9%,较 2017 年底下降 6.8 个百分点,见图 3-30。2018 年网络直播行业内部逐渐分化,进入转型调整期。从体育、游戏、真人秀、演唱会四个细分内容领域来看,游戏直播用户使用率基本稳定,体育直播用户使用率略有下降,演唱会、真人秀直播用户使用率分别下降 6.2%、8.8%。

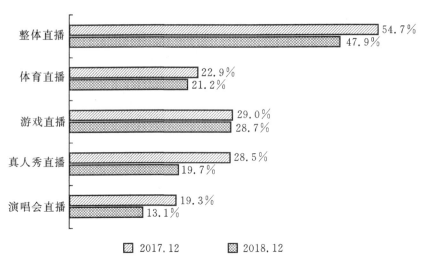

图 3-30 2017—2018 年网络直播使用率

(15)网约车行业强化安全保障。截至 2018 年 12 月,我国网约出租车用户规模达 3.30 亿,较 2017 年底增加 4337 万,增长率为 15.1%;网约专车或快车用户规模达 3.33 亿,增长率为 40.9%,用户使用比例由 30.6% 提升至 40.2%;见图 3-31。2018 年,继网约车行业推行建立事中、事后联合监管措施后,交通运输部联合多部委组织安全专项检查,治理网约车市场乱象;为维护乘客人身安全等合法权益,网约车企业优化产品结构强化安全保障。

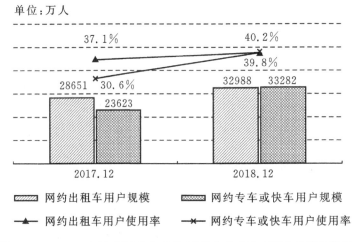

图 3-31 2017—2018 年网约出租车/网约专车或快车用户规模及使用率

(16)直播助力在线教育快速增长。截至 2018 年 12 月,我国在线教育用户规模达 2.01 亿,较 2017 年底增加 4605 万,年增长率为 29.7%;在线教育用户使用率为 24.3%,较 2017 年底增加 4.2 个百分点;手机在线教育用户规模达 1.94 亿,较 2017 年底增长 7526 万,增长率为 63.3%;手机在线教育用户使用率 23.8%,较 2017 年底增长 8.0 个百分点;见图 3-32。在线教育直播以一对一、一对多、双师课堂等方式满足用户多样化的学习需求,让教师和学生突破时空限制实时互动,进一步扩大了教学覆盖范围,推动了在线教育的普及和深化。

项目三 网络营销环境及网上消费者行为分析

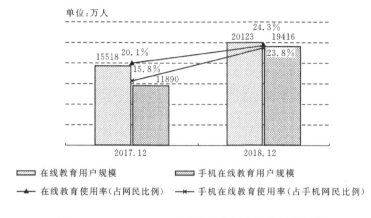

图 3-32 2017—2018 年在线教育用户规模及使用率

二、网上消费者的特征和主要类型

1.网上消费者的特征

网上消费者是指通过互联网在电子商务市场中进行消费和购物等活动的消费者人群。消费者行为以及购买行为永远是营销者关注的一个热点,对网络营销者也是如此。网络用户是网络营销的主要个体消费者,也是推动网络营销发展的主要动力,它的现状决定了今后网络营销的发展趋势和道路。要想顺利地开展网络市场营销工作,就必须对网上消费者的群体特征进行分析,并采取相应的对策。网上消费者群体主要有以下四个方面的特征。

(1)注重自我。由于目前网络用户以年轻、高学历用户为主,拥有不同于他人的思想和喜好,有独立的见解和想法,对自己的判断力也比较自信,其需求越来越独特,而且变化多样,个性化越来越明显。因此,从事网络营销的企业应尊重用户的意见和建议,努力提供个性化服务,满足其独特的需求。

(2)头脑冷静,擅长理性分析。由于网络用户是以大城市、高学历的年轻人为主,不会轻易受舆论左右,对各种产品宣传有较强的分析判断能力。因此,从事网络营销的企业应该加强信息的组织和管理,加强企业自身文化的建设,诚信待人。

(3)喜好新鲜事物,有强烈的求知欲。网络用户爱好广泛,不论是对新闻、股票市场还是网上娱乐都具有浓厚的兴趣,对未知的领域报以永不疲倦的好奇心。

(4)好胜,但缺乏耐心。年轻的网络用户比较缺乏耐心,当他们搜索信息时,比较注重用于搜索所花费的时间,如果链接、传输的速度比较慢的话,他们一般会马上离开这个站点。

网络用户的这些特点,对企业作出是否加入网络营销的决策和如何实施网络营销的过程都是十分重要的。企业要想吸引顾客,保持持续的竞争力,就必须对本地区、本国以及全世界的网络用户情况进行分析,了解他们的特点,制订相应的对策。

2.网上消费者的类型

各企业应根据各自的经营方向和经营特色,有的放矢地关注不同类型的网上消费者,分析其网上购物的行为。网上消费者不外乎有以下六种类型,即简单型、冲浪型、接入型、议价型、定期型和运动型。

(1)简单型。简单型的消费者需要的是方便、直接的网上购物。他们每月只花几小时上网,但他们进行的网上交易却占了一半。零售商们必须为这一类型的网民提供真正的便利,让他们觉得在网站上购买商品确实会节约更多的时间。

(2)冲浪型。冲浪型的消费者占常用网民的8%,在网上花费的时间却占了32%,并且他们访问的网页是其他网民的4倍。冲浪型网民对常更新、具有创新设计特征的网站很感兴趣。

(3)接入型。这类网民是刚接触网络的新手,占36%的比例,很少购物,喜欢网上聊天和发送免费问候卡。传统品牌的公司应重视此类网民,因为网络新手们更愿意相信生活中所熟悉的品牌。

(4)议价型。网上消费者中有8%是议价者,他们有一种趋向购买便宜商品的本能,喜欢讨价还价,并有强烈的愿望在交易中获胜。

(5)定期型和运动型。这两种类型的网络使用者通常都是被网站的内容所吸引。定期型的网民常常访问新闻和商务网站,而运动型的网民喜欢运动和娱乐网站。

目前,网上销售商面临的挑战是如何吸引更多的网民,并努力将网站访问者变为消费者。

三、网上消费者需求分析

由于互联网商务的出现,消费观念、消费方式和消费者的地位正发生着重要的变化,互联网的发展促进了消费者主权地位的提高;网络营销系统巨大的信息处理能力,为消费者挑选商品提供了前所未有的选择空间,使消费者的购买行为更加理性化。

1.网上消费者的需求特征

(1)消费者消费个性回归。21世纪是一个计算机网络交织的世纪,消费品市场越来越丰富,消费者进行产品选择范围的全球化、产品设计的多样化,消费者开始制订自己的消费准则,整个市场营销转向个性化的发展。没有消费者的消费心理是相同的,每一个消费者都是一个微型的消费市场,个性化消费成为消费的主流。

(2)消费者需求的差异性。不仅消费者的个性消费使网络消费需求呈现差异性,不同的网上消费者,因其所处的时代环境不同,也会产生不同的需求。不同的网上消费者,即便在同一需求层次上,需求也会有所不同。所以,从事网络营销的厂商,要想取得成功,就必须在整个生产过程中,从产品的构思、设计、制造,到产品的包装、运输、销售,认真思考这些差异性,并针对不同消费者的特点,采取相应的策略。

(3)消费者的主动性增强。在社会化分工日益细化和专业化的趋势下,消费者对消费的风险感随着选择的增多而上升。在许多大额或高档产品或服务的消费中,消费者往往会主动通过各种可能的渠道,获取与商品有关的信息进行分析和比较。或许这种分析、比较不是很充分和合理,但消费者能从中得到心理的平衡,减轻自己的风险感,减少购买后产生的后悔感,增加对产品的信任程度和心理上的满足感。

(4)消费者直接参与生产和流通的全过程。传统的商业流通渠道由生产者、商业机构和消费者组成,其中商业机构起着重要的作用,生产者不能直接了解市场,消费者也不能直接向生产者表达自己的消费需求。而在网络环境下,消费者能直接参与生产和流通,与生产者直接进行沟通,减少了市场的不确定性。

(5)追求消费过程的方便和享受。在网上购物,除了能够完成实际的购物需求外,消费者在购买商品的同时,还能得到许多信息,并得到在各种传统商店所没有的乐趣。当前,人们对网络消费过程出现了两种追求的趋势:一部分工作压力较大、紧张程度高的消费者,以方便性购买为目标,追求的是时间和劳动成本的尽量节省;而另一部分消费者,是由于劳动生产率的提高,自由支配时间增多,希望通过消费来寻找生活的乐趣。未来,这两种相反的消费心理将会在较长的时间内并存。

（6）消费者选择商品的理性化。网络营销系统巨大的信息处理能力，为消费者挑选商品提供了前所未有的选择空间，消费者会利用在网上得到的信息对商品进行反复比较，以决定是否购买。对企事业单位的采购人员来说，可利用预先设计好的计算程序，迅速比较进货价格、运输费用、优惠、折扣、时间效率等综合指标，最终选择有利的进货渠道和途径。

（7）价格仍是影响消费心理的重要因素。从消费的角度来说，价格不是决定消费者购买的唯一因素，但却是消费者购买商品时肯定要考虑的因素。网上购物之所以具有生命力，重要的原因之一是网上销售的商品价格普遍偏低。尽管经营者都倾向于以各种差别化，减弱消费者对价格的敏感度，避免恶性竞争，但价格始终对消费者的心理产生重要的影响。

（8）网络消费的需求具有层次性、交叉性。网络消费的开始阶段，消费者偏重于精神产品的消费；到了网络消费的成熟阶段，等消费者完全掌握了网络消费的规律和操作，并且对网络购物有了一定的信任感后，消费者才会从侧重于精神消费品的购买，转向日用消费品的购买。在网络消费中，各个层次的消费具有紧密的联系，需求之间广泛存在交叉的现象。

（9）追求时髦和奇特。从网民的构成情况看，约有80%以上的网民，年龄在35岁以下，这类顾客富于激情，渴望变化，容易受广告宣传和流行趋势的影响，追求时尚和新颖，选购商品时特别重视商品的造型和款式的时尚程度，而不太注意商品的实用价值和价格高低，常常对选购的商品"一见钟情"。这一年龄段的消费者，大多物质生活丰富，只要条件允许，想要什么就能买到什么。在对待日常消费品的态度上，有些人就会表现出"喜新厌旧"的情绪，总是对新出现的商品有着特别的爱好和追求。进入网上商场，或是看见别人上网购物而激发购买欲望，或是网上广告做得新鲜动感而勾起好奇心。

（10）网上消费者"孩童化"倾向明显。网上消费者以追逐时尚的年轻人居多，他们追求新事物，对消费品的喜爱时间一般较短。由于兴趣广泛，好奇心强，却缺乏耐心，注意力容易转移，如果浏览一个站点很费时间，就会很轻易地改换其他网站。网上消费者有一种类似于儿童的消费性格，需要不断地有新事物来唤起兴奋，也就是说，他们在消费行为已经逐渐"孩童化"。

知识链接　　　　　　　　　强生公司的客户服务策略

美国强生公司是世界上最大的、综合性的医药保健公司，也是世界上产品最多元化的公司之一。该公司成立于1886年，迄今为止已在世界50多个国家设有200多家子公司，产品畅销全球近180个国家。请扫描下面二维码，了解一下该公司在客户服务方面有哪些过人之处吧！

2.网上消费者的购买动机

动机，是推动人们做出行动的内在原动力，即激励人们行为的原因。人们的消费需要都是由购买动机引起的。网上消费者的购买动机，是指在网络购买活动中，能使网上消费者产生购买行为的某些内在的动力。只有了解消费者的购买动机，才能预测消费者的购买行为，采取相应的促销措施。由于网络促销是一种"不见面"的销售,消费者的购买行为不能直接被观察到,因此对网上消费者购买动机的研究,就显得尤为重要。网上消费者的购买动机基本上可以分为需求动机和心理动机两大类。

(1)需求动机。网上消费者的需求动机是指由需求而引起的购买动机。美国著名的心理学家马斯洛把人的需求划分为五个层次,即生理需求、安全需求、社会需求、尊重需求和自我实现的需求。需求理论对网络需求层次的分析具有重要的指导作用。

在互联网的虚拟社会中,人们希望满足以下三个方面的基本需求。

一是兴趣需求。对网络活动兴趣的产生,主要出自探索的内在驱动力和成功的内在驱动力。

二是聚集需求。虚拟社会提供了具有相似经历的人们聚集的机会,这种聚集不受时间和空间的限制,并形成富有意义的个人关系。在这个虚拟社会里,有着宽松的社会气氛,使得在现实社会中经常处于紧张状态的人们渴望在虚拟社会中寻求解脱。

三是交流需求。聚集起来的网民,自然产生一种交流的需求。随着信息交流频率的增加,交流的范围也不断地扩大,从而产生示范效应,带动对某些种类的产品和服务有相同兴趣的成员聚集在一起,形成商品信息交易的网络。

(2)心理动机。消费者的心理是指顾客在成交过程中发生的一系列极其复杂、极其微妙的心理活动。网上消费者购买行为的心理动机主要体现在以下几个方面。

理智动机具有客观性、周密性和控制性的特点,并建立在人们对在线商场推销的商品的客观认识基础上。众多网络购买者是中青年人,具有较高的分析判断能力。他们的购买决策是在反复比较各个在线商场的商品之后才作出的。在理智购买动机驱使下的网络消费购买动机,首先注意的是商品的先进性、科学性和质量高低,其次才注意商品的经济性。这种购买动机的形成,基本上受控于理智,而较少受到外界气氛的影响。

感情动机是由人们的情绪和感情所引起的购买动机。这种动机一是由于人们喜欢、满意、快乐、好奇而引起的购买动机,它具有冲动性、不稳定的特点;另一种是由于人们的道德感、美感、群体感而引起的购买动机,它具有稳定性和深刻性的特点。

惠顾动机是建立在理智经验和感情之上,对特定的网站、国际广告、商品生产特殊的信任与偏好而重复、习惯性地前往访问并购买的一种动机。由惠顾动机产生的购买行为,一般是网络消费者在作出购买决策时心目中已预先确定了购买目标,并在购买时克服和排除其他同类产品的吸引和干扰,按原计划确定的购买目标实施购买行动。具有惠顾动机的网络消费者,往往是某一站点忠实的浏览者。

四、网上消费者购买行为的变化及分析

目前,我国互联网已经形成了规模,互联网应用走向多元化。在当今顾客至上的经营理念占主导地位的条件下,谁掌握了消费者的心理,谁就可能在竞争中取胜,取得主导地位。

1.网络时代消费者行为的变化

网络经济时代的最大特征是买方市场,互联网强大的通信能力和网络商贸系统便利的交易环境,改变了消费者的消费行为,企业营销也必须跟上时代发展的步伐。网络时代消费行为的变化可以概括为以下几个方面。

(1)消费产品个性化。由于社会消费品极为丰富,人们收入水平不断提高,这些因素进一步拓宽了消费者的选择余地,并使产品的个性化消费成为可能。消费者购买产品也不再仅仅

是满足其物质需要,更多的是满足其心理需要,这一全新的消费观念影响之下的个性化消费方式,正在逐渐成为消费的主流。网络营销必须面对这一市场环境,对市场实行细分,直至极限。

(2)消费过程主动化。在网络营销中,消费者消费主动性的增强,来源于现代社会不确定性的增加和人类追求心理稳定和平衡的欲望。这种消费过程主动性的特点,对网络营销产生了巨大的影响,它要求企业必须迎合消费者的需要,对顾客不再是"填鸭式"的宣传,而是通过和风细雨式的影响,让顾客在比较中作出选择。

(3)消费行为理性化。在网络环境下,消费者可以很理性地选择消费方式,理智地选择价格、大范围地比较、主动地表达对产品及服务的欲望。通过"货比千家",精心挑选需要的商品,消费者根据需要,主动上网寻找适合的产品。即使找不到也会通过网络系统向厂家或商家主动表达自己对某种产品的欲望和要求。

(4)购买方式多样化。网络使人们的消费心理稳定性减少,转换速度加快,这直接表现为消费品更新换代的速度加快。这种情况反过来又使消费者求新、求变的需求欲望进一步加强。由于在网上购物更加方便,因此人们在满足购物需要的同时,又希望能满足购物的种种乐趣。这两种心理使购买方式更加多样化,进而又直接促进了网络营销。

2.影响网上消费者购买行为的主要因素

影响消费者网上购买行为的因素很多,归纳起来,主要是产品的特性、产品的价格、购物的便捷性、安全可靠性、网站建设的专业性以及商品的丰富程度,等等。

(1)产品的特性。根据网上消费者的特征,网上销售的产品一般要考虑产品的新颖性,即如果产品是新产品或者是时尚类产品,比较能吸引人的注意。追求商品的时尚和新颖是许多消费者,特别是年轻消费者重要的购买动机。

一些产品对消费者参与程度的要求比较高,消费者一般需要现场购物体验,而且需要很多人提供参考意见,对这些产品就不太适合在网上销售。对消费者需要购买体验的产品,可以采用网络营销推广功能,辅助传统营销手段,或者整合网络营销与传统营销方式,通过网上宣传、展示产品,消费者在充分了解产品的性能后,到网下实体店选购。

(2)产品的价格。对一般商品而言,价格与需求量之间经常表现为反比关系。同样的商品,价格越低,销售量越大。目前,网上消费者对网上销售有一个免费的心理预期。这是因为互联网的起步和发展都依托了免费策略,而且免费策略也得到了成功的商业运作,因此免费策略深入人心。互联网作为新兴市场,可以减少传统营销中的中间费用和一些额外的信息费用,大大削减了产品的成本和销售费用,这正是互联网商业性应用巨大的增长潜力所在。

(3)购物的便捷性。购物便捷性是消费者选择购物的首要考虑因素之一。通常,消费者选择网上购物的便捷性,一是时间上的便捷性,二是获得商品的便捷性。消费者可以足不出户,直接由商家负责将网上订购的商品送到手中,免去了传统购物中舟车劳顿的辛苦,时间和费用成本大幅降低。

(4)安全可靠性。网络购买还有一个必须考虑的是网上购买的安全性和可靠性问题。由于在网上消费,消费者一般需要先付款后送货,这与传统购物的一手交钱、一手交货的购买方式不同,网上购物中的时空发生了分离,消费者购物的风险有所加大。比如,来自对购物质量的疑惑、对个人账户信息是否安全、网络系统是否稳定、能否按时收到货物,等等。因此,网上购物的各个环节,必须加强安全控制措施,保护消费者购物过程的信息传输和个人隐私,树立消费者对网站的信任和信心。

(5)网站建设的专业。网站建设的专业水平直接影响网络营销的效果,这已经成为共识。网络营销解决方案提供商凯威特有限公司通过对425名消费者的调查发现:网上商店建设的专业性对消费者购买决策影响重大。因此,从事网络营销的企业必须加强网站建设,提升建设水平,增强网站的吸引力,让更多的网民愿意成为该网站的忠实顾客。

(6)商品的丰富程度。网络商店因为不受传统店面营业面积的限制,可以提供大量的商品供网民挑选。网络商品的丰富性是一个比较重要的因素,现在很多用户可以通过网络商店找到想购买而传统商店中不容易找到的商品,由此也补充了传统商店地域不同或产品短缺的不足。

3.网上消费者的购买过程

网络消费的购买过程可分为以下五个阶段:确认需要→信息收集→比较选择→购买决策→购后评价。

(1)确认需要。网络购买过程的起点是诱发需求,当消费者认为已有的商品不能满足需求时,才会产生购买新产品的欲望。在网络营销中,由于诱发需求的动因只能局限于视觉和听觉,因此,对消费者的吸引有一定的难度。企业或中介商一定要注意了解与经销的商品有关的实际需要和潜在需要,以便设计相应的促销手段,吸引更多的网民浏览网页,激发购物欲望。

(2)信息收集。当消费者的需求被唤起后,每一个消费者都希望自己的需求能得到满足,所以,收集信息、了解行情成为消费者购买的第二个环节。消费者首先在自己的记忆中搜寻可能与所需商品相关的知识经验,如果没有足够的信息用于决策,他便要到外部环境中去寻找与此相关的信息。当然,不是所有的购买决策活动,都要求同样程度的信息和信息搜寻。根据消费者对信息需求的范围和对需求信息的努力程度不同,可分为以下三种模式。

其一,广泛的问题解决模式。这种模式是指消费者尚未建立评判特定商品或特定品牌的标准,也不存在对特定商品或品牌的购买倾向,而是很广泛地收集某种商品的信息。处于这个层次的消费者,可能是因为好奇、消遣或其他原因而关注自己感兴趣的商品。这个过程收集的信息会为以后的购买决策提供经验。

其二,有限问题的解决模式。处于有限问题解决模式的消费者,已建立了对特定商品的评判标准,但尚未建立对特定品牌的倾向。这时,消费者有针对性地收集信息。这个层次的信息收集才能真正而直接地影响消费者的购买决策。

其三,常规问题的解决模式。在这种模式中,消费者对将来购买的商品或品牌已经有了足够的经验和特定的购买倾向,其购买决策需要的信息较少。

(3)比较选择。消费者需求的满足是有条件的,这个条件就是实际支付能力。消费者为了使消费需求与自己的购买能力相匹配,就要对各种渠道汇集而来的信息进行比较、分析、研究,根据产品的功能、可靠性、性能、模式、价格和售后服务,从中选择一种自认为"足够好"或"满意"的产品。由于网络购物不能直接接触实物,所以,网络营销商要对经销的产品进行充分的文字和图片描述。但也不能对产品进行虚假的宣传,否则可能会永久的失去顾客。

(4)购买决策。购买决策是网络消费者购买活动中最主要的组成部分。网络购买者的购买决策有许多独特的特点。首先,网络购买者理智动机所占比重较大,而感情动机的比重较小;其次,网络购物受外界影响小;再次,网上购物的决策更快。

网上消费者在决定购买某种商品时,一般基于对生产或经销企业有信任感、对支付有安全感、对产品有好感的基础上。所以,树立企业形象,改进货款支付方式,提升物流配送质量和速度,全面提高产品质量,这是每一个参与网络营销的企业必须重视的工作。

(5)购后评价。消费者购买商品后,往往通过使用,对购买选择进行检查和反省,以判断这种购买决策的准确性。购后评价往往能够决定消费者以后的购买动向。为了提高企业的竞争力,最大限度地占领市场,企业必须虚心听取顾客的反馈意见和建议。方便、快捷的电子邮件,为网络营销者收集消费者购后评价提供了得天独厚的优势。企业在网络上收集到购后评价后,通过计算机的分析、归纳,可迅速找出工作中的缺陷和不足,制订对策,改进产品性能和售后服务。

B2C 网上购物流程见图 3-33。

图 3-33 B2C 网上购物流程图

知识链接 霍金斯的消费者决策过程模型

美国消费心理与行为学家霍金斯的消费者决策过程模型,是关于消费者心理和行为的模型,被称为是将心理学与营销策略整合的最佳典范,它为描述消费者特点提供了一个基本结构与过程的概念性模型,反映了今天人们对消费者心理与行为性质的信念和认识。消费者在国内外因素影响下首先形成自我概念或自我形象,然后自我概念又通过生活方式反映出来。扫描下面二维码学习一下这个概念模型吧!

项目小结

通过本项目的学习和实践,读者应该能够正确理解并掌握网络营销环境的内涵,能够运用相关理论知识分析企业所处的网络营销宏观环境、微观环境和互联网应用环境等,为企业创造更好的网络市场,实现网络企业最终的盈利目标。同时,读者还应该正确理解并掌握网上消费者行为的基本理论,熟悉网上消费者的特征、网上消费者需求和购买行为等知识,明确影响网络消费的主要因素,这样将有助于企业分析并解决实际问题。

思考与练习

拓展活动

岗位实战篇

项目四 网络营销调查专员

学习目标

知识目标

熟悉网络市场调研的概念和特点;掌握网络市场调研的内容和原则;熟悉网络市场调研的方法和步骤;了解网络商务信息的收集渠道与方法。

能力目标

培养运用网络开展网络调研的意识;能够根据企业网络调研的需要,设计网络市场调研问卷;善于运用科学的方法收集、整理、分析网络调研信息;能够规范地撰写网络市场调研报告;熟悉在线调查有关网站的功能及特点。

对应岗位及要求

主要岗位

网络调研专员、行业营销顾问、行业分析师等。

工作要求

负责组织实施网络营销调研活动,充分利用网络资源收集营销信息,撰写调研报告,为营销决策提供可靠的依据;熟悉网络营销调研的一般程序、内容、原则及常用方法;根据调研任务,选择合适的调研方法,设计有效的调研问卷,并对调研工作进行有效的管理与控制;掌握调研数据整理和分析的方法,格式规范地撰写企业网络营销调研报告;熟悉网络论坛、社区,并能熟练掌握微信、QQ、阿里旺旺等网络营销沟通软件的安装及使用方法。

项目分析

项目概述

一个完善的营销方案,必定是建立在对市场细致周密的调研基础之上的。在网络技术飞速发展的今天,互联网为网络市场调研提供了强有力的支撑。目前,国内外许多企业利用互联网及其他在线服务手段进行市场调研,为网络营销决策提供了帮助,也取得了很好的效果。

希望读者通过对本项目的学习能够熟悉网络市场调研的概念、特点及网络市场调研的步骤;掌握网络市场调研的内容、办法;了解网络商务信息的主要收集渠道;经过实践,能根据企业营销工作的需要,设计有效的网络市场调研问卷,撰写规范的网络市场调研报告。

案例导读 中国互联网络信息中心

中国互联网络信息中心(China Internet Network Information Center,CNNIC)是经国家

主管部门批准,于1997年6月3日组建的管理和服务机构,行使国家互联网络信息中心的职责,其网站页面如图4-1所示。作为中国信息社会基础设施的建设者、运行者和管理者,中国互联网络信息中心以"为我国互联网络用户提供服务,促进我国互联网络健康、有序发展"为宗旨,负责国家网络基础资源的运行管理和服务,承担国家网络基础资源的技术研发并保障安全,开展互联网发展研究并提供咨询,促进全球互联网开放合作和技术交流。

图4-1 中国互联网信息中心的网站页面

我国互联网上网计算机数、用户人数、信息流量分布、域名注册等方面情况的统计信息,对我国政府和企业动态掌握互联网在我国的发展情况,提供决策依据有着十分重要的意义。1997年,经原国务院信息化工作领导小组办公室和CNNIC工作委员会研究,决定由CNNIC联合四个互联网络单位来实施中国互联网络发展状况的统计工作。在统计报告发布后,受到各个方面的重视,被国内外用户广泛引用,并不断有用户要求CNNIC提供最新的统计报告。为了使这项工作制度化、正规化,从1998年起CNNIC决定将于每年1月和7月推出该统计报告,其即时性和权威性已得到了业界的公认。在调查过程中,得到了工业和信息化部等国家主管部门的指导和各互联网单位、ISP/ICP等相关单位的大力支持。截至2020年4月,CNNIC共发布了45次中国互联网络发展状况统计报告。中国互联网络发展状况统计调查依据统计学原理,同时参照国际惯例,主要采用抽样调查、网上计算机自动搜索和网上联机调查等三种方式来完成,以此了解我国上网用户的分布、基本情况、特征等概括性参数,发布我国上网用户对互联网的使用情况、行为习惯以及对有关热点问题的看法和倾向等信息。

(资料来源:中国互联网络信息中心官方网站。)

总结与分析:互联网的出现及网民的不断增加,为企业利用网络手段开展调研提供了条件。中国互联网络信息中心每半年举行一次的中国互联网络发展状况调查,是网络营销市场调研的一个典型案例。由此可以认识到:第一,网上市场调研具有时效性强、没有时空限制等诸多优点;第二,网络营销调研和传统营销调研在特定情况下各有优势和劣势,二者配合使用,可取长补短,取得最佳的调研效果。

任务分析

任务一 网络市场调研的概念和特点

市场调研是以科学的方法,系统地、有目的地收集、整理、分析和研究所有与市场有关的信息,特别是有关消费者的需求、购买动机和购买行为等方面的市场信息,提出解决问题的建议,为营销决策提供帮助。市场调研是市场营销工作中的一个非常重要且不可忽视的环节。企业在没有充分调研分析的情况下制订的营销方案,将是营销方向不明、营销目的不准、营销策略不实、难以操作实施的营销项目。互联网的发展为企业开展营销调研工作提供了新的方法和手段,有助于企业制定更加科学合理、经济高效的营销规划,优化网络营销组合,开拓新市场,为企业带来新的发展机遇。

一、网络市场调研的概念

网络市场调研是指个人或组织为了某个特定的营销决策,利用互联网技术与资源而开展的收集、整理市场营销信息,分析、判断市场营销情况的网络营销活动的总称。

网络营销调研本身不是目的,而是服务于网络营销活动,并且是网络营销活动的一个有机组成部分。它是一个周密策划、精心组织、科学实施的系统过程,由一系列工作环节、步骤、活动和成果组成,需要用科学的理念和方法进行指导,也需要科学的组织与管理。网络营销调研包含对信息的判断、收集、记录、整理、分析、研究和传播活动,与一般信息工作相比,其工作对象是网络市场信息,且直接为网络市场营销服务。

网络市场调研所要解决的主要问题是,通过各种网上调研的手段与方法,系统地收集大量有关市场营销的数据和资料,如实反映企业市场营销方面的客观情况,为企业决策提供客观依据。

二、网络市场调研的特点

互联网上的海量信息、数以千计的搜索引擎以及免费资源,丰富了网络市场调查的信息来源。互联网的开放性、自由性、平等性、广泛性和直接性等特性,使得网上市场调查具有一些传统调查手段和方法所不具备的特点和优势,特别是在预调查、定性调查、二手资料的调查方面,更胜一筹。相对于传统市场调研,网络市场调研的特点和优势主要体现在以下几个方面。

1. 及时性和共享性

网上调研是开放的,网络信息是共享的,网络传输的速度也是相当快的,任何网民都可以参加网上调查的投票并查看结果。网上调查的数据来源直接,可以事先编制好软件进行处理,所以在一些网上调查中,一旦应答者填写完毕,即可马上被确认或显示出调查的结果。通过调查结果,企业能够及时、快速地掌握信息,立即根据具体情况,随时更换调查内容。而传统的市场调研得出结论需经过很长的一段时间。如人口抽样调查统计分析需要 3 个月的时间,而中国互联网络信息中心在对 Internet 进行调查时,从设计问卷到实施网上调查和发布统计结果,总共只有 1 个月时间。

2. 便捷性和经济性

不论是对调查者还是被调查者,网络调查的便捷性都是非常明显的。调查者只要在其站点上就可以发布调查问卷,而且在整个调查过程中调查者还可以对问卷进行及时修改和补充。而被调查者只要有一台计算机或一部电话就可以快速方便地反馈意见。同时,对于反馈的数据,调查者也可以快速便捷地进行整理和分析,因为反馈的数据可以直接形成数据库。这种方便性和快捷性大大地降低了市场调查的人力和物力耗费。

3. 交互性和充分性

网络的最大优势是交互性。因此,在网上调查时,被调查者可以及时就问卷相关的问题提出自己的看法和建议,可减少因问卷设计不合理而导致的调查结论出现偏差等问题。同时,被调查者还可以自由地在网上发表见解,不受时间的限制。而传统的市场调研是不可能做到这些的。例如,面谈法中的路上拦截式调查,它的调查时间较短,不能超过 10 分钟,否则被调查者会不耐烦,这对面谈调查员的要求也非常高。

4. 可靠性和客观性

由于企业站点的访问者一般都对企业产品有一定的兴趣,所以这种基于顾客和潜在顾客的市场调研结果是客观和真实的,在很大程度上可以反映消费者的消费心态和市场发展的趋向。被调查者在完全自愿的情况下参与调查,针对性更强。因为填写问卷是自愿的,填写者一般对调查内容有一定的兴趣才会填写,回答问题也会相对认真,所以调查结果的可靠性较高。另外,被调查者是在完全独立思考的环境中接受调查的,能最大限度地保证调研结果的客观性,大大避免传统市场调研中人为因素所导致的调查结论的偏差。

5. 无时空和地域的限制

网络市场调研可以 24 小时全天候进行,例如某家电企业利用传统的调研方式在全国范围内进行市场调研,需要各个区域代理商的密切配合。而澳大利亚一家市场调研公司曾针对中国等 7 个国家的 Internet 用户进行在线调查,由于他们与 10 家访问率较高的互联网服务提供商和在线网络广告站点联手,很快就完成了调查,但如果利用传统的方式是无法实现的。

6. 可检验性和可控制性

利用互联网收集网上调研信息,可有效地对采集信息的质量进行系统的检验和控制。网上市场调查问卷可以附加全面规范的指标解释,有利于消除因对指标理解不清或调查员解释口径不一而造成的调查偏差。问卷的复核检验由计算机依据设定的检验条件和控制措施自动实施,可以有效地保证对调查问卷的 100% 的复核检验,也保证检验与控制的客观公正性。通过对被调查者的身份验证技术,可有效防止信息采集过程中的舞弊行为。

7. 更加准确的统计

在调查信息的处理上,网上调查省去了额外的编码录入环节,被调查者直接通过互联网将信息以电子格式输入数据库,减少了数据录入过程中的遗漏或错误,在自动统计软件配合下,在很短的时间内就能完成标准化的统计分析工作。

8. 更好的保密效果

网上调查使用匿名提交的方法,因此比其他传统的调查方法拥有更强大的保密功能,网民不需要为填写的问卷、提交的信息等背负任何心理包袱。

网络市场调研与传统市场调研在调研费用、范围、时效性等方面有诸多不同,见表 4-1。

表 4-1 网络市场调研与传统市场调研的比较

比较项目	网络市场调研	传统市场调研
调研费用	较低,主要是设计费和数据处理费,每份问卷所要支付的费用几乎为零	昂贵,主要包括问卷设计、印刷、发放、回收、聘请和培训访问员、录入调查结果、由专业公司对问卷进行统计分析等多方面的费用
调研范围	全国乃至全世界,样本数量庞大	受成本限制,调查地区和样本的数量均有限
运作速度	很快,只需搭建平台,数据库可自动生成,几天就可能得出有意义的结论	慢,至少需要 2 到 6 个月才能得出结论
调研的时效性	全天	根据被调查者的不同,访问的时间也不同
被调查者的便利性	非常便利,被调查者可自由决定时间、地点回答问卷	不太方便,一般要跨越空间障碍,到达访问地点
调研结果的可靠性	相对真实可信	一般有督导对问卷进行审核,措施严格,可靠性高
适用性	适合长期的大样本调查,以及要迅速得出结论的情况	适合面对面的深度访谈

目前,我国企业网络市场调研的普及还有一定的难度,主要表现在消费者对这种新型市场调研方式尚不适应,专业的网络营销调研团队比较缺乏。随着互联网的不断普及,人们思想观念的不断转变,网络市场调研必将成为一种趋势。

知识链接

中国调查网

中国调查网是一个可以让中国网民足不出户就可以完成调研,获取网络信息的专业网络调查网站。扫描下面二维码即可了解详情。

任务二 网络市场调研的内容和原则

企业只有生产出适销对路、真正能满足消费者需求的产品,才会有好的销售势头。真实有效的网络调研可以帮助企业在第一时间掌握目标消费者的最新需求,因此,网络市场调研工作是企业营销工作中不可忽视的一个重要环节。

一、网络市场调研的内容

网络市场调研主要有以下几个方面的内容。

1.企业所服务的消费者的信息

网上消费者的需求特征,特别是需求的重大变化,将直接影响企业经营的方针和战略。消费需求及其变化趋势的调研是网络市场调研的重要内容。利用互联网了解消费者的需求状况,首先要识别消费者的个人特征,如地址、性别、年龄、电子邮件、职业等信息。图4-2是调客网会员注册的页面,该网站的注册除要填写一般的会员信息外,还需要提供会员的家庭年收入、教育程度、就业状况、所在行业、工作职位、婚姻状况等个人及家庭更深入的信息。此外,在进行网络市场调研时,还应了解消费者对价格的定位、购买能力、购物习惯、支付方式、服务需求、需求情况、广告效果及网络文化体育需求状况等相关信息。

图4-2 调客网会员注册页面

一般对已统计过的访问者在计算机上设置有用户在本地终端上的数据(Cookie)存储,能记录下访问者的编号及个性特征,可防止同一访问者的重复调研。

为鼓励访问者认真填写问卷,一般采用奖励或赠送小礼物的办法,吸引访问者登记和填写问卷。由于网上用户一般比较注意保护个人隐私,因此,对这些信息的获得需要采取一些技巧。

2.企业所经营的产品或服务的有关信息

企业所经营的产品或服务的有关信息主要是了解市场供求状况、市场容量、市场占有率、商品销售趋势、服务满意度、存在的问题及不足、客户需要的新的服务内容等。

3.企业瞄准的目标市场的信息

研究和分析目标市场的需求,主要目的在于掌握市场需求量、市场规模、市场占有率以及如何运用有效的经营策略和手段等。具体内容主要包括:市场容量,产品供求趋势,销售份额或市场占有率,市场扩容的可能性,挖掘市场的潜力,发展市场在资金、渠道、产品更新等方面存在的问题,竞争格局等。

4.竞争对手的信息

分析并认清主要的竞争对手,以及竞争对手的市场占有份额、实力、竞争策略、广告宣传方式、网络营销战略定位、发展潜力等。企业可访问竞争者的网站,收集竞争者在网上发布的信息,也可以从其他网站上查询,或从新闻报道和电子公告中获取竞争对手的信息,做到知己知彼,心中有数。

5.企业所处市场环境的状况

企业在作出重大决策时,除了了解一些与自身发展有直接关系的微观环境的信息外,还必须熟悉所处的宏观环境的基本情况,比如政治、经济、法律、文化、地理、人口、科技等信息,这将有利于企业从全局出发,从战略的高度通盘考虑问题。对政治信息,可通过政府网站和一些互联网内容服务商的网站查找;对其他宏观环境信息,可通过查阅一些纸介质或电子媒介获得。此外,企业还应根据实际需要,了解合作者、供应商、营销中介等方面的信息。

二、网络市场调研的原则

利用互联网进行营销调研是一种非常有效的方式,这已成为诸多企业的共识,并且在具体的营销工作中被广泛采用。目前,有很多企业在网站上设置在线调查表,用于收集用户反馈的信息。在线调研常用于产品调研、消费者行为调研、顾客意见调研、品牌形象调研等方面,是获得第一手资料的有效途径。提高在线调研的效果,是开展网络市场调研的关键。在网络市场调研中,应注意以下原则。

1.合理设计在线调查问卷

在线调查问卷应该主题明确、简洁明了,所有的问题要容易被调查者正确理解和回答,并且要方便对调查结果的处理。这是问卷设计应遵循的基本原则。通常,调查问卷在设计时,应满足以下要求:①调查问卷的目的性明确,一目了然。②问卷上设计的问题要让人容易接受,不应引起被调查者的反感;涉及隐私的问题,最好通过技术手段进行加密处理,保护被调查者的个人隐私;避免一些为难的问题,不让被调查者因不愿意回答而退出调查问卷的填写。③问卷的问题和备选答案要简明、易懂,不要有异议。④答案要便于存入数据库,并有利于以后的整理和分析。⑤尽量减少无效问卷,提醒被调查者对遗漏的项目或明显超出正常范围的内容进行完善。

2.网站吸引力强,参与者多

网络营销和网络调研最重要的就是将顾客的注意力从其他公司的网站上,吸引并转移到该公司的网站上来。在没有硝烟的"眼球争夺战"中取胜,是整个网络营销或网络调研工作的开始。网站来访人数的多少,直接影响着调查参与者的数量,进而影响着调查结果的可信度。在设计问卷内容时,要传递出"你的意见对我们很重要"的理念,让被调查者感觉到填写问卷就像是帮助了自己所关心的人,这样往往有助于提高问卷的回收率。当然,要想参与者的人数多,也需要有力的宣传和推广,将网上调查与适当激励相结合,必要时也可与访问量大的网站合作。现在,有很多调查网站推出了填写问卷,就可以获得资金回报;或者通过回答问卷上的问题,获得一定量的积分,然后参加兑换奖品的活动,这些方式可以吸引更多网民的参与。

图4-3所示的Toluna网站,就是一个专门用来传递网民在线"声音"的站点。在被调查者填写每份调查问卷前,都会收到一封网站写给被调查者的信,从中可清楚地看到网站对网民填写调查问卷的重视,并传递了参与该调查,被调查者将会得到积分奖励的信息。

图4-3 Toluna网站问卷调查开始页面

知识链接　　　　　　你知道"调客"吗？

中国的网络发展正进入一个"客"文化时代，有博客、威客、播客、换客、闪客、掘客、维客。总之，"这年头来的都是客"。调客网的创始人迎合时代的潮流，把国外"professional survey taker"（专门做检查的人）称为"调客"。越来越多的国际调研公司进入中国，现在"调客"已成为一种简单、自由的在家工作方式。扫描下面二维码，深入了解一下吧！

3.尽量减少无效问卷

提醒被调查者对遗漏的项目或者明显有缺陷的内容进行完善，不要花费了时间和精力填写问卷，却因疏忽，致使问卷无效。

4.公布保护个人信息的声明

公民有个人信息被保护的权利，在设计调查问卷时，要让被调查者了解调研的目的，并声明参与者的个人信息不会被公开或用于其他任何场合。

5.避免滥用市场调研功能

调研内容的设计也会向被调查者透露出企业的某种动向，使得市场调研具有一定的营销功能。但应该将市场调研与营销严格区别开，如果以市场调研的名义收集用户个人信息开展所谓的数据库营销或个性化营销，不仅将严重损害企业在消费者心目中的声誉，同时也将对合法的市场调研产生不利的影响。

6.尽量降低样本分布不均衡的影响

样本分布不均衡表现在被调查者的年龄、职业、教育程度、被调查者地理分布以及不同网站的特定用户群体等方面，因此在进行市场调研时，要对网站的被调查者结构有一定的了解，尤其在样本数量不是很大的情况下，了解被调查者结构更为重要。

7.奖项设置合理

为了刺激参与者的积极性,问卷调查机构一般会提供一定的奖励措施,这样导致同一个被调查者多次填写调查问卷的现象时有发生,即使在技术上设定限制条件,也很难杜绝。合理设置奖项有助于减少不真实的问卷。

8.采用多种网上调研手段

在网站上设置在线调查问卷是最基本的调研方式,但不能受此局限。常用的网上调研手段除了在线调查问卷外,还有电子邮件调查、对被调查者的随机抽样调查、固定样本调查,等等。根据调查目的和预算,可同时采用多种网上调查手段,力争以最少的投入取得尽可能多的有价值的信息。

任务三 网络市场调研的方法和步骤

一、网络市场调研的方法

网络市场调研的方法,通常按照网络营销调研所收集的信息来源,可分为对原始资料的调研和对二手资料的调研两类。对原始资料的调研,需要调研者直接收集并分析所需的信息资料,因此被称为直接调研。这种调研方法工作量较大,需投入的人、财、物较多,但收集到的信息具有较高的可靠性、客观性、及时性、实用性。对二手资料的调研,主要是查询分析别人已经收集整理出来的信息,也称间接调研。相对而言,这种方法不需要投入太多的人、财、物,但在及时性、实用性、可靠性方面却不一定很理想。

(一)网络市场直接调研的方法

网络市场直接调研是指为了特定的目的,在互联网上收集一手资料或原始信息的过程。直接调研的方法有专题讨论法、在线问卷法、网上观察法。使用最多的是专题讨论法和在线问卷法。在调研过程中,具体采用哪一种方法,要根据实际调查的目的和需要而定,但不管选择哪种方法,都应遵循网络规范。

1.专题讨论法

专题讨论法可通过新闻组(usenet)、电子公告牌(BBS)、邮件列表讨论组、网络实时交谈(IRC)、网络会议(netmeeting)等多种途径实现。在相应的讨论组中发布调研项目,请访问者参与讨论,或将分散在不同地域的被调查者通过互联网视频会议功能模拟组织,在主持人的引导下进行讨论。这也是传统的小组讨论法在互联网上的应用。

该调研方法在具体操作上,首先,要确定被调查的目标市场;其次,识别目标市场中要加以调查的讨论组;再次,确定可以讨论或准备讨论的具体话题;最后,登录相应的讨论组,通过过滤系统发现有用的信息,或创建新的话题,让大家讨论并从中获得有用的信息,也可在企业网站上开设消费者俱乐部,如海尔网站上就开设了海尔俱乐部,定期创建新话题,供消费者讨论。

2.在线问卷法

在线问卷法是获取第一手资料最常用的调研方法,也是网上最流行、最方便的方法,可广泛应用于各种内容的调研。该方法是在网上发布问卷,被调查者通过网络填写问卷,最后通过网络回收问卷,完成调研。通过在线问卷调研得出的结果比较客观、直接,从技术上看,很容易实现,但它对某些问题很难做到深入的调查和分析。根据所采用的技术,在线问卷法又可分为站点在线调研法和电子邮件邮寄问卷法。

(1)站点在线调研法。站点在线调研法是将调查表或调查问卷放在网站上,由访问者自愿填写。调研问卷或调研表既可投放在企业的站点上,也可以投放在综合门户网站或相关的行业门户网站上。问卷的结构一般由调研问卷的名称、问候语、问题项目栏、备选答案栏、编码栏五个部分构成。调研问卷的名称应醒目且有力,问候语应向调研对象讲明调研的宗旨、目的和使用方法等,并请求当事人的协助。

(2)电子邮件邮寄问卷法。它是用电子邮件按照已知的地址将问卷发送给被调查者,被调查者完成问卷后再用电子邮件回复,或者在其他媒体上发出调查问卷,用电子邮件来收集回复的方法。这种方式的好处是:电子邮件问卷制作方便,分发迅速,利用电子邮件的群发功能可快速发送调研信息;可有选择地控制被调查者数量,由于发送的问卷会直接出现在被调查者的私人信箱中,因此能得到关注。其缺点是:容易遭到被调查者的反感,有侵犯个人隐私之嫌,有可能违反美国《反垃圾邮件法》;它只限于传输文本;大量反馈的电子邮件必须用专用软件自动处理。

在线问卷不能过于复杂、详细,否则会使被调查者产生厌烦情绪,影响调查问卷所收集数据的质量。为了降低被调查者的敌意,应采取一定的激励措施,如提供免费礼品、抽奖送礼品等。

知识链接 **数据100——网络问卷在线调查系统**

这是一个在线互动调查服务的平台,用户不用安装任何软件,就可以即时创建属于自己的问卷调查项目。从调查问卷题型设计、调查问卷录入、问卷界面设计、问卷发布、数据自动采集,在线数据处理与分析,生成报告,所有这一切传统市场调查问卷的流程都能够在数据100网站上完成。可以扫描下面二维码,亲自体验一下。

3.网上观察法

网上观察法是对网站的访问情况和网民的网上行为进行观察和监测。很多网站都可以完成这种网上监测工作。比如"基调网络"就是一家专业网络监测的网站,还有很多提供免费下载软件的网站,其实也是对网上行为进行监测。通常,网上观察是基于网站的,通过网站的计数器了解访问量和停留时间等信息。另外,有少数网站的测量是基于用户的,可以全面了解网站和用户的情况,不仅可以记录用户访问的网站,而且还可以记录用户上传和下载软件、收发邮件等全部网上行为。

(二)网络市场间接调研的方法

网络市场间接调研指的是网上二手资料的收集。二手资料的来源有很多,如政府出版物、图书馆、贸易协会、市场调查公司、广告代理公司和媒体、专业团体、企业情报室等。其中许多单位和机构都已在互联网上建立了自己的网站,各种各样的信息都可通过访问其网站获得。再加上众多综合型、专业型互联网内容提供商,以及成千上万个搜索引擎网站,使得互联网上的二手资料的收集非常方便。

互联网上虽有海量的二手资料,但要找到自己需要的信息,首先必须熟悉搜索引擎的使用,其次要掌握专题性网络信息资源的分布。归纳一下,网上查找资料主要可以通过三种以下方法:利用搜索引擎;访问相关的网站,如各种专题性或综合性网站;利用相关的网上数据库。

1. 利用搜索引擎查找资料

搜索引擎是互联网上使用最普遍的网络信息检索工具。它是使用自动索引软件来发现、收集并标引网页,建立数据库,以 Web 形式提供给用户一个检索界面,供用户以关键词、词组或短语等检索项查询与提问匹配的记录,现已成为 Internet 中最普及的应用。

2. 访问相关的网站收集资料

如果知道某一专题的信息主要集中在哪些网站,可直接访问这些网站,获得所需的资料。与传统媒体的经济信息相比,网上的市场行情一般数据全面、即时性强。

3. 利用相关的网上数据库查找资料

网上数据库有付费和免费两种。在国外,市场调查用的数据库一般都是付费的。我国的数据库行业近年来有了较大的发展,出现了很多 Web 版的数据库,但它们都是文献信息型的数据库。

知识链接　　　　　　　　　　**关于数据库**

什么是数据库?它有哪些作用?在哪些领域被广泛应用?要想知道答案,就扫描下面二维码了解一下吧!

二、网络市场调研的步骤

网络市场调研与传统市场调研一样,应遵循一定的方法与步骤,以保证调研的质量。网络市场调研的步骤如下。

1. 确定调研目标

互联网提供了浩瀚的信息,并且这些信息在随时更新。当调研者利用搜索引擎收集信息时,很有可能一时间无法精确地找到想要的资料,反而会被网上其他与调研无关,但又很有趣的信息深深吸引,这不仅浪费时间,又影响了调研者的心情。因此,调研者在网上搜索信息时,一定要保持清醒的头脑,要知道查找的目标是什么。

确定调研目标有利于缩小调查范围,并使调研人员明确调研主题,做到有的放矢。通常网络市场调研的目标主要包括:本次调研的主题是什么;通过调研打算了解哪些信息;调研结果将会对营销活动带来哪些影响;接受调研的对象是什么样的群体;等等。

图 4-4、图 4-5、图 4-6 截取了某调查网站对"723 温州动车追尾"事故发起的网络调查。从图 4-4 中可以看出该次调查的主题,在图 4-5 中显示了打算通过问卷了解的信息,图 4-6 则是对被调查者个人信息的了解。

图 4-4 某调查网站对高铁安全的调查问卷 1

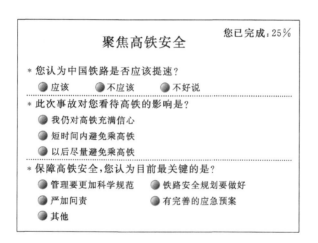

图 4-5 某调查网站对高铁安全的调查问卷 2

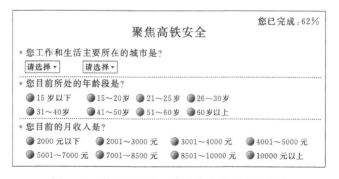

图 4-6 某调查网站对高铁安全的调查问卷 3

2.确定调研对象

为了有效达到调研目的,应确定合适的调研对象,即调研活动的接受者。一般来说,网络营销调研的对象可分为以下几类。

(1)企业产品的消费者。网络市场调研人员可通过网络跟踪来访的消费者,了解消费者对产品的意见和建议。通过对访问企业网站的人数进行统计,分析访问者的分布范围和潜在消费市场的区域,以此制订相应的网络营销策略。

(2)企业的竞争者。企业的竞争主要包括行业内现有企业的竞争、新加入者的竞争、替代产品的竞争等,这些竞争对营销策略有很大的影响。企业调研人员可通过互联网访问竞争者的网站,查询竞争者在网站上发布的信息,如年度报告、动态新闻等,也可以通过网上的媒体取得竞争者的信息。通过分析竞争者的信息,可准确把握自身的优势和劣势,及时调整营销策略。

(3)企业合作者和行业内的中立者。企业的合作者和中立者,可站在第三方的角度,提供一些极有价值的信息和比较客观的评估分析报告。

3. 制订调研提纲

制订调研提纲可以将调研内容具体化、条理化,保证调查者与被调查者进行良好的沟通,从而减少网络营销调研过程中出现错误或问题。调研提纲应由企业的市场总监或产品经理来草拟,应当有清楚的调研时间、框架、问题、格式要求、调研题目、实施方案等。

4. 明确调研方案

首先,要清楚资料的来源,是一手资料还是二手资料,或是两者兼顾。其次,确定调研方法,资料来源不同,对应的调研方法就不同。比如,收集一手资料,可采用直接调研的专题讨论法、网上问卷调研法、网上观察法;若想收集二手资料,则可通过搜索引擎、网络数据库、访问相关网站等途径获得信息。

网上问卷调研法是常用的一种网络市场直接调研方法,很多企业对此方法使用较多,相当熟悉,但从实际效果来看,如何保证问卷的高回收率是一大难题。此外,通过搜索引擎或访问相关网站等间接获取信息的方式,也被越来越多的企业所采用。通过网络信息查询进行调研的方法,速度较快,获得的信息也比较准确。

5. 安排调研项目执行

每次调查前都应决定调研项目操作流程中各环节、各阶段所需执行的时间及成果,以方便客户参与过程控制。从资料收集到分析评价的日程、汇总、分析,以及其后的内容要点总结、报告编写和向市场经营管理者汇报的日程等,都必须缜密思考。

6. 收集、整理信息

网上问卷调研可通过提交功能,将被调查者的信息直接传递到数据库,利用程序监控被调查者填写的资料是否完整、正确,如有遗漏,可以拒绝提交,并重新返回被调查者补填完整。利用搜索引擎及访问相关网站等方式获取的资料,通常可以直接下载或者拷贝复制。

由于网上调研不容易判断所收集数据的准确性,必须要对数据进行筛选、归类、整理,尽量排除不合格的问卷,做到去伪存真。网上收集到的数据比较零碎,如果孤立地分析和研究,作用不大。因此,信息分析除了利用数学模型外,还需要调查者有一定的分析能力,运用定量、定性的方法分析研究数据,找到数据间的内在联系,从而找到调查信息的价值。

7. 完成调研报告

撰写调研报告是整个调研活动中的最后一个阶段。调研报告是市场调研成果的集中体现,通过各种调查方式获得的市场信息,必须经过科学的加工整理,并在此基础上形成规范的市场调研报告,最好是图文并茂,数据文字相结合,能直观反映出市场的动态。撰写调研报告,绝不能将数据和资料简单堆砌,而要认真分析所掌握的资料,对所调研的问题得出结论,提出建设性的意见,以供企业营销活动决策参考。

调研报告一般分为专门性报告和一般性报告。专门性报告是专供市场研究人员和市场营销人员使用的内容详尽具体的报告。一般性报告是供职能部门的管理人员和企业领导参考的内容简明扼要、重点突出的报告。

三、企业网络市场调研报告的撰写

1. 网络市场调研报告的结构

一份完整的网络市场调研报告通常由以下内容组成。

(1) 题目及撰写人/或调研者(单独成页)。

(2) 内容提要或目录。

(3) 调研报告正文。一般包括:①序言(调研报告的目的);②主要结论(一系列简短的陈述);③调研采用的方法;④调研结果(文字、表格、图表);⑤调研结果小结;⑥总的结论和建议。

(4) 参考资料。

(5) 附录。

2. 撰写网络市场调研报告应注意的问题

(1) 调研报告应用清楚的、符合语法规则的语言表达。

(2) 调研报告中图表应该有标题,对计量单位应清楚地加以说明,如果采用了他人已公布的资料,应注明资料来源。

(3) 正确运用图表,对过长的表格,可在调研报告中给出它的简表,详细的数据列在附录中。

(4) 调研报告应该在一个有逻辑的框架中陈述调研结果,尽管特定的调查有特定的标题,但在调研报告中应对特定问题给出一些具体的建议。若涉及宣传方面的问题,调研报告的内容和形式都应满足特定要求。

(5) 调研报告的印刷式样和装订应符合规范。

任务四 网络商务信息的收集渠道和方法

网络商务信息收集是指在互联网上对商务信息的寻找和调取工作。这是一种有目的、有步骤地从各个网络站点查找和获取信息的行为。一个完整的企业网络商务信息收集系统包括先进的网络检索设备、科学的信息收集方法和业务精通的网络信息检索员,并且能够保证源源不断地提供适合于网络营销决策的信息。网络营销对网络商务信息收集的要求是及时、准确、适度、经济。互联网为收集各种信息提供了十分便利快捷的手段。调研人员要想在互联网上查找到大量有价值的商业原始数据或市场信息,必须掌握运用搜索引擎的技巧和一些相关网站的资源分布情况。

1. 使用合适的搜索引擎查找商务信息

搜索引擎是网络信息检索系统的核心。用户使用搜索引擎时,只需在检索框里输入关键词,或按照分层类目结构依次选择,就可以获取含有相关信息的大量网站。

(1) 使用综合性商务信息网站查找商务信息。这类网站提供的信息容量大,内容全面、系统,数据准确,时效性强,使用价值高。具有代表性的综合性商务信息网站如表4-2所示。

表 4-2　常用综合性商务信息网站

网站名称	网站地址
中国政府网	http://www.gov.cn/
中国经济信息网	http://www.cei.gov.cn/
中国产业经济信息网	http://www.cinic.org.cn/
国务院发展研究中心信息网	http://www.drcnet.com.cn/www/int/
中华人民共和国商务部	http://www.mofcom.gov.cn/
中华商务网	http://www.chinaccm.cn/
中国114网	http://www.114china.com/
中国资讯行	http://www.infobank.cn/
北大法律信息网	http://www.chinalawinfo.com/newsindex.aspx
中国标准信息网	http://www.chinaios.com/

(2)使用地区性商务信息查找商务信息。这类网站由地方信息中心建立,网站数量较多,内容丰富。目前各省、市均建有体现本地区经济特点、经济数据和商务特色的经济信息网站,如北京经济信息网、上海经济信息网、江苏经济信息网等。

(3)使用专业性商务信息网站查找商务信息。这类网站由政府或一些业务范围相近的企业或某些网络服务机构组建,面对本专业技术领域,专业针对性强,内容翔实,但是网站的信息面较窄,应向精深方向发展。具有代表性的专业性商务信息网站如表4-3所示。

表 4-3　常用专业性商务信息网站

网站名称	网站地址
中国农产品网	http://www.zgncpw.com/
中国纺织经济信息网	http://www.ctei.gov.cn/
中国制造网	http://cn.made-in-china.com/
化工网	http://china.chemnet.com/
电子信息产业网	http://www.cena.com.cn/
医药网	http://www.pharmnet.com.cn/
中国金融网	http://www.financeun.com/
中国能源信息网	http://www.china5e.com/

(4)使用英文搜索引擎查找商务信息。查找国外商务信息时,谷歌是被经常使用的搜索引擎。该网站是一个对网上营销特别有价值的快速搜索引擎。

(5)使用中文搜索引擎查找商务信息。查找国内或亚洲地区的商务信息时,使用中文搜索引擎比较方便。常用的中文搜索引擎主要有百度、搜狐、爱问、有道、中国经济信息网、中国知网等。

2.利用网上商务资源网站查找商务信息

互联网上集中了大量的商务信息,且绝大多数是供用户免费使用的,市场调研人员通过它们可获得许多有价值的商务信息。

(1)利用商业门户网站收集商务信息。商务门户网站是指那些拥有门类齐全的公司/产品数据库信息的互联网内容服务商。它们本身就拥有功能完善的搜索引擎,供用户通过各种途径查找产品、供求、服务等市场信息,比如淘宝网。

（2）利用专业调查网站收集网络商务信息。如果已知专业调查网站和相关调查频道的资源分布情况，就可查阅各个行业、各种产品已完成的市场调查报告，了解专业调查机构的市场研究方法和服务项目，参与在线调查，学习和了解有关调查项目和问卷的设计思路，免费获得在线调查表设计的支持等。

此外，对收集国际贸易的商务信息比较有帮助的网站有政府、行业协会、商会的网站，以及国际上著名的商务网站及其他信息网站。

项目小结

本项目借助网络调研的相关专业网站及网络调研案例，介绍了网络市场调研的概念、特点、内容、方法，网络市场调研的主要步骤、网络商务信息的收集等相关知识，网络市场调研报告的撰写格式及注意事项，为读者掌握网络市场调研岗位的相关职业技能奠定了基础。

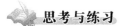

项目五 网络营销策划专员

学习目标

知识目标

熟悉网络营销策划的含义、原则、步骤;掌握网络营销的产品策划的主要类型;掌握网络价格策划的主要内容;熟悉网络渠道建设的主要内容;熟悉网络促销策划的主要内容。

能力目标

能根据网络市场发展的规律和企业实际情况,把握企业营销发展的总体思路,制定网络营销战略规划;熟悉网络产品销售的特点,能根据企业自身产品特点和所处的不同生命阶段,制订网络营销产品策略,实现产品创新;能根据网民愿意支付的商品价格,制订企业商品的价格体系,吸引消费群体,并能在竞争中及时应变;能综合运用各种网络渠道,实现全网销售;熟悉网络促销组合策略及其创新,熟练运用网络中现有的促销手段及其组合制订创新促销策略。

对应岗位及要求

主要岗位

网络营销总监、网络营销主管、营销方案策划员等。

工作要求

能按照企业整体经营战略,结合阶段性营销工作,动态掌握消费需求,制订企业网络营销策略,策划并执行营销活动及推广方案;树立正确的网络营销产品整体概念与顾客服务意识,动态了解相关行业的运营情况,掌握产品的发展方向,规划并实施有效的网络营销产品策略;深入了解并掌握消费者的消费行业和需求,熟悉网络营销定价的基本原理,核算并制订合理的网络销售价格;根据营销业务发展需求,管理和优化营销业务流程,开拓更新网络营销渠道;分析和挖掘市场需求,创新营销方式,优化和发展网络促销工具,并具备较强的网络促销创意规划能力。

项目分析

项目概述

兵马未动,粮草先行。好的策划可以为网络营销的成功奠定良好的基础。网络营销的效果有很多种,如对企业网站的推广、产品的在线销售、企业品牌的拓展等都有一定帮助。网络营销策划就是为了达到特定的网络营销目标而进行的策略思考和方案规划的过程。

网络营销策划专员面对的大多数是中小企业,面对的产品更多的是二线品牌、三线品牌甚至是不知名的品牌,那就更需要研究并思考在产品、价格、渠道、促销等方面应该如何着手。

案例导读　7年营收翻8倍　良品铺子的核心竞争力到底是什么？

作为休闲食品行业的领军企业，良品铺子似乎有些特别。第三方数据显示，良品铺子2018年终端销售额超过80亿元，与2012年的10亿元相比，7年间翻8倍。

作为市场份额排名第一的企业，良品铺子的主要竞争对手是来伊份、百草味、三只松鼠、盐津铺子等。对比其他零食上市公司，良品铺子的营业收入规模和利润增长仍处于上升阶段。以同样拥有大量实体门店的来伊份对比，来伊份的2017年营业收入为36.36亿元，2018年上半年营业收入为19.92亿元，但这两项数据几乎都只有良品铺子的三分之二。

除了营业收入高速增长外，良品铺子"两条腿"走路的战略布局也与其他企业不同。在线上线下全渠道布局方面，从线下起家的百草味经历了从线下到彻底实现线上，再到回归线下的循环往复过程。而在线上布局多年的三只松鼠，面对线上流量高涨的情况，开始在线下寻求突破，布局实体店。而在线上线下均衡化发展方面，目前似乎也只有良品铺子做到了这一点。

从线下零售连锁起步，试水做电商，进行全渠道数据构建再到数字化驱动创新和运营，这一整套布局离不开良品铺子创始人对市场的率先察觉。在良品铺子董事长看来，目前零食行业消费在持续细分和升级，良品铺子近年来聚焦高端零食，在新的行业生态中通过新零售来破局。

破局不易，良品铺子似乎看到了方向。

1. 尴尬的市场

来自中国食品工业协会的数据显示，我国休闲食品行业2014年产值为7000多亿，2019年产值达到近2万亿元。

2019年1月，商务部流通产业促进中心发布的《消费升级背景下零食行业发展报告》显示，从2006年到2010年，我国零食行业总产值规模从千亿元增长到万亿元，年复合增长率为17.98%。报告指出，到2020年零食行业总产值规模将接近3万亿元。

不过市场虽大，玩家皆是"蚂蚁雄兵"。一个颇有意思的数据是，在坚果炒货细分品类上，据中国产业信息网统计，2017年良品铺子以20.4%的市场占有率排名第一。但在休闲食品大盘上，市场业绩连续三年第一的良品铺子，其市场占有率也不足1%。

这组数据背后揭露了这样一个事实：由于我国休闲食品行业主体数量众多，零食行业普遍存在品牌之间的同质化竞争问题。同质化带来的主要问题是产品获利空间有限，品牌之间很容易陷入价格战。这种价格战模式也导致企业盈利能力受到限制，无法形成"大而强"的市场局面。

仅就2017年的统计数据来说，休闲食品行业聚集了2700多家企业，不过这些企业中，至今尚无一家百亿级企业。并且从市值来看，截至2019年5月16日收盘，恰恰食品的市值为114.5亿，这也是细分食品领域唯一一家市值突破100亿的企业。好想你市值为52.3亿，来伊份市值为51.4亿，盐津铺子市值为43.2亿。但有专业人士预测，按照良品铺子近三年30%年复合增长率，参考休闲零食上市企业PS 2.5估值，以2018年60亿营收估值来计算，良品铺子的市值将达到150亿。

2. 核心的竞争要素

休闲食品行业贵在一个"闲"字，正是由于单价低、复购率高、易食用等特点，受到消费者广泛青睐。而消费者的追捧，也撬动了一个万亿级的消费大市场。

在早期，零食行业并没有太大门槛，基本上都采取自主生产或贴牌方式进行市场布局。随着居民消费水平进一步提高，新兴零售渠道的快速兴起，人们的消费观念逐渐变化，人们开始注重产品及服务的品牌、品质、个性和即时购买等要素。根据麦肯锡公司的调研数据显示，超过50%的受访消费者偏爱健康和营养食品，而非健康食品的受偏好程度在下降。

毋庸置疑的是，零食企业要注重渠道、品牌、质量和产品形态的创新。在未来的竞争中，品牌、渠道、供应链的重要性不言而喻。

以良品铺子为例，为何它能在休闲食品行业保持领先优势？实际上，原因在于它已经拥有了领先于行业的核心要素：品牌优势、渠道优势和供应链优势。

（1）品牌优势。良品铺子的品牌优势是通过以高品质的产品为基础，以差异化的营销策略为推广模式所形成的。随着品牌运营与业务发展的相互促进融合，目前品牌优势已成为良品铺子的核心竞争力之一。

在良品铺子董事长看来，高端零食品牌战略，就是实现消费者对零食高品质、高颜值、高体验准则及精神层面的满足。推出高端零食品牌战略既是根据消费者需求作出的选择，同时也有着避开价格战、跳出同质化竞争的考量。而随着品牌影响力加强和收入规模的增长，良品铺子在产品采购方面的优势得到了不断巩固，公司的主要供应商将良品铺子作为自身优先的保障供给对象。此外，良品铺子业务规模的持续增长、销售渠道的日益丰富和产品供应的有力保障，也使良品铺子的品牌知名度和影响力得到了不断提升。随着品牌运营与业务发展的相互促进融合，品牌优势已成为良品铺子的核心竞争力之一。

（2）渠道优势。"得渠道者得天下"，强势品牌希望借助渠道强化优势，谁拥有了渠道，谁就拥有了市场与用户，因此渠道的建设也便成了重中之重。

在渠道方面，良品铺子构建起了门店终端、电商平台、移动App、O2O销售平台等全渠道销售网络，提升了消费者的用户体验感。此外，良品铺子还将EWM（extended Warehouse Management）物流系统与各渠道的销售系统进行了全面联通，实现了对产品采购、仓储、物流、交付等环节的全流程控制和管理，提升了运营效率。可以看到，良品铺子在新零售模式下，建立的线上线下生态圈，以及搭建的物流体系已经初具规模。

就线上线下收入占比来说，良品铺子是休闲食品领域唯一一家线上线下销售相对均衡的企业。良品铺子主营业务收入主要为线下直营模式、加盟模式收入及线上业务收入，2015年、2016年、2017年、2018年上半年良品铺子主营业务收入分别为31.09亿元、42.3亿元、53.73亿元和30.1亿元；其中，线上收入占比分别为26.53%、33.69%、42.21%和44.85%，线下收入占比分别为73.47%、66.31%、57.79%和55.15%。由此可以看出，良品铺子线上收入占比正逐年稳步提升，线上线下收入结构逐渐趋于均衡。

此外，在线上线下融合方面，良品铺子通过将本地门店与美团、饿了么等多个生活平台打通，推出线上下单快速送达、线上下单门店取货等多种新型交易方式，实现了终端门店的在线化。而用零食套餐、新品发布、限时特惠等方式连接消费者找美食、点外卖等消费场景，提高门店的销售收入，进一步扩大销售渠道和品牌影响力。

（3）供应链优势。除了品牌和渠道能力外，供应链管理能力也是一个企业成功的关键。对供应链的把控不仅关系着产品质量、品牌形象，还与仓储、生产、销售等企业基本经营活动密切相关。据了解，良品铺子经过对制作工艺、选材质量、运输系统等多层筛选，供应商数量已经由原来的300多家增加至495家。

实际上，休闲食品行业与快消品行业有些相似，低毛利和高周转是两个重要特点。进入者众多、同质化竞争激烈、优质品牌效应微弱等因素综合作用，使得休闲食品行业长期处于低毛利水平，一般休闲食品企业的毛利率集中在30%～40%之间。而正是因为低毛利，对企业周转率提出了要求。可以说，供应链的效率高低决定了企业的生存空间大小。良品铺子的毛利率在30%左右，但存货周转率远高于同行。有关数据显示，良品铺子2017年存货周转率为6.25，高于来伊份的5.64，也比三只松鼠2016年的3.37要高。

良好的供应链管控，也给良品铺子带来了实实在在的好处。数据显示，随着供应链管理能力的提升，良品铺子采购成本占营收的比例逐年下降，2015年的数据为75%，2018年上半年这一数据为62%，下降了13个百分点。

据了解，品牌建设方面，良品铺子未来将继续以"良品铺子"为核心品牌，完善公司品牌经营体系。渠道建设方面，良品铺子将继续坚持线上线下全渠道协同发展的运营模式，并计划在3年内对华中、华东、西南等地区超过600家老店集中进行升级改造。物流供应链方面，良品铺子计划新增多个大型现代物流仓储中心，打造高效、快捷、准确的仓储物流体系。

可以预见的是良品铺子仍会在聚焦高端零食的基础上，通过新零售持续破局。毕竟，数据驱动之下的新零售，核心是提升用户体验和提高运营效率，这与良品铺子的追求不谋而合。休闲零食行业消费正在持续细分和升级，市场不断向细分化、集中化领域发展。而在线上线下全渠道战略持续纵深之下，良品铺子对未来看得或许会更远。

(资料来源：http://www.100ec.cn/detail_6510308.html。有修改。)

任务分析

任务一　网络营销策划概述

凡事预则立，不预则废。"预"就是全面考虑各种情况，充分估计每一种可能性，判断事物发展变化的趋势，设计、选择能产生预期效果的行动方式。简言之，"预"就是策划。在政治、经济、军事、外交等许多领域，策划活动盛行不衰，对社会进步和发展起到了巨大的推动作用。可以说，策划作为人类超前思维和创造性思维的最佳结合形式，在不断地创造着历史，推动着社会的进步和发展，也在促使人类自身的不断完善与提高。经济策划是从军事策划发展而来。为了在经济领域中以最小的投入获得最大的经济和社会效益，网络营销策划应运而生。

一、网络营销策划的含义

网络营销策划是指企业以电子信息技术为基础，以计算机网络为媒介和手段，对将要发生的营销活动及行为进行超前决策(包括网络营销导向的网站建设、网络营销调研、网络产品、网络分销、网络促销、网络服务等)的行为。

网络营销策划涉及企业经营活动的全部领域，为各种有机联系的活动设定了努力的方向、行为的依据和评价的标准。

二、网络营销策划的原则

1. 系统性原则

网络营销是以网络为工具的系统性的企业经营活动，是在网络环境下对市场营销的信息流、商流、制造流、物流、资金流和服务流进行管理的活动。因此,网络营销方案的策划,是一项复杂的系统工程。策划人员必须以系统论为指导,对企业网络营销活动的各种要素进行整合和优化。

2.创新性原则

网络为顾客对不同企业的产品和服务所带来的效用和价值进行比较带来了极大的便利。在个性化消费需求日益明显的网络营销环境中,创新、创造出与顾客的个性化需求相适应的产品和服务,是提高效用和价值的关键。创新带来特色,特色不仅意味着与众不同,而且意味着额外的价值。在网络营销方案的策划过程中,必须在深入了解网络营销环境尤其是顾客需求和竞争者动向的基础上,努力营造旨在增加顾客价值和效用、为顾客所接受的产品特色和服务特色。

3.操作性原则

网络营销策划的第一个结果是形成网络营销方案。网络营销方案必须具有可操作性,否则毫无价值可言。这种可操作性表现在网络营销方案中,策划者根据企业网络营销的目标和环境条件,就企业在未来的网络营销活动中做什么、何时做、何地做、何人做、如何做的问题进行周密的部署、详细的阐述和具体的安排。也就是说,网络营销方案是一系列具体的、明确的、直接的、相互联系的行动计划的指令,一旦付诸实施,企业的每一个部门、每一个员工都能明确自己的目标、任务、责任以及完成任务的途径和方法,并懂得如何与其他部门或员工相互协作。

4.经济性原则

网络营销策划必须以经济效益为核心。网络营销策划不仅本身消耗一定的资源,而且通过网络营销方案的实施,改变企业经营资源的配置状态和利用效率。网络营销策划的经济效益,是策划所带来的经济收益与策划方案实施成本之间的比率。成功的网络营销策划应当是在策划方案实施成本既定的情况下经济收益最大,或花费最小。

5.协同性原则

网络营销策划应该是各种营销手段的应用,而不是单一方法的孤立使用,诸如论坛、博客、社区、网络媒体等资源协同应用才能真正达到网络营销的效果。

三、网络营销策划的步骤

网络营销策划是一项逻辑性很强的工作,在开展营销活动之前,要对每一个环节进行周密的考虑、细致的安排。

1.确立策划目的

开展任何一项活动之前,都要明确目的,网络营销策划也同样如此。企业要对实现的目标进行全面的描述。不同的企业,在开展网络营销活动时会遇到不同的问题,需要通过策划解决的矛盾也大不相同。在进行策划时,一定要有所区别。通常,企业通过网络营销策划,可解决下面一些问题。第一,企业还未涉足网络营销,尚无一套系统的营销方略,因而需要根据市场特点,策划出一套可以遵循的网络营销方案。第二,企业发展壮大,原有的网络营销方案已不适应新的形势,因而需要重新设计。第三,企业经营方向改变与调整,需要相应地调整网络营销策略。第四,企业原网络营销方案严重失误,需要对原方案进行重大修改或重新设计。第五,市场行情发生变化,原网络营销方案已不适应变化后的市场。第六,企业在总的网络营销方案下,需要在不同的时段,根据市场特征和行情变化,设计新的阶段性方案。

2.拟定策划计划书

(1)策划进程。策划进程大致有四个阶段,即准备阶段、调研阶段、方案设计阶段、方案实施阶段。

①准备阶段。这是为正式策划进行的前期准备阶段,包括物质准备、人员准备和组织准备,其持续的时间不易太长。

②调研阶段。这是为正式的策划收集资料的阶段。虽然调研阶段不是策划的核心,也不是策划的目的和结果,但它是全面策划工作的基础,也是策划成功和失败的第一个环节。

③方案设计阶段。方案设计是基于大量调研,借助于理论知识和实践经验所进行的思考和创意过程,这是营销策划的核心。

④方案实施阶段。策划方案实施阶段的时间长短,取决于营销方案的性质。营销方案有两种:一种是企业的营销战略方案,该方案涉及企业的全局营销,其实施阶段的长短要根据预测的未来市场和产品状况来决定;另一种是企业的营销战术方案,该方案仅涉及企业某一次或某一段时间或某一方面的营销活动,其实施阶段的长短由活动的目的和性质决定。

(2)预算策划经费。预算策划经费是指用于策划的费用,主要有市场调研费、信息收集费、人力投入费、策划报酬等。①市场调研费。市场调研费的多少,取决于调研规模的大小和难易程度。规模大、难度大,费用必然高;反之,费用则低。②信息收集费。信息收集费主要包括信息检索费、资料购置费、复印费、信息咨询费、信息处理费等。其数量由收集的规模来决定。③人力投入费。策划过程要投入必要的人力,其费用的多少可以通过预计投入人力的多少来决定。④策划报酬。策划报酬是指支付给策划人的报酬。如果由企业内部的人员进行策划,就没有这笔开支;如果是外聘策划专家,就要支付策划报酬,其数额多少,由双方协商而定。

3. 效果预测

在拟定营销策划计划书时,必须对营销策划方案实施后的效果进行预测:一是预测直接经济效果,即预测方案实施后可能产生的直接经济效益;二是预测间接经济效果,即预测方案实施后企业可能因此而提高的知名度、美誉度等。

4. 市场调研

当营销策划计划书被认可后,即进入市场调研阶段。市场营销调研渗透于网络营销策划之中,具体地表现在对市场本身的研究、新产品的研究、定价的研究、广告的研究、分销渠道的研究、促销策略与方法的研究,等等。某个急待解决的问题,通过对信息的周密调查、收集、整理和分析,作出有关报告与预测。

5. 编写策划方案

一项策划,虽然有一些仅仅存在于策划人自己的脑中而不为其他人所知,但是就大多数策划而言,它们最终表现为策划书的形式。这是因为一项策划方案从最初的构想,到逐步完善、付诸实施,常常不是一个人的力量所能完成的,需要各方面的协调配合。策划书作为策划方案的物质载体,是策划的文字化。它使策划人的策划为他人所知、所接受,使策划思想一步步地变成现实。

编写策划方案的过程,实际上与策划的过程是重叠的。策划方案不可能凭空而来,也不可能一挥而就。随着策划人在市场调查与研究的基础上,对最初的策划方案不断修改、完善,策划方案也逐渐成形,逐渐接近它的最终形式。因此,策划的全过程就是针对营销中存在的问题和所发现的市场机会,提出具体解决问题的战略方案和战术性方案并付诸实施的过程。

6. 方案实施

经过决策层的充分论证或批准,最终定稿的策划方案即成为营销活动的指导纲领,经过细化后成为企业不同阶段的努力目标与行动计划,从而指导企业的市场营销活动。

7.效果测评

方案实施后,就应对其效果进行跟踪测评。既可以在方案实施过程中进行阶段性测评,了解前一阶段方案实施的效果,并为下一阶段更好地实施方案提供一些建议和指导;也可以在方案实施完结后进行总结性测评,了解整个方案的实施效果,为以后制订营销方案提供依据。策划方案的效果测评应与市场营销控制与审计有机地结合起来。

8.网络营销效果的评价指标

网络营销效果评价可通过网站设计、网站推广、网站流量、其他网络营销活动的效果等指标进行评价。这些都属于过程性评价,网络营销过程评价也就是对各种网络营销活动进行及时的跟踪控制,以保证各种网络营销方法可以达到预期的效果,同时也是对网络营销方案的正确性和网络营销人员工作成效的一种检验,因此对网络营销过程的评价是非常重要的,这也是不少企业容易忽视的地方。

(1)网站设计评价。网站的评估主要是看其是否按照网络营销导向的原则来构建,其设计是否符合网络营销的思想,是否与企业的网络营销目标一致。

①关于网站内容的优化设计。具体的评价包括以下几个方面:网站设计对用户阅读习惯的合理性;网站结构对搜索引擎查询信息的合理性;是否有网站导航/网站帮助/网站地图;网站链接是否有效;网页下载速度如何;每个网页是否都有合适的标题;静态网页与动态网页的应用是否合理;网页设计 Meta 标签中的关键词和网站描述是否合理一致。

②关于网站功能方面的评价。具体的评价包括以下几个方面:网站基本信息完整、产品信息详尽;网站信息及时、有效;查找产品信息方便;网站功能运行正常;用户注册/退出方便;能体现出网站的促销功能;具备网站的各项网络营销功能。

③关于网站服务有效性方面的评价。这部分指标主要用于衡量企业对客户的友好程度,反映企业在线为客户提供服务能力的强弱,具体的评价指标有网站帮助系统、详尽的 FAQ、网站公布多渠道的客户咨询方式、提供会员的通信信息、建立会员社区。

④关于网站权威性与可信度方面的评价。具体的评价包括网站具有法定证书、公布各项服务承诺、有合理的个人信息保护声明。

(2)网站推广评价。网站推广可以量化的指标主要有登记搜索引擎的数量和排名、在其他网站链接的数量、注册用户数量等。

(3)网站流量评价。

①流量评价的指标。具体评价包括以下几个方面:独立访问者数量(一定时期内访问网站的唯一用户);页面浏览数(一定时期内所有访问者浏览的页面数量);每个访问者的页面浏览数(一定时间内全部页面浏览数除以所有访问者人数的值取平均值);用户在网站的停留时间(一定时间内所有访问者在网站停留时间的总和);每个用户在网站的停留时间,用以评价网站内容用户的吸引度(所有用户停留时间的和除以全部用户数所得的平均数);用户在每个页面的平均时间,用以评价网站内容对用户的有效性(访问者在网站停留的总时间与网站页面总数的比值)。

②网站流量分析评价工具。具体有:Google 网站访问统计(Google Analytics),其网站地址为"https://developers.google.cn/analytics/devguides/reporting/?hl=zh-cn";ITSUN 网站流量统计,其网站地址为"http://www.itsun.com/";51yes 网站流量统计,其网站地址为"http://count.51yes.com";Aleax 网站排名工具,其网站地址为"http://www.aleax.com/site/download"。

（4）其他营销活动的效果评价。其他营销活动的效果评价是指企业开展的网络营销活动，但不能通过统计访问数据进行效果评价，却能够达到营销效果的营销活动。

知识链接   世家天地网络营销策划书

写策划书是营销人不可逾越的一项工作内容。会写，并能写好一份网络营销策划书，将为你理顺营销思路，明确营销目标和方向，谋划系统而有效的营销方案和策略，确保营销活动的顺利开展，并达到预期效果，起到重要作用。没有写过策划书的小伙伴可能会一脸懵，不知从何下手。没有关系，在电子阅读资料中，为大家准备了参考文本，扫描一下二维码看看吧。

任务二　网络产品策划

一、产品的整体概念

市场营销学将产品作为一个整体概念，是指商品交换活动中，企业为消费者提供的能满足消费者需求的所有有形或无形要素的总和，包括有形的物品、服务、人员、地点、组织和构思。在网络营销活动中，借助网络的优势，消费者购物的主动性更强、选择范围更大，消费者的个性化需求更易于实现。因此，网络营销的产品概念与传统营销的产品概念有一定的差异，网络营销的产品概念不应再停留在"企业能为消费者提供什么"，而应树立起"消费者需要什么，消费者想要得到什么"的意识，真正成为以消费者需求为导向的产品整体概念。产品整体概念包含核心产品、形式产品、期望产品、附加产品和潜在产品五个层次，见图5-1，这是人们通过购买而获得的能够满足某种需求和欲望的物品的总和，它既包括具有物质形态的产品实体，又包括非物质形态的利益。产品整体概念是市场经营思想的重大发展，它对企业经营有着重大意义。

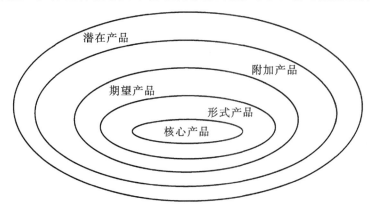

图5-1　产品的整体概念

（1）产品整体概念表明产品具有有形性和无形性的特征。一方面企业在产品设计、开发过程中,应有针对性地提供不同功能,以满足消费者的不同需要,同时还要保证产品的可靠性和经济性。另一方面,对产品的无形特征也应充分重视,因为它也是产品竞争能力的重要因素。产品的无形特征和有形特征的关系是相辅相成的,无形特征包含在有形特征之中,并以有形特征为后盾,而有形特征又需要通过无形特征来强化。

(2)产品整体概念是一个动态的概念。随着市场消费需求水平和层次的提高,市场竞争焦点不断转移,对企业产品提出了更高要求。为了适应这样的市场态势,产品整体概念的外延处在不断再外延的趋势之中。当产品整体概念的外延再外延一个层次时,市场竞争又将在一个新领域展开。

(3)对产品整体概念的理解必须以市场需求为中心。产品整体概念的五个层次,清晰地体现了一切以市场要求为中心的现代营销观念。衡量一个产品的价值,是由顾客决定的,而不是由生产者决定的。

(4)产品的差异性和特色是市场竞争的重要内容。产品整体概念中的任何一个要素都可能形成与众不同的特点。企业在产品的包装、款式、品牌形象等每一个方面都应该按照市场需要进行创新设计。

(5)把握核心产品的内容可以衍生出一系列有形产品。一般来说,形式产品是核心产品的载体,是核心产品的转化形式。由两者的关系可以得到这样的启示:把握产品的核心产品层次,产品的款式、包装、特色等完全可以突破原有的框架,由此开发出一系列新的产品。

以旅游为例,如果说旅游产品的核心层次是"满足旅游者身心需要的短期性生活方式",那么,旅游形式产品不能仅仅理解为组织旅游者去名山大川游玩。现在的旅游产品已经延伸到商务旅游、购物旅游、现代工业旅游、现代农业旅游、都市旅游、学外语旅游,等等。

知识链接　　　　　　　　**产品整体概念的五个层次**

产品是指提供给市场用于满足需要和欲望的任何东西。营销学将产品的本质通过各个层次做了区分,以探讨消费者对产品的感觉。经研究发现,产品的每个层次都增加了更多的顾客价值,它们共同构成了顾客价值层级。那么,在产品的整体概念中,都包括哪些层次呢?相互间有什么关联呢?营销人了解产品整体概念对开展营销活动会有什么帮助吗?带着这些疑问,请扫描下面二维码自己寻找答案吧。

二、网络营销的产品策划

以中小企业为例,要开展网络营销,必须明确产品或服务项目,明确哪些是网络消费者选择的产品,从而定位目标群体。因为通过网络销售产品的费用,远低于其他销售渠道的销售费用,因此中小企业如果产品选择得当,恰当的网络营销方式将为其带来更多的利润。

新产品开发是许多企业市场取胜的法宝,然而网络时代下的新产品开发面临诸多挑战。由于信息和知识的共享范围扩大,以及科学技术的扩散速度加快,企业的竞争从原来简单依靠产品的竞争转向不断开发新产品能力的竞争。网络营销的产品策略归纳起来可以分为网站产品策略、网络资讯产品策略和网络实体产品策略三类。

1.网站产品策略

企业利用网站推广产品,必须有一个明确的定位,明确如何塑造网站与众不同的特征,把它传递给顾客(浏览者),使之接受并产生偏好。根据不同的消费需求,企业对网上销售的产品必须进行有差异的定位。对购买者而言,最有效的策略是模拟真实的购物环境,设置产品分类目录、易于搜索的产品信息库和购买建议、购物车和付款平台,提供良好的售前、售中、售后服务等;对信息需求者而言,应该将网站设计成一个包括行业资讯、企业产品、消费者反馈等全方位的信息提供源,并且保持时时更新;对娱乐追求者而言,应充分利用网络互动、信息廉价和网络的多媒体特性,提高娱乐的享受程度,使他们获得一种良好的感觉,并适时将他们转化为购买者;对免费品搜寻者而言,企业网站可以提供一些诸如免费软件、免费照片、免费旅游、免费书籍等额外价值让渡给顾客,通过免费产品或资讯吸引他们眼球,以推广产品或服务。

企业在确定网站主题时,目的在于通过服务与顾客建立长期忠诚的关系,因此,就传统的制造型企业或依托传统销售渠道进行营销的企业而言,网络营销的真正意义在于吸引和保持顾客,提升企业的反应速度和个性化服务水平,间接为销售服务。

2.网络资讯产品策略

常见的资讯产品主要包括以下几种。①行业和企业的信息以及产品的目录和技术资料:方便客户获取所需的企业资讯。②网上虚拟社区(BBS/Chat):提供客户发表评论和相互学习交流的平台。③媒体产品(电子报纸、杂志等)以及网络软件:提供客户数字化资讯与媒体产品。④常见问题解答(frequently asked questions,FAQ):帮助客户解决疑难问题。⑤在线服务(在线订购、金融、旅游服务):方便客户进行网上交易。⑥音乐、体育、电影、游戏等:提供客户休闲和娱乐的专业资讯。⑦客户邮件列表:便于客户自由登录、了解网站最新动态和企业及时发布的消息。而网络资讯产品策略的研究,主要包括针对网络资讯产品的剥离策略、相关性策略、开放性策略和定制策略等几个方面。

3.网络实体产品策略

网络实体产品是开展网络营销的企业所期望在互联网上销售的、没有进行信息延伸的有形的原始产品。实体商品多为民用品、工业品、农产品等。因为购物方式的改变,并不是所有的产品都适合在网上进行销售,一般在网上进行销售的产品均具有以下特点,即资讯丰富、流程规范化、顾客自主性强。

(1)网络实体产品的开发策略。网络在创意形成、概念测试、产品开发以及市场检验等环节,实行该策略可以有效帮助企业开发适销对路的产品。通过互联网企业可以实现大范围、低成本、交互式的市场调研,通过设置讨论区、留言板以及开展有奖竞赛等方式,发现顾客的现实需求和潜在需求,形成原始创意,从而形成产品构思。

(2)网络实体产品的包装策略。对网络实体产品的包装,并不是仅仅在网站上展示原有产品的包装图案,而是充分利用网络和多媒体技术,通过图片、动画、音响、交互工具等,通过整合化的信息载体,给消费者造成强烈的视觉冲击和心灵震撼,强化消费信心,刺激购买欲望。

(3)网络实体产品的定制策略。充分利用网络技术的多媒体展示以及交互性的特点,给消费者个性化定制产品的自由空间。企业可以由此了解和满足消费者的个性化需求,同时也为新产品开发和产品延伸提供了一条崭新的创新之路。

4.网络数据库策略

数据库可以代替市场研究,使企业无须通过专门的市场调研即可测试顾客对所进行的营销活动的响应程度。随着大型数据库可以自动记录顾客信息的实现,自动控制与顾客的交易、自动营销管理也成为可能,但这也要求企业具有处理大批量数据的能力和发现市场机会的能力。同时,要求企业及时对市场威胁提出分析和警告,提供高质量的信息给营销经理,以便于其进行市场决策,合理有效地分配有限的资源。

利用网络营销数据库,企业可以很快发现顾客的现实需求和潜在需求,从而形成产品构思。通过对数据库的分析,可以对产品构思进行筛选,并形成产品概念。网络时代的新产品看重的是产品的创新性和市场发展的潜力,对产品的盈利和风险则放在次要位置。

5.网络营销新产品的试销上市策略

网络市场作为新兴市场,消费群体一般具有很强的好奇性和消费领导性,比较愿意尝试新的产品。因此,通过网络营销来推动新产品试销与上市,是比较好的策略和方式。但值得注意的是,线上市场群体还有一定的局限性,目前的消费意向比较单一,所以并不是任何一种新产品都适合在网上试销和推广。一般对与技术相关的新产品,在网上试销和推广效果比较理想。这样,一方面可以覆盖比较有效的目标市场;另一方面可以利用网络,与顾客直接进行沟通和交互,有利于顾客了解新产品的性能,还可以帮助企业对新产品进行改进。

三、网络品牌策划

网络品牌又称为网络商标,是指企业名称、产品或者线下品牌在互联网上的延伸和保护。线下商标、品牌词注册后,即受商标法的保护,但是超过一定范畴,商标法是做不到约束和保护的。如果企业或者个人想在互联网上对某品牌进行开拓和营销使用,需要在互联网中心登记注册网络品牌,从而保证线下品牌在互联网上的安全使用。做到全网保护,也是企业网络知识产权的全面保护,可以避免网络品牌流失。线下和线上的品牌都需要保护,同时网络品牌具有唯一性、稀缺性、权威性,从而避免了品牌的重复性。

网络营销的重要任务之一就是在互联网上建立并推广企业的品牌,知名企业的线下品牌可以在网上得以延伸,一般企业则可以通过互联网快速树立品牌形象,由此提升企业整体形象。网络品牌建设以企业网站建设为基础,通过一系列的推广措施,达到顾客和公众对企业认知和认可的的目的。在一定程度上,网络品牌的价值甚至高于通过网络获得的直接收益。所以品牌策划是产品策划的高级层次。

1.网络品牌与传统品牌

在传统的商业世界,品牌的概念就类似于"金字招牌"。品牌是一种信誉,由产品品质、商标、企业标志、广告口号、公共关系等混合形成。企业通常会用理性与感性兼具的营销活动,再配合公关造势,创建出价值无穷的品牌,让顾客一看到某个品牌,就会产生一种肯定的感觉,甚至毫不犹豫地立刻购买。

与传统市场类似,网上品牌对网上市场也有着非常大的影响力。但网上品牌与传统品牌有很大不同,传统品牌不一定是网上品牌。美国著名咨询公司弗雷斯特研究公司在一份研究报告中指出:"知名品牌与网站访问量之间没有必然的联系。"该公司通过对年龄16至22岁的青年人的品牌选择倾向和他们的上网行为进行比较,发现了一个似是而非的现象:尽管可口可乐、耐克等品牌仍然受到广大青少年的青睐,但是这些公司网站的访问量却并不高。既然知名品牌与网站访问量之间没有必然的联系,那么企业到底要不要建设网站就成为一个值得考虑的问题。从另一角度看,这个结果也意味着企业要在网上取得成功,绝不能只依靠传统的品牌优势。

2. 网络品牌的层次

知名品牌企业的网络品牌策略主要是品牌形象从线下向线上的延伸和发展,而非知名企业和新创企业的网络品牌形成近乎属于全新的创建过程。对网络用户来说,从网上获得的印象几乎就是对该企业的全部印象。实践表明,网络品牌可分为三个层次,即表现形态、信息传递和价值转化。

(1)网络品牌要有一定的表现形态。一个品牌之所以被认知,首先应该有其存在的表现形式,也就是可以表明这个品牌确实存在的信息,即网络品牌具有可认知的、在网上存在的表现形式,如域名、官方网站(网站名称和网址)、品牌标志、官方微博、官方商城、官方App、企业电子邮箱、企业二维码等。

(2)网络品牌需要一定的信息传递手段。仅有网络品牌的存在并不能为用户所认知,还需要通过一定的手段和方式向用户传递网络品牌信息,才能为用户所了解和接受。网络营销的主要方法,如搜索引擎营销、社会化网络、许可邮件营销、网络广告、病毒性营销等都具有网络品牌信息传递的作用。因此,网络营销的方法和效果之间具有内在的联系。只有深入研究其中的规律,才能在相同营销资源的条件下,获得综合营销效果的最大化。

(3)网络品牌价值的转化。网络品牌的最终目的是获得忠诚顾客并增加销售,因此,网络品牌价值的转化过程是网络品牌建设的重要环节之一,用户从对一个网络品牌的了解到形成一定的转化,如网站访问量上升、注册用户人数增加、社交粉丝量增加、对销售的促进效果、顾客满意度提高等,这一过程也就是网络营销活动的过程。

3. 网络品牌推广的基本途径

多种网络营销方法都有助于建立和推广网络品牌,具体可归纳为以下几种基本途径。

(1)企业官方网络信息源中的网络品牌。企业官方网络信息源包括企业官方网站、官方App、官方博客、官方微博、官方微信公众号、官方商城等,这是传播企业网络品牌最主要的官方网络渠道,也是企业传播网络品牌的首要途径。

知识链接　　　　　　　　**域名与网络品牌保护**

一个企业需要注册多少个域名才能实现网络品牌保护?答案在下面二维码里,扫扫看吧!

(2)企业电子邮件中的网络品牌与传播。以企业官方网站域名为后缀的企业电子邮箱,是企业网络品牌的重要组成部分。作为市场工作的需要,每天都可能会发送大量的电子邮件,其中有一对一的顾客服务邮件,也有一对多的产品推广或顾客关系信息,通过含有企业标志的电子邮件向用户传递信息,也就成为传递网络品牌的一种手段。

(3)社交网络平台的企业网络品牌传播。企业网络营销进入社会化网络时代,博客、微博、微信等社交网络平台已成为企业必不可少的社会化媒体传播渠道,这些渠道也是传播企业网络品牌的有效途径,与企业官方网站同等重要。此外,创建企业及产品相关的在线百科词条、贴吧、网络社区、视频分享网站等,均为企业网络品牌展示提供了机会,对扩大企业品牌网络可见度具有积极意义。

(4) 搜索引擎营销中的网络品牌传播。搜索引擎是企业用户获取网络信息的主要方式之一,搜索引擎在企业网络品牌传播中一直发挥着重要作用。如果搜索引擎都无法搜索到企业的官方信息源,那么对企业网络品牌将是一个很大的损失。用户在某个关键词检索的结果中看到企业信息,是对一个企业/网站网络品牌的第一印象,这一印象的好坏则决定了这一品牌是否有机会进一步被认知。由此,如何提高网站搜索引擎可见度是搜索引擎提升网络品牌的必由之路。

(5) 第三方电子商务平台的网络品牌传播。B2B 平台和 B2C 网站平台是企业常用的网络推广渠道,这些平台对增加企业信息网络可见度、获得潜在用户均有一定效果,同时也具有网络品牌推广的价值。现在很多消费类知名企业,如波司登羽绒服、浪莎袜业、蒙牛集团等,都在淘宝网、京东商城、苏宁易购等平台开设了网上旗舰店。这不仅可作为开展网上销售的渠道,对提升企业的网络品牌同样也具有重要价值。

(6) 网络广告中的网络品牌推广。网络广告一直是网络品牌推广的有效手段。相对于其他网络品牌推广方法,网络广告在网络品牌推广方面具有针对性和灵活性的特点,可根据营销策略需要,设计和投放相应的网络广告,如根据不同节日设计相关的形象广告,并采用多种表现形式投放于不同的网络媒体中。

除了上述建立和传播网络品牌的部分常见方法外,还有多种对网络品牌传播有效的方法,如知识营销的网络品牌传播、网络公关和新闻传播、用户自发的口碑效应、价值型免费网络服务、开展网络公益活动、参与行业论坛、发放网络红包、网络分享优惠等。网络品牌推广往往需要一定的资源投入,并且是一项长期的工作,也可以在其他网络营销活动中兼顾品牌推广。

知识链接 **2018 年中国互联网企业 100 强榜单揭晓　阿里名列第一**

2018 年 7 月 27 日,中国互联网协会、工业和信息化部信息中心在 2018 年中国互联网企业 100 强发布会暨百强企业高峰论坛上联合发布了 2018 年中国互联网企业 100 强榜单和《2018 年中国互联网企业 100 强发展报告》,阿里巴巴网络技术有限公司、深圳市腾讯计算机系统有限公司、百度公司、京东集团、网易公司、新浪公司、搜狐公司、美团点评集团、奇虎 360 科技有限公司、小米集团位列榜单前十名。如果你对百强互联网企业花落谁家,你关注的网站是否榜上有名、位居何处等比较好奇的话,不妨扫描下面二维码了解一下吧!

任务三　网络价格策划

企业进入网络营销市场的主要目标是占领市场求得生存机会,然后才是追求利润。网络营销产品的定价一般都是低价甚至是免费的,企业以此希望在迅猛发展的网络市场中寻找到立足的机会。网络市场分为两大市场,一个是消费者大众市场,另一个是工业组织市场。对消费者大众市场,企业必须采用相对低的定价策略占领市场。对工业组织市场,购买者一般是商业机构和组织机构,购买行为比较理智,企业定价可以采用双赢的定价策略,即通过互联网技术降低企业和组织之间的供应采购成本,共同享受成本降低带来的双方价值的增值。

一、低价定价策略

借助互联网进行销售,比传统销售渠道的费用低廉,因此网上销售价格一般来说比流行的市场价格要低。

(1)直接低定价策略。通常企业在定价时,采用成本加一定利润,有的甚至是零利润的定价方法,即直接低定价策略。这种定价在公开价格时就比同类产品要低,常常被制造企业在网上进行直销时采用。如戴尔电脑的定价比其他公司同性能的产品低10%~15%。

(2)折扣定价策略。折扣定价策略是以在原价基础上乘以一定折扣来定价的。这种定价方式可以让顾客直接了解产品的降价幅度。这类价格策略主要用于一些网上商店,按照市面上的流行价格进行产品的折扣定价。如京东网站的图书价格一般都进行折扣定价,而且折扣价格达到3至5折。

(3)促销定价策略。企业在拓展网上市场的过程中,其产品价格不具有竞争优势,则可以采用网上促销定价策略。由于网上的消费者范围较广,具有较大购买能力,许多企业为打开网上销售局面和推广新产品,采用临时促销定价策略。该策略除了前面提到的折扣策略外,比较常用的是有奖销售和附带赠品销售。

二、定制生产定价策略

为了适应小批量、多式样、多规格和多品种的生产和销售变化,企业在管理上采用企业资源计划系统(enterprise resource planning,ERP)实现自动化、数字化管理,在生产上采用计算机集成制造系统(computer integrated manufacturing system,CIMS),在供应和配送上采用供应链管理(supply chain management,SCM)。

定制定价策略是在企业能实行定制生产的基础上,利用网络技术和辅助设计软件,帮助消费者选择配置或者自行设计能满足自己需求的个性化产品,同时承担自己愿意付出的价格成本。

三、使用定价策略

所谓使用定价,就是顾客通过互联网注册后,可以直接使用某公司产品,顾客只需要根据使用次数进行付费,而不需要将产品完全购买。这样定价既减少了企业为完全出售产品进行不必要的大量生产和包装浪费,同时还可以吸引过去那些有顾虑的顾客使用产品,扩大市场份额。顾客每次只是根据使用次数付款,节省了购买产品、安装产品、处置产品的麻烦,还可以节省不必要的开销。

四、拍卖竞价策略

网上拍卖是目前发展比较快的领域,经济学认为市场要形成最合理的价格,拍卖竞价是最合理的方式。网上拍卖是消费者通过互联网轮流公开竞价,在规定时间内价高者即赢得竞拍。

(1)竞价拍卖。竞价拍卖最常见的是C2C的交易,包括二手货、收藏品,普通商品也可以拍卖方式进行出售,如惠普公司将一些库存积压产品在网上拍卖。

(2)竞价拍买。它是竞价拍卖的反向过程,消费者提出一个价格范围,求购某一商品,由商家出价,出价可以是公开的也可以隐蔽的,消费者将与出价最低或最接近的商家成交。

(3)团购。在互联网出现以前,这种方式最早是指在国外多个零售商结合起来,向批发商(或生产商)以数量换价格的方式。互联网出现后,使得普通的消费者也能使用这种方式购买商品。

知识链接 　　　　　松鼠拼拼:社区团购正在洗牌　不考虑买菜业务

社区团购因其流程简单、方便快捷,成为一种全新的团购模式。上线于2018年8月的松鼠拼拼,可以说是"末班车"选手,却创造了"仅用6个月,做了美团当年18个月的事"的业绩。扫描下面二维码了解一下他们是怎样做到的吧!

五、差别定价策略

差别定价策略是指厂商以两种或两种以上反映成本费用的比例差异和价格来销售一种产品或服务。这种策略其实是给用户一个在时间和价格之间选择的机会,使用户根据自己的需要进行自由选择。同时对企业来说,也是照顾了各个层次消费者的需求。例如,软件生产商首先发行低版本软件,一段时间后再发行较高版本的软件,而对软件需求不太高的用户就可以购买低版本软件,支付较低的价格。

知识链接 　　　　　　　亚马逊的差别定价策略

由于网上销售并不能增加市场对产品的总需求量,为提高在主营产品上的营利能力,亚马逊开始了著名的差别定价试验。事实证明,通过这一定价策略,对同一件商品部分顾客付出了比其他顾客更高的价格,亚马逊因此提高了销售的毛利率。

六、免费价格策略

1.免费价格的含义及分类

免费价格策略是市场营销中常用的营销策略,主要用于促销和推广产品,一般是短期和临时性的。免费价格策略就是将企业的产品或服务以零价格形式提供给顾客使用,满足顾客的需求。免费价格策略主要有以下几种类型:

第一类是产品或服务完全免费,即产品或服务从购买、使用和售后服务所有环节都实行免费服务,如人民日报的电子版在网上可以免费阅读。

第二类是对产品或服务实行限制免费,即产品或服务可以被有限次使用,超过一定期限或者次数后取消这种免费服务,比如杀毒软件公司提供有限次数的杀毒软件服务,次数使用完后若继续使用则需要付款。

第三类是对产品或服务实行部分免费,如一些著名研究公司的网站公布部分研究成果,如果要获取全部成果必须付款作为公司客户才可以。

第四类是对产品或服务实行捆绑式免费,即购买某产品或者服务时赠送其他产品或服务,如国内的一些互联网服务提供商为了吸引接入用户,推出了上网免费送电脑的市场活动。实际上,从另一方面来看,这种商业模式就相当于分期付款买电脑,只不过赠送上网账号的传统营销模式的市场操作从电脑制造商转向了互联网服务提供商。

目前,企业在网络营销中采用免费策略,其目的是让用户免费使用形成习惯后,然后付费购买正式软件。这种免费策略主要是一种促销策略,与传统营销策略类似。

2. 免费产品的特性

网络营销中并不是所有的产品都适合于免费策略。产品实行免费策略,要受到一定环境制约。互联网作为全球开放网络,可以快速实现全球信息交换,只有那些适合互联网这一特性的产品才适合采用免费价格策略。免费产品主要具有以下特性:

(1)易于数字化。企业通过较少的成本就可实现产品推广,由此节省了大量产品推广费用。如思科中国公司将产品升级的一些软件放到网站上,公司的客户可以随时免费下载使用,大大减轻了原来升级服务的费用。

(2)无形化。如软件、信息服务(如报纸、杂志、电台、电视台等媒体)、音乐制品、图书等,这些无形产品可以通过数字化技术实现网上传输。

(3)零制造成本。比如通信类产品和部分功能的开放,企业只需要投入研制费用即可,至于产品生产、推广和销售则完全可以通过互联网实现零成本运作。

(4)成长性。采用免费策略的产品,一般都是利用产品的推动占领市场,为未来市场发展打下坚实基础。如微软为抢占日益重要的浏览器市场,采用免费策略发放其浏览器IE,用以对抗先行一步的网景公司的浏览器Navigator。

(5)冲击性。采用免费策略产品的主要目的是推动市场成长,开辟出新的市场领地,同时对原有市场产生巨大的冲击。如3721网站为推广其中文网址域名标准,以调整中国人对英文域名的不习惯,采用免费下载和免费在品牌电脑预装策略,在短短的半年时间迅速占领市场成为市场标准,对过去被国外控制的域名管理产生了巨大冲击和影响。

(6)间接收益。例如,QQ软件是免费的,但相关的其他服务都是收费的。

3. 免费价格策略的实施

(1)免费价格策略的风险。为用户提供各种免费的东西,实质上都是这些企业的一种市场策略。然而这个世界上从来就没有免费的午餐,网络世界中同样没有。一般来说,企业提供免费产品的动机有两个:一种动机是让用户使用习惯后,开始收费,即不再免费;另一种动机是发掘后续的商业价值。

(2)免费价格策略实施的步骤。免费价格策略一般与企业的商业计划和战略发展规划紧密关联,企业要降低免费策略带来的风险,提高免费价格策略的成功性,应遵循下面的步骤思考问题。

第一,制订免费价格策略时必须考虑是否与商业模式运作相吻合。

第二,分析采用免费策略的产品(服务)能否获得市场认可,也就是提供的产品(服务)是否为市场迫切需要的。如我国的新浪网站提供了大量实时性的新闻报道,满足了用户对新闻的需求。

第三,分析免费策略产品推出的时机。如搜狐网站虽然不是第一家搜索引擎,却是第一家中文搜索引擎,以此确立了其市场门户站点的地位。目前,还有很多公司推出了很好的免费搜索引擎服务,但很难撼动搜狐的中文搜索引擎的地位。

第四,考虑免费价格产品或服务是否适合。目前国内外很多提供免费电脑的互联网服务提供商,对用户也不是毫无要求。它们有的要求用户接收广告,有的要求用户每月在其站点上购买一定价值的商品,还有的需要用户提供接入费用等。此外,互联网服务提供商在为用户提供免费电脑这一事件中,电脑制造商的地位非常尴尬。首先这种电脑的出货量虽然很大,但是基本上没有利润;其次是角色错位,以前是买电脑赠送上网账号,而现在是上网赠送电脑,角色的转变使得电脑提供商的感觉非常不好。当然,也可以从另外一个角度理解提供免费电脑的行为。北美自由贸易区的三个国家,即美国、加拿大和墨西哥,它们将电脑制造业从IT产业中分离出来,将其归入了传统制造业。这一信号表明,互联网的兴起使得很多行业都变成了传统行业,一些互联网公司的市值超过许多传统行业的大公司,这显示了互联网作为新兴行业的巨大前景。而以电脑为中心的时代,已经在互联网的阴影中渐行渐远,另一个以互联网为中心的时代已经来临,这是一种无法阻挡的潮流。

第五,策划推广免费价格产品或服务。互联网是信息的海洋,对免费的产品或服务,网上用户易于接受。如3721网站为推广其免费中文域名系统软件,首先通过新闻形式介绍其中文域名概念,宣传中文域名的作用和便捷性;然后与一些著名的互联网服务提供商和网络内容服务商合作,建立免费软件下载链接,同时还与电脑制造商合作,提供捆绑预装中文域名软件。

任务四 网络渠道策划

营销渠道是指与提供产品或服务以供使用或消费这一过程有关的一整套相互依存的机构,它涉及信息沟通、资金转移和实物转移等。网络营销渠道就是借助互联网将产品从生产者转移到消费者的中间环节。一方面,营销渠道要为消费者提供产品信息供消费者选择;另一方面,在消费者选择产品后要能完成一手交钱一手交货的交易手续,当然交钱和交货不一定同时进行。因此,一个完善的网络营销渠道应有三大功能,即订货功能、结算功能和配送功能。

一、网络营销渠道建设

由于网络销售对象不同,因此网络营销渠道有很大区别。一般来说,网上销售渠道主要有以下两种。

1. B2C渠道的建设

B2C商务活动的特点是每次交易量小,交易次数多,购买者非常分散。因此,B2C网络营销渠道建设的关键是完善订货、结算系统和高效的配送系统。由于目前国内的消费者信用机制还在建设中,加之缺乏专业配送系统,这就制约了我国网上购物活动的开展。

在建设B2C网络营销渠道时,要考虑下面几个问题。

(1)从消费者角度设计渠道,只有采用消费者比较放心、容易接受的方式才有可能吸引消费者使用网上购物,以克服网上购物"虚"的感觉。如在我国,采用货到付款方式比较受消费者认可。

(2)设计订货系统时,要简单明了,不要让消费者填写太多信息,最好采用现在流行的"购物车"方式模拟超市,让消费者一边看物品比较选择,一边进行选购。在购物结束后,一次性结算。另外,订货系统还应该提供商品搜索和分类查找功能,应对商品提供消费者想了解的信息,如性能、外形、品牌等重要信息,便于消费者在最短时间内找到需要的商品。

(3)在选择结算方式时,应考虑目前实际发展的状况,尽量提供多种付款方式方便消费者选择;同时还要考虑网上结算的安全性,对不安全的直接结算方式,应换成安全的间接方式。

(4)B2C网络营销渠道建设的关键是建立完善的配送系统。消费者只有看到购买的商品到家后,才真正感到踏实,因此建设快速有效的配送服务系统非常重要。在现阶段我国配送体系还不成熟的时候,在进行网上销售时要考虑到该产品是否适合目前的配送体系。

2.B2B渠道的建设

企业在B2B商务活动中,主要是在上游企业采购原材料,向下游企业提供产品。向上游企业采购原材料,代理商向企业下订单,都可以通过互联网完成,这就要求双方有良好的合作关系和信誉。

B2B渠道的建设关键是订货系统,不但要方便购买企业选择,而且还应具有网上谈判、网上合同签订等功能。由于企业一般信用较好,网上结算常采用电子货币方式。另外,由于企业订货数量较少,因此配送时可专门运送,既可保证速度,也可保证质量,减少中间环节的损失。

二、网络营销渠道的类别

1.网上直销

网上直销与传统直接分销渠道一样,都是没有营销中间商。网上直销渠道一样也要具有营销渠道中的订货功能、支付功能和配送功能。网上直销与传统直接分销渠道不一样的是,生产企业可以通过建设网络营销站点,让顾客可以直接从网站进行订货。

通过与一些电子商务服务机构如网上银行合作,可以通过网站直接提供支付结算功能,简化过去资金流转的问题。对配送方面,网上直销渠道可以利用互联网技术来构建有效的物流系统,也可以通过互联网与一些专业物流公司进行合作建立有效的物流体系。

2.中间商

由于网络的信息资源丰富、信息处理速度快,基于网络的服务可以便于搜索产品,但在产品(信息、软件产品除外)实体分销方面却难以胜任。出现许多基于网络的提供信息服务中介功能的新型中间商,可称之为电子中间商。

3.新媒体——微信

随着智能手机、平板电脑等新媒体的普及,各种手机应用软件通过网络迅速传播开来。"微信"是腾讯公司2011年初推出的一款智能手机应用软件,在短短几个月内实现用户量过亿,成为手机App市场下载量最大的应用软件之一。在带来大量广告收益的同时,微信也因其区别于一般网络媒介的特点为企业的网络营销提供了一种新的渠道。

三、网络营销渠道的特点

在传统营销渠道中,中间商是其重要的组成部分。中间商之所以在营销渠道中占有重要地位,是因为利用中间商能够在广泛提供产品和进入目标市场方面发挥最高的效率。营销中间商凭借其业务往来关系、经验、专业化和规模经营,提供给企业的利润通常高于自营商店所能获取的利润。

但互联网的发展和商业应用,使得传统营销中间商凭借地缘原因获取的优势被互联网的虚拟性所取代,同时互联网的高效率的信息交换改变了过去传统营销渠道的诸多环节,将错综复杂的关系简化为单一关系。

利用互联网的信息交互特点,网上直销市场得到了大力发展。因此,网络营销渠道可以分为两大类。一类是通过互联网实现的从生产者到消费(使用)者的网络直接营销渠道(简称网上直销)。这时传统中间商的职能发生了改变,由过去环节的中间力量变成为直销渠道提供服务的中介机构,如提供货物运输配送服务的专业配送公司,提供货款网上结算服务的网上银行,以及提供产品信息发布和网站建设的互联网服务提供商和电子商务服务商。网上直销渠道的建立使得生产者和最终消费者直接连接和沟通。另一类是通过融入互联网技术后的中间商机构提供网络间接营销渠道。传统中间商由于融合了互联网技术,其交易效率、专门化程度和规模经济效益得到了大大提高。

同时,新兴的中间商也对传统中间商产生了冲击。基于互联网的新型网络间接营销渠道与传统间接分销渠道有着很大不同,传统间接分销渠道可能有多个中间环节如一级批发商、二级批发商、零售商,而网络间接营销渠道只需要一个中间环节。

知识链接　　　　　　这就是网络的渠道过程

企业失去客户肯定是有原因的,只是营销人并不知道自己哪里没有做好,又是在哪里失去了不该失去的客户。如果不了解消费者的购买心理活动和过程,肯定会输得很惨。

任务五　网络促销策划

一、网络促销的特点

网络促销是指企业利用现代网络技术向网上虚拟市场的目标客户(消费者)传递有关产品和信息,激发客户需求,促使客户产生购买欲望并产生购买行为的各种活动。它突出表现为以下三个明显的特点。

(1)网络促销是通过网络技术传递产品或服务的存在、性能、功效及特征等信息。建立在现代计算机与通信技术基础之上,随着计算机和网络技术的不断改进而改进。

(2)网络促销是在互联网这一虚拟市场上进行的。互联网是一个媒体,是一个连接世界各国的大网络,它在虚拟的网络社会中聚集了广泛的人口,融合了多种文化。

(3)互联网虚拟市场的出现将所有的企业,不论是大企业还是中小企业,都推向了一个世界统一的市场,传统的区域性市场的小圈子正在被一步步打破。

二、网络促销组合

传统市场的促销组合是企业将广告、人员推销、销售服务和公共关系有效地整合,形成一种整体的促销策略的过程。促销组合最优化是企业促销决策的追求目标。

网络促销组合是指将网络促销的各种工具,如电子广告促销、站点促销、网络销售促销和未来公共关系有效地整合,以实现整体促销效果的企业营销活动过程。企业开展网络促销组合时,应充分考虑以下因素。

(1)产品类型。企业应根据不同的产品类型,选择不同的促销组合方式。从西方发达国家营销发展史来分析,广告是消费品的主要促销工具,人员促销是工业品的主要促销工具。

(2)促销的目标。企业促销目标的不同,其促销工具的组合方式也不同。例如,企业促销的目标是扩大销售量,提供市场占有率,则促销的重点是利用网络广告和销售促进策略;如果企业促销的目标是追求树立企业良好形象,则应重点突出公共关系策略,以加强与顾客的沟通,为实现长期效益目标奠定基础。

(3)市场特点。企业应根据不同的市场特点,选择不同的促销组合方式,主要应考虑目标市场的范围大小、不同顾客群的特征、市场规模大小等。

(4)顾客不同的购买阶段。顾客在不同的购买阶段需要接受不同的信息,例如在知晓、了解、信任、购买等阶段,企业应根据顾客的虚拟性需要,确定促销组合策略中的重点促销工具。

(5)产品市场生命周期。在产品市场生命周期的投入期、成长期、成熟期、衰退期,由于促销的重点不同,企业的促销组合策略也存在较大差异。

三、网络促销形式

广义的网络促销活动,可以包括网络广告、销售促进、站点推广和关系营销。

对职业网络营销专员而言,实践中的大多数项目以狭义的网络销售促进为主。网络销售促进,可简称网络促销,就是企业利用可以直接销售的网络营销站点,采用一些销售促进方法,如价格折扣、有奖销售、拍卖销售等方式,宣传和推广产品。网络促销的形式有网络拉销、网络推销和网络链销。

网络拉销,就是企业吸引消费者访问自己的 Web 站点,让消费者浏览产品网页,作出购买决策,进而实现产品销售。网络拉销中,最重要的是企业要推广自己的 Web 站点,吸引大量的访问者,才有可能把潜在的顾客变为真正的顾客。因而企业的 Web 站点除了要提供顾客所需要的产品和服务,还要生动、形象和个性化地体现企业的文化和品牌特色。

网络推销,就是企业主动向消费者提供产品信息,让消费者了解、认识企业的产品,促进消费者购买。有别于传统营销中的推销,网络推销有两种方法:一种方法是利用互联网服务商或广告商提供的经过选择的互联网用户名单,向用户发送电子邮件,在邮件中介绍产品信息;另一种方法是应用推送技术,直接将企业的网页推送到互联网用户的终端,让互联网用户了解企业的 Web 站点或产品信息。

网络链销,就是利用互联网的信息互动交流,强化企业与顾客的关系,使顾客的满意程度提高,从而实现站点中相关链接的产品或服务的销售。企业的产品或服务节能使顾客充分满意,那么满意的顾客就成为企业的种子顾客,就会以自己的消费经历为企业作宣传,向其他顾客推荐产品,使潜在顾客成为现实顾客,从而形成口碑效益,最终形成顾客链,实现链销。

知识链接

促销=秒杀+互动

设计一个完整的互动营销活动,可以使企业得到极高的关注度和品牌美誉度。通过互联网可以使一个新产品实现迅速上市并热卖。扫描下面二维码了解一下吧!

四、网络销售促进的主要方法

网络销售促进是指企业在互联网上利用短期性的以让利为特征的刺激性措施,如价格折扣、有奖销售等,引起消费者的广泛注意,拉动顾客和商家迅速或较多地购买某一特定产品或服务的活动。销售促进的作用主要有以下几方面:能有效地加速产品进入市场的进程;说服初次试用者再次购买,建立购买习惯;增加产品的消费,提高销售额;有效地抵御和击败竞争者的促销活动;带动关联产品的销售等。不过,销售促进可能会降低品牌忠诚度,提高价格敏感度,得不到中间商的充分支持。销售促进常用的方法有以下几种。

1.返利

普通网站有返利、返券,但是现在由于返利手段的频繁使用,出现了专业的返利网站和专门的返现软件。促销商品涉及数码家电、服饰用品、图书音像、化妆品等,此类网站首先与网络商家达成合作关系,消费者通过返利网站平台在合作网上购物并产生有效订单后,网络商家按照一定比例把销售提成返给返利网站,返利网站再同消费者分享这部分销售提成。

这类网购中介存在已久,最早在淘宝网诞生,并被淘宝称之为"淘宝客","淘宝客"帮助卖家推广商品赚取佣金,只要获取淘宝商品的推广链接,让买家通过这个推广链接购买商品并确认付款,其目的是为了提升销量吸引更多消费者参与。

2.网上折价促销

折价亦称打折、折扣,是目前网上最常用的一种促销方式。因为目前网民在网上购物的热情远高于商场、超市等传统购物场所,因此网上商品的价格一般比传统方式销售时低。由于网上销售商品不能给人全面、直观的印象,以及不可试用、触摸等原因,再加上配送成本和付款方式的复杂性,造成网上购物和订货的积极性下降。而幅度比较大的折扣可以促使消费者进行网上购物的尝试并作出购买决定。目前大部分网上销售商品都有不同程度的价格折扣。

3.网上赠品促销

目前赠品促销在网上应用得不太多,一般在新产品推出试用、产品更新、对抗竞争品牌、开辟新市场等情况下利用赠品促销可以达到比较好的促销效果。赠品促销的优点是:可以提升品牌和网站的知名度;鼓励人们经常访问网站以获得更多的优惠信息;能根据消费者索取赠品的热情程度,总结分析出营销效果和产品本身的反应情况等。

4.网上抽奖促销

抽奖促销是网上应用较广泛的促销形式之一,是大部分网站经常采用的促销方式。抽奖促销以一个人或数十人获得超出参加活动成本的奖品为手段,进行商品或服务的促销。网上的抽奖活动主要附加于调查、产品销售、庆典、推广活动等。消费者或访问者通过填写问卷、注册、购买产品或参加网上活动等方式获得抽奖机会。

5.积分促销

积分促销在网络上的应用比起传统营销方式要简单和易操作。网上积分活动很容易通过编程和数据库等来实现,并且结果可信度很高,操作起来相对较为简便。积分促销一般设置价值较高的奖品,消费者通过多次购买或多次参加某项活动,增加积分以获得奖品。积分促销可以增加上网者访问网站和参加某项活动的次数、提高上网者对网站的忠诚度和活动的知名度等。

6.节庆促销

利用传统节日、店庆促销之外,还可以抓住一些网络热点。例如,11月11日被称为"光棍节",这是流传于年轻人之间的一个娱乐性节日。光棍节产生于校园,并通过网络等媒介传播形成了一种光棍节的文化。2010年11月11日淘宝就隆重推出了光棍节的大量秒杀和折扣活动,销售额达9.36亿元。这个节日因网络而生,淘宝网借这个节日创造了令所有电子商务企业都震惊的营销神话。

7.联合促销

网络产品或服务可以与传统商家或者其他不同的网络产品组合,联合进行推广,达到优势互补、相互提升自身价值的效应。例如,很多网站都将自己的链接按钮加入百度文库、百度视频、百度百科等知名网站的页面上,这种联合推广对相互提升品牌价值有着积极的意义。

五、网络促销的实施程序

1.确定网络促销对象

网络促销对象是针对可能在网络虚拟市场上产生购买行为的消费者群体提出来的。随着网络的迅速普及,这一群体在不断扩大,主要包括产品使用者、产品购买的决策者、产品购买的影响者。

2.设计网络促销内容

网络促销的最终目标是引起购买,这必须通过设计具体的信息内容才能实现。消费者的购买过程是一个复杂的、多阶段的过程,促销内容应当根据购买者目前所处的购买决策过程的不同阶段和产品所处的寿命周期的不同阶段来决定。

3.决定网络促销组合方式

网络促销活动主要通过网络广告促销和网络站点促销两种促销方法展开。但由于企业的产品种类不同、销售对象不同,促销方法与产品种类和销售对象之间将会产生多种网络促销的组合方式。企业应根据网络广告促销和网络站点促销各自的特点和优势,根据产品的市场和顾客情况,扬长避短,合理组合,这样才能达到最佳的促销效果。

网络广告促销主要实施"推战略",是将企业的产品推向市场,获得广大消费者的认可。网络站点促销主要实施"拉战略",是将顾客牢牢地吸引过来,保持稳定的市场份额。

4.制订网络促销预算方案

在网络促销实施过程中,使企业感到最困难的是预算方案的制订。在互联网上促销,对任何人来说都是一个新问题。所有的价格、条件都需要在实践中不断学习、比较和体会,不断总结经验,只有这样才可能用有限的精力和有限的资金收到尽可能好的效果,做到事半功倍。

5.衡量网络促销效果

网络促销实施到一定阶段,必须对已经执行的促销内容进行评价,以衡量促销的实际效果是否达到了预期的促销目标。

任务六 网络营销策划书规范的撰写格式

下面以某公司的网络营销策划书为例,介绍一下网络营销策划书的规范撰写格式。

一、公司简介

××公司以"与绿色同行,与自然为本"为企业宗旨,号召广大市民热爱大自然,保护大自然。××公司以生产绿色产品为主(包括绿色食品、绿色日用品等绿色系列品),创建于20××年×月,产品一经推出就受到广大市民的好评。××公司现在已创立了自己的品牌,其产品畅销全国。

二、公司目标

(1)财务目标(20××年):力争销售收入达到××亿元,利润比上年翻一番。

(2)市场营销目标:市场覆盖面扩展到国际,力图打造国际品牌。

三、市场营销策略

(1)目标市场:中高收入家庭。

(2)产品定位:质量最佳和多品种。

(3)价格:稍高于同类传统产品。

(4)销售渠道:重点放在一线城市消费水平较高的大商场,建立公司自己的销售渠道,以"绿色"为主。

(5)销售人员:招聘男女比例为2∶1,建立自己的培训中心,对销售人员实行培训上岗,采用全国账户管理系统。

(6)服务:争创一流的服务水平,服务过程标准化、网络化。

(7)广告:前期开展一系列大规模、高密集度、多方位、网络化的广告宣传活动。突出产品的特色,突出企业形象并兼顾一定的医疗、环保知识。

(8)促销:在网上进行产品促销,节假日进行价格优惠,用考核销售人员销售业绩的方法,促使销售人员大力推销。

(9)研究开发:开发绿色资源,着重开发无公害、养护型产品。

(10)营销研究:调查消费者对此类产品的选择过程,提出产品的改进方案。

四、网络营销战略

经过精心策划,××公司首次注册了两个国际顶级域名(dfaw.com 和 dongfa.com),建立了中国"与绿色同行"网站。在网站中全面介绍××公司的销售产品业务和服务内容,详细介绍了该公司的各种产品。紧接着逐步在各搜索引擎网站注册,并以网络广告为主,辅以报纸、电视、广播和印刷品广告,扩大在全国的影响,再结合网络通信,增加全国各地综合网站的友情链接。

五、网络营销的顾客服务

通过实施交互式营销策略,提供满意的顾客服务。主要工具有电子邮件、电子论坛,常见问题解答等。

六、网络营销战略的实施及管理

(一)网络营销战略的实施

制定了良好的发展战略,接下来就需要有可行的推进计划以保证其实施,可按下列步骤操作执行。

1.确定负责部门、人员、职能及营销预算

网络营销属于营销工作,一般由营销部门负责,在营销副总经理领导下工作。一般网络营销部门应设立专门的部门或工作小组,成员由网络营销人员和网络技术人员组成。即使是工作初期考虑精简问题,也应保证有专人负责网络营销,因为工作初期调查、规划、协调、组织,任务繁重,兼职人员很难保证工作的完成。

2.专职网络营销人员的职责

(1)综合公司各部门意见,制订网站构建计划,并指导实施网站建设;
(2)负责网站日常维护、监督及管理;
(3)负责网站推广计划的制订与实施;
(4)负责网上反馈信息管理;
(5)负责独立开展网上营销活动;
(6)对公司其他部门实施网上营销支持;
(7)负责网上信息资源收集及管理,对公司网络资源应用提供指导。

3.网络营销费用

虽然要确保最大可能的节约,但仍需对可能的投入有所估计,营销预算主要来自以下费用:①人员工资;②硬件费用,如计算机添置;③软件费用,如空间租用、网页制作、Web程序开发、数据库开发;④其他费用,如上网费、网络广告费等。

(二)综合各部门意见,构建网站交互平台

公司网站作为网络营销的主要载体,其自身的好坏直接影响网络营销的水平,同时网站也并非仅有营销功能,还包括企业形象展示、客户服务、公司管理及文化建设、合作企业交流等功能,只有在广泛集合公司各方面意见的前提下才能逐步建立起满足要求的网站平台。

在构建网站时,应注意网站的功能。因此需注意以下问题:①信息要丰富。信息量太低是目前公司网站的通病。②美观与实用要适度统一。应以实用为主,兼顾视觉效果。③功能要强大。只有具备相应的功能,才能满足公司各部门的要求。④网站要人性化。网站建设时应以客户角度出发而非以本企业为中心。⑤保证交互功能。力求增加访问者参与机会,实现在线交互。

(三)制订网站推广方案并实施

具备了一个好的网站平台,接着应实行网站推广。网站推广的过程同时也是品牌及产品推广的过程。

(1)制订网站推广计划应考虑以下因素:①公司产品的潜在用户范围;②分清楚公司产品的最终使用者、购买决策者及购买影响者各有何特点,他们的上网习惯;③明确应该向谁做推广;④明确以怎样的方式向其推广效果更佳;⑤是否需借助传统媒体,如何借助;⑥了解竞争对手的推广手段;⑦如何保持较低的宣传成本。

(2)制订网站推广方案可以借助以下手段:①搜索引擎登录;②网站间交换链接;③建立邮件列表,运用邮件推广;④通过网上论坛进行宣传;⑤通过新闻组进行宣传;⑥在公司名片等对外资料中标明网址;⑦在公司所有对外广告中添加网址宣传;⑧借助传统媒体进行适当宣传。

七、网络营销效果评估及改进

网站推广之后,工作完成了一个阶段,此时应该获得较多的网上反馈,借此可进行网络营销效果的初步评估,以使工作迈上一个新的台阶。

(1)评估内容。具体包括①公司网站建设是否成功,有哪些不足;②网站推广是否有效;③网上客户参与度如何,分析具体原因;④潜在客户及现有客户对网上营销的接受程度如何;

⑤公司对网上反馈信息的处理是否积极有效;⑥公司各部门对网络营销的配合是否高效。

(2)评估指标。具体包括网站访问人数、访问者来源地、访问频率、逗留时间、反馈信件数、反馈内容、所提意见,等等。

网络营销的有效运用,将对公司其他部门的运行产生积极影响,同时也将影响公司的整体运营管理。作为网络信息条件经营方式的探索,它将极大推动公司走向新经济的步伐。它将有助于促进公司内部信息化建设,加快企业电子商务准备,完善公司管理信息系统,提高公司管理的质量与效率,提高员工素质,培养电子商务人才。

这些变化将影响公司现有的生产组织形式、销售方式、开发方式、管理方式等,推动公司进行经营方式的战略性转型。

 项目小结

通过本项目学习,可以帮助读者了解网络营销策划的相关内容,掌握制定网络营销策划的基本步骤;熟练掌握并较好地为企业网络营销活动合理有效地进行产品策划,能选择适合网络销售的产品,利用网络进行产品创新;能确定合理价格,吸引消费群体,并能在竞争中及时应变,抓住消费者心理,开发合理的网络营销渠道,熟悉网络促销组合策略及创新,并能规范地撰写企业网络营销策划书。

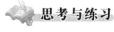

项目六 网站建设专员

学习目标

知识目标

熟悉营销型网站与普通网站的区别;掌握营销型网站的特点;熟悉营销型网站建设的原则;掌握营销型网站建设的步骤;熟悉营销型网站的评价与诊断;了解营销型网站的常用推广方法。

能力目标

培养整体规划营销型网站的能力;培养能够按照营销型网站建设的原则,动态更新网站的能力;培养对企业网站的评价与诊断能力;培养推广营销型网站的能力。

对应岗位及要求

主要岗位

网站管理员、网站策划员、网站建设与维护专员、网站(店)运营专员、网络推广专员等。

工作要求

规划网站内容及功能,协助专业人员做好网站建设工作;动态更新、优化企业网站;做好网站的推广工作;定期分析网站运营情况,提出整改意见;统计分析企业网站的流量,为企业的经营决策服务。

项目分析

项目概述

企业网站是企业和个人在互联网上宣传和反映其形象的重要窗口,是企业开展全球性电子商务的交易平台。随着现代信息技术的不断发展,电子商务已成为现代商务交易的主要方式,因此企业网站在商务活动中的地位十分重要。本项目要求网站建设人员能够深入领会营销型网站的特点及其与普通网站的区别,能够遵循营销型网站的建设原则,对营销型网站进行建设、评价、诊断、维护和推广。

案例导读 海尔集团——搭建网络平台,开拓网上分销渠道

海尔集团是一家全球领先的美好生活解决方案服务商。在互联网和物联网时代,海尔从传统制造企业转型为共创、共赢的物联网社群生态,率先在全球创立物联网生态品牌。

海尔公司创立于1984年12月26日,顺应时代发展潮流,历经五个战略发展阶段,从资不抵债、濒临倒闭的集体小厂发展成为物联网时代引领性的生态型企业。2018年,海尔集团全

球营业额达到2661亿元,同比增长10%,全球利税331亿元,同比增长10%。2018年海尔集团实现全年生态收入151亿元,同比增长75%。截至2018年,海尔在全球拥有10大研发中心、24个工业园、108个制造厂、66个营销中心。

2000年,为了拓展网络分销渠道,海尔集团成立了海尔电子商务有限公司,主要负责运营海尔官方互动销售平台海尔商场,向个人消费者销售海尔集团各品牌家电、计算机、生活家电等产品和服务方案。应该说,海尔线上商场是海尔集团面对互联网的机会和挑战,服务转型、大数据、产品定制等先进商业模式探索的平台,是将前端的产品研发、生产资源和后端的物流配送、产品服务资源结合在一起,为用户提供差异化的产品和服务。

目前,海尔集团以营销为导向的网络平台主要有两大类:一是官方自建平台,即海尔官方网站、海尔官方移动端网站(见图6-1)、海尔App;二是海尔第三方销售平台,即淘宝旗舰店、京东旗舰店、苏宁旗舰店、1号店旗舰店等。

海尔不断拓展与消费者的互动方式,开发了很多新的模式,比如顺逛、优家智慧生活平台、生态用户平台、生态资源平台、海尔互联工厂、海尔创意平台、创客实验室、智慧生活体验馆等(见图6-2至图6-4)。

图6-1 海尔官方网站

图6-2 海尔集团官方社群交互平台

图6-3 海尔集团物联网智慧家庭定制平台

图6-4 海尔生态用户平台

(资料来源:根据海尔集团官网及海尔官网整理。)

总结与分析:海尔官网建立了一个功能完善、运行平稳的网站,这个网站页面简洁、产品丰富、介绍信息图文结合、可分类查找物品,同时提供了商品信息的发布、网上交易、在线支付及售前售后服务等功能,在技术上解决了交易双方信用和责任的约束,为用户提供了一个相对宽松、舒适的交易环境。因此,电子商务交易很重要的一个环节就是有一个能够实现所有网络销售、服务策略的网站支持。

任务分析

任务一 认识营销型网站

随着互联网商业活动的产生和发展,营销型网站被作为企业网上交易的窗口得到了越来越多的重视。虽然在行业内还没有一个公认的定义,但观其主要思想及特点,可以发现营销型网站是以现代网络营销理念为核心,基于企业营销目标进行站点规划,具有良好搜索引擎表现和用户体验、完备的效果评估体系,能够有效利用多种手段获得商业机会,提高产品销售业绩和品牌知名度的企业网站。其实质就是抓住每一个细节,向网站要效益。

营销型网站概念的提出,打破了企业对网站建设的传统认识。事实证明,传统观念中的网站Flash形象首页、大篇幅企业新闻报道、产品介绍不详等现象,均使得企业网站营销职能难以很好地发挥出来。构建营销型网站,就是要明确网站的营销职能,以网络营销为核心目标来进行网站建设。

一、营销型网站与普通网站的比较

1. 营销型网站提出的背景

纵观企业网站在国内的发展,从技术角度看,主要经历了两大发展阶段,即以静态超级文本标记语言(hyper text markup language,HTML)为代表的企业网站建设和基于动态网页技术(active server pages,ASP)的企业网站建设。企业的需求是以市场、业务的需求为导向。而过去以技术为导向建立的企业网站,没有从改善企业经营的角度来规划,建站技术及服务与企业对网站营销需求之间的矛盾日益突出。

企业为了开展营销活动而建立的网站,必须具备一定的营销性。在企业网站建设的大环境下,如果一个企业网站没有从搜索引擎优化的角度去设计,做好之后还需要花不少钱请专业的搜索引擎优化(search engine optimization,SEO)公司进行网站优化,才能达到方便用户浏览的目的。营销型网站实际起到的作用就是让潜在客户通过网络优先于同行找到企业。这从概念和理论上,一举打破以技术为导向的企业网站,并且在实践上更易于操作,能较好地将营销型网站的经营思想应用于企业实践。

2.营销型网站与普通网站的对比

营销型网站与普通网站的特性在站点规划、搜索引擎优化、转化手段、效果评估、客户管理、手机短信、电子邮件营销、在线下单、在线支付等方面存在不同,见表6-1。

表6-1 营销型网站与普通网站的对比

对比内容	营销型网站	普通网站
站点规划	以促进销售为直接目标	综合性规划,希望集各种职能于一体
搜索引擎优化	具备搜索引擎优化技术优势	建站之初,多数未考虑在内
转化手段	有机整合了各种流量转化工具	因网站而异,未能整合多种转化工具
效果评估	绑定了专业流量统计和网站分析系统	一般只能申请免费流量统计系统
客户管理	具备专业的客户注册系统和管理客户功能	都是静态页面,没有客户注册、管理系统
手机短信	可以定期地给客户发短信,做好客户关系维护	死板的网站,没有与客户进行任何的互动
电子邮件营销	可以定期地给客户发邮件	没有邮件群发功能
在线下单	方便客户了解产品直接下单购买	没有在线购买功能,客户只能看,不能买
在线支付	方便客户直接网上支付	没有在线支付,客户只能到银行汇款

二、营销型网站的特点

根据2019年2月发布的第43次《中国互联网络发展状况统计报告》显示,截至2018年12月,目前我国已拥有各类网站数为523万个,但多数普通网民对网站的认知却十分有限,绝大多数网民所熟悉的网站与总体网站的发展规模相差甚远。究其原因,目前企业所建设的网站过多地关注于建站技术的使用,甚至大量涌现出来的建站系统和建站模板也是站在网站建设的技术角度考虑的,没有真正地体现出企业网站应以顾客服务为中心,以销售为主,以拓展国际市场为动力,致使我国绝大多数的网站访问量极低,在企业销售中并没有发挥应有的作用。营销型网站应具备以下特点。

1.具有良好的搜索引擎功能

营销型网站的一个显著特点就是它能"自我推广",该特点突出体现在营销型网站具有良好的搜索引擎,也就是说,通过搜索引擎优化,使网站在搜索引擎上搜索相关关键词时能够取得较为理想的自然排名。搜索引擎优化通常涉及页面结构设计、内容信息组织、内外部链接策略等方面,这是一个庞大的系统工程,也是在营销型网站建设时重点需要解决的问题。在营销型网站建设中,搜索引擎优化工作是基础性和长期性的工作,从企业网站的前期规划阶段就必须考虑,而且要贯穿于前期网站制作和后期运营过程之中。

2.具备良好的用户体验感

良好的用户体验感能够让潜在客户快速找到感兴趣的产品或服务,充分了解产品的细节内容和服务特点,通过各种互动方式与企业建立联系。

营销型网站必须考虑如何把用户变成客户,如何通过网站获得商业机会、提高产品销售额和品牌知名度等问题。用户体验感是一个无法量化的指标,不同受众会有不同的感觉。我们一般从以下几方面来检验一个网站是否具备良好的客户体验。

(1)网站的易用性。网民在访问某一网站时,对网页的打开速度非常关注,如果能够快速打开,则网民会进一步浏览网站,否则宣传得再好的网站也会遭遇网民流失的情况。网站的安全性、兼容性,以及网站的导航是否清晰也是网民非常关注的问题。这些因素都构成了衡量网站易用性的指标。

(2)网站的沟通性。网站对特殊用户群体的定制要求是否能够很好满足,同时应具备良好的交互与沟通功能。网民在互联网上需要的是最好的沟通与互动,这样可以及时掌握信息,及时交流,缺乏交互与沟通也就关上了网民与企业沟通的大门。

(3)网站的可信度。企业网站上发布的信息一定要与传统渠道发布的信息相一致,线上品牌的宣传一定要与线下品牌传播相吻合,这样才能做到线上与线下的互补,增强用户对企业、对品牌的信赖度。在网站内容上要突出企业、产品、服务的优势,让网民通过网站加深对企业的了解和偏好。

(4)易于传播。通过网络的传播功能,能将企业所要传递的信息及时在互联网上广泛传播,让更多的网民分享,这是网络营销中价值转换率最高的一种模式。

3.具备良好的细节执行

细节执行决定着网站在搜索引擎的表现,同时也是获得良好用户体验的基础。营销型网站是以客户为中心,其每个细节都必须反复推敲、精雕细琢,这样才能真正提高客户转化率。网站建设实施的整个过程都应该注意细节,所以在建设营销型网站时,就要抓住每一个细节。比如:前台全部生成 HTML 静态页面,整站采用 DIV(division 的缩写,译为"划分")+CSS(cascading style sheets,层叠样式表)结构布局,后台自动生成 XML(extensible markup language,可扩展置标语言)格式的网站地图,对全站的重要图片和标签进行优化,结构化网站结构及代码结构,系统化的关键词分布,清晰明了的导航,合理的内容组织,等等。

企业可通过在线客服把握营销机会。现在网络即时通信工具很多,网站可借助 QQ、微信等通信工具,加强与客户的及时互动。现在很多企业都非常重视品牌和服务建设,纷纷开通了400、800 全国免费热线,由此拉近了企业与消费者的距离。细节决定成败,营销型网站一定要更加关注企业的每一个细节,不要因一时的疏忽或考虑不周,给客户带来不便,白白丧失营销机会。

4.具备完善的效果评估体系

营销型网站还必须有完备的效果评估体系,它包括流量统计、网站分析、广告分析等内容。效果评估体系将帮助企业及时了解网站运营过程中的各项指标和发展趋势,清楚当前的广告投入和回报情况。效果评估体系对企业调整网络营销策略、正确评价网络营销的投入产出比有非常重要的作用。

在流量转化方面,对 B2B 型的企业,企业网站可以提供在线咨询、免费电话、短信通知等转化服务;而对 B2C 电子商务网站,则提供了购买订单、在线客服、电子地图等多种转化服务,企业客户可以根据自己的实际需要来选择。

图 6-5、图 6-6 分别是伊利公司的网站和伊利天猫旗舰店的网页。

图6-5 伊利公司网站　　　　　　图6-6 伊利天猫旗舰店

三、营销型网站建设的原则

建设以营销为导向的企业网站,其一般原则可归纳为系统性、完整性、友好性、简单性、适应性等。

1. 系统性原则

企业网站是网络营销策略的基本组成部分,在建站之初就应充分了解企业的营销目标、行业竞争状况、产品特征、用户需求行为以及网站推广运营等基本问题,并将这些要素融入网站建设方案中。网站建设不仅影响着营销功能的发挥,而且也对多种网络营销产生直接和间接的影响,因此在网站策划建设过程中应采用系统的、整体的观念来看待网站建设问题。

2. 完整性原则

企业网站是企业在互联网上的经营场所,是包含内容最完整的网络营销信息源,网民在网上了解企业,通常是通过网站提供的信息获得的。因此,网站应该为用户提供完整的信息和服务,具体包括:网站的基本要素合理、完整,网站的内容全面、有效,网站的服务和功能适用、方便,网站建设与网站运营、维护衔接并提供支持,企业网站域名及网站技术规范,等等。

3. 友好性原则

企业网站是为了更好地发挥网络营销价值。网站的友好性是以网络营销为导向的企业网站优化思想的体现,具体包括三个方面的内容:对用户友好——满足用户需求,获得用户信任;对网络环境友好——适合搜索引擎检索,便于积累网络营销资源;对经营者友好——网站便于管理维护,提高工作效率。

4. 简单性原则

简单,是企业网站专业性的最高境界。在保证网站基本要素完整的前提下,尽可能减少不相关的内容资料,营销型网站建设的网页模版设计规范,使得用户以尽可能少的点击次数和尽可能短的时间就可获得需要的信息和服务。例如立顿产品的网站,见图6-7。

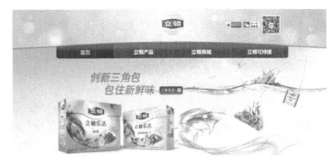

图6-7 立顿简洁的网站页面

5. 适应性原则

网络营销是一项长期工作,不仅网站的内容和服务在不断发展变化,网站的功能表现形式也需要适应不断变化的网络营销环境。随着经营环境和经营策略的改变,对企业网站进行适当的调整是必要的。当经营环境发生重大变化,需要对网络营销提出更高的需求层次时,还要对企业网站进行全新的升级改造。

任务二 营销型网站建设的步骤

营销型网站应该是具有良好的客户体验、功能完备并安全、极具销售力和公信力的内容、搜索引擎内部优化等特征的网站。所以营销型网站绝对不是把 URL(uniform resource locator)地址静态化或者纯静态页面处理,也不能把一些网站地图、关键字简单堆砌。

网络营销的目的是为了实现最终的销售目标,而任何营销都要从目标受众、竞争对手、自身等方面来分析,制订出适合的营销策略和规划,并逐步执行,才能达到最终销售目的。策划一个营销型网站当然要先分析后规划,不能什么想法都没有就设计开发,这样只能浪费时间和资源。通常营销型网站建设有以下八个步骤。

一、总体定位

营销型网站定位是指网站建设的策略,网站的架构、内容、表现形式等都应围绕着营销型网站定位展开,网站定位的好坏直接决定着网站的前景和规模。网站定位主要解决:网站究竟要达到什么目的,靠什么赚钱;网站的目标受众是谁,他们有什么特征;网站的核心优势是什么。只有先明确目的、方向、策略、风格,然后围绕策略规划网站才能赢得客户。

1.制定目标

目标的制定对营销型网站的建设起着重要的作用,通过调查研究,确定网站在企业发展中的作用、在企业长期和短期发展中实现的功能,才能让网站设计者确定网站整体规划,才能具体确定网站的功能和网页的内容。

网站建设的短期目标主要在于提升企业形象,发布产品及服务信息,开展网上调研,加强网上交流与沟通;长期目标则是为了增加企业和客户的收益,扩大市场。

2.目标客户分析

通过调查分析目标客户,可以了解网站服务的对象及需求,规划、设计符合目标客户的商务网站,为其提供所需的产品或服务,吸引他们对网站的关注,扩大潜在客户群、留住客户。例如专门针对女生群体的读书爱好者而建立的起点女生网,如图 6-8 所示。

分析客户常用以下几种方式:①分析企业原有的客户资料,并与中国互联网络信息中心(CNNIC)

图 6-8 起点女生网页面

的统计报告相比较,分析原来服务的客户上网和网上购物的可能性;②定期跟踪、分析 CNNIC 的统计报告,了解网民的变化和网上购物的发展趋势;③通过专门的咨询公司或者调查公司获取相关资料,企业也可实地调查获取第一手资料;④利用互联网服务提供商或者有影响的行业网站进行网上调查研究。

3.竞争对手分析

竞争对手的产品与服务一直影响着企业的管理、生产与经营,并可能对企业造成很大的经济损失。对竞争对手调查与分析的目的是了解对方网上业务的优势与劣势,研究竞争对手网站运营和电子商务运作效果,制定企业的发展战略。

分析竞争对手应着重研究竞争对手的数量与实力、网站定位、运营模式、市场占有率、经销的产品、客户分布情况、竞争对手网站的内容及推广等。

4.市场定位

市场定位是指确定目标市场后,企业将通过何种营销方式,提供何种产品或服务,在目标市场与竞争者以示区别,取得有利的竞争地位。随着网络市场交易的发展壮大,越来越多的人养成了网上消费、购物的习惯,形成了越来越大的网络市场,因此企业只有定位准确,才能获得良好的收益。

市场定位分析应包括主要竞争对手的调查、主要竞争者产品和品牌调查、消费者研究、需求趋势研究以及发展分析。

5.可行性分析

可行性分析是指在当前的具体条件下,网站建设是否已经具备了必要的资源及其条件。网站建设的可行性分析主要包括管理可行性分析、技术可行性分析以及经济可行性分析。

比如,为保证网站建设中所需要的人力资源,即对组织内部人员进行可行性分析,确定网站建设小组的组织结构和人员、岗位设置。构建与运行电子商务网站所必需的硬件、软件和相关技术,是对电子商务业务流程的支撑分析。作为网络营销人员更应该了解关于构建与运行网站的投入与产出效益的分析。

二、结构规划

网站结构是为了向用户提供企业信息所采用的网站栏目设计、网页布局、网站导航等信息的表现形式等,主要考虑的是逻辑关系必须符合用户的逻辑思维并引导用户,即规划时应考虑用户最关注的是什么,先让用户了解什么内容,然后再了解什么内容。网站结构规划时还要有引导用户最终联系客服或者拿起电话的意识。

(一)营销型网站的主要功能

(1)在线宣传。通过网站宣传企业文化、经营理念、成功案例、客户正面评论等信息,这是企业利用网络媒体开展业务的出发点。

(2)产品和服务项目展示。综合利用图片、动画、流媒体全面展示产品和服务的特色,及时更新产品信息,让客户最快了解企业最新的产品信息,全面了解产品功能。

(3)产品和服务订购。营销型网站可以实现用户24小时随时在线磋商、订购产品的功能。

(4)客户服务与管理。完成注册用户的管理,并可通过调查表,留言本,论坛,客服在线QQ,400、800全国免费电话,网站洽谈等功能,适时接受用户的反馈,倾听用户的意见,并提供及时的技术支持和服务。

(5)网上支付。支持用户在线支付完成产品和服务的购买。

(6)物流配送安排及网上查询。通过此功能可以使已购买产品的用户随时查询了解自己购买的产品正处在物流的哪一个环节。

(7)与企业内部业务信息系统的集成。可以使企业能够及时接收、处理、传递在线用户的购买及相关信息。

(二)网站布局设计

设置版面布局就像编辑传统的报纸杂志,要将网页看作是一张报纸、一本杂志来进行排版布局。由于每个浏览者设置的显示器分辨率不同,有640×480dpi、800×600dpi或者1024×768dpi等,所以网站布局设计就是以最适合浏览的方式将图片和文字摆放在页面的不同位置。

常见的网站布局有"T"形布局、"口"形布局、"三"形布局、对称对比布局、海报布局。

(1)"T"形布局。"T"形布局是指页面顶部为横条网站标志加上广告条,下方左侧为主菜单,右侧显示内容。因为菜单条整体背景较深,整体效果似字母"T",所以叫作"T"形布局,如图6-9所示。"T"形布局是网页设计中最为常见的一种布局。页面结构清晰、主次分明,初学者容易掌握,但该布局显得呆板,如果色彩细节设计不好,很容易让人觉得乏味。

图6-9 "T"形布局网页

(2)"口"形布局。"口"形布局是指页面一般上下各有一个广告条,左侧是主菜单,右面是友情链接等,中间是主要内容,如图6-10所示。这种布局可充分利用版面,信息量大,是综合性网站常用的版式,但页面拥挤,不灵活。

图6-10 "口"形布局网页

(3)"三"形布局。这种布局的特点是页面上横向两条色块,将页面整体分割为四部分,色块中大多放置广告条,如图6-11所示。

网|络|营|销

图 6-11 "三"形布局网页

(4)对称对比布局。这是一种左右或者上下对称的布局,一半深色,一半浅色,一般用于设计类网站,如图 6-12、图 6-13、图 6-14 所示。

(5)海报布局。这种页面布局就像一张宣传海报,以一张精美图片作为页面的设计中心,常用于时尚类网站,如图 6-15 所示。

图 6-12 一半深一半浅左右对称对比布局

图 6-13 左右对称对比布局

图 6-14 上下左右对称对比布局

图 6-15 海报布局

(三)网站导航

网站的导航设计起着链接网站各个页面的作用。一个成功的营销型网站,需要一个向导,能带领网站的浏览者穿梭于网站的各个页面之间。

(1)导航栏。为了帮助浏览者了解网站中的内容,在网站中快速找到所需要的信息,一般需要为主要内容创建一个链接,并将它放置到页面的顶部、底部或左侧,这就叫导航栏,如图6-16所示。

图6-16 导航栏

(2)下拉菜单式导航。这种导航是将鼠标移到菜单上时,显示该菜单项的所有内容,当鼠标移开后则隐藏起来,如图6-17所示。

(3)分类导航。为了方便浏览者快速访问到常用的网页功能,通常将导航设计成分类列表形式,图6-18是当当网的分类导航。

图6-17 下拉菜单式导航

图6-18 用分类列表导航

(4)图像或者小动画导航。这是一种能够体现设计者个性和风格的导航方式,其目的是给浏览者比较新颖的感觉,吸引更多的浏览者,如图6-19所示。

(5)网站创意导航。各企业根据所经销商品的特点及所面对的不同目标客户群体,创造性地设计网站导航的风格与特色,既给人耳目一新的感觉,又能拉近与目标受众群体的心理距离,见图6-20和图6-21。

图6-19 用图像或者小动画来导航

图6-20 "青蛙王子"网站的创意导航

图6-21 蒙牛网站的创意导航

三、视觉布局

在进行视觉布局时,需要先确定网站的基本色和辅助色,然后根据网站结构图画出首页 DEMO("demonstration"的缩写,译为"原型")框架图和所有内页 DEMO 框架。规划网站框架时要综合考虑首页、内页还有网站后台功能等。

(一)网站的风格与形象设计

每天互联网中都有若干网站发布,如果没有与众不同的个性化视觉设计,一个网站即使在其他方面考虑得都很周全,也不会吸引很多浏览者去关注。对企业营销网站来说,提高页面设计的美感和实用性、呈现与众不同的风格和创意是非常重要的。

风格体现了站点的整体形象给浏览者的综合感受。企业网站整体形象包括站点的企业形象识别(corporate identity,CI)设计(标志、色彩、字体、标语)、版面布局、浏览方式、交互性、文字、语气、内容价值、存在意义、站点荣誉等诸多因素。例如,网易是平易近人的、迪斯尼是生动活泼的、IBM 是专业严肃的,这些都是网站给人们留下的不同感受。网站的主题风格是在页面设计之前必须要解决的首要问题,首先找出最能体现网站风格的材料,并作为网站的特色加以重点强化、宣传。具体的做法没有固定模式,这里仅提供一些参考。

(1)网站的徽标尽可能地出现在每个页面上,如页眉、页脚、背景。

(2)突出网站的标准色彩。"标准色彩"是能体现网站形象和延伸内涵的色彩。例如 IBM 的深蓝色,Windows 视窗标志上的红、蓝、黄、绿色块等。一般网站的标准色彩给人以整体统一的感觉。文字的链接色彩、图片的主色彩、背景色、边框等尽量使用与标准色彩一致。一般来说,一个网站的标准色彩不超过三种。适合网页标准色彩的颜色一般有蓝色、黄/橙色、黑/灰/白色三大系列色。

(3)突出标准字体。在关键的标题、菜单、图片里使用统一的标准字体。一般网页默认的字体是宋体,企业可以根据需要选择一些能体现站点与众不同的特有风格的字体。在网页中应尽量使用标准字体,以免有的浏览器不能正常显示。

(4)设计一条朗朗上口的宣传标语。网站的宣传标语可以是网站的精神或网站的目标,可以用一句话或一个词来高度概括,比如雀巢的"味道好极了",飞利浦的"让我们做得更好",格力的"让世界爱上中国造"。把宣传标语放在广告条里,或者放在醒目的位置。

(5)使用统一的图片处理效果。在对图片进行效果处理时,要做到阴影效果的方向、厚度、模糊度等都必须一致。

(6)创造一个站点特有的符号与图标。这种符号和图标可依网站的特点或个人喜好,突出网站的个性。比如,可采用自己设计的花边、线条和图形等。

(7)展示网站的荣誉和成功的创意。网站风格的形成不是一次定位的,应该在实践中不断强化、调整和修饰。

(二)网站 CI 形象设计

所谓 CI,就是通过视觉统一企业的形象。现实生活中的 CI 策划比比皆是。例如,可口可乐公司及麦当劳等全球统一的标志、色彩和产品包装给人们的印象极为深刻。一个优秀的网站也需要整体的形象包装和设计。准确的、有创意的 CI 设计,对网站的宣传推广具有事半功倍的效果。

1.设计个性的网站标志

网站的标志如同企业商标一样,看见网站的标志就让人联想起网站。网站的标志可以是中文、英文,可以是符号、图案,也可以是动物或人物等,如腾讯、奔驰、新浪网的标志见图6-22。标志设计常用方法如下:

图6-22 腾讯、奔驰、新浪的标志

(1)网站有代表性的人物、动物、花草,可作为设计的蓝本,加以卡通化和艺术化。例如迪斯尼的米老鼠、搜狐的卡通狐狸、腾讯的卡通企鹅等。

(2)网站有专业性的,可以以本专业有代表的物品作为标志。比如奔驰汽车的方向盘标志。

(3)最常用和最简单的方式是用自己网站的英文名称作为标志。采用不同的字体、字母的变形和组合可以很容易设计出自己的标志。

2.确定网站的主色彩

网站给人的第一印象来自视觉冲击,不同的色彩搭配产生不同的效果,并可能影响到访问者的情绪。企业可以根据经营的特点、产品及服务等,确定营销型网站的主色调。如食品类的站点可以使用引起食欲的颜色,科技类的企业可以使用稳重的颜色等。

3.突出网站的标准字体

在标志、标题、主菜单的字体中体现网站的特点,可以根据企业和产品的特点选择一些特别字体。例如,为了体现专业可以使用粗仿宋体,体现设计精美可以用广告体,体现亲切随意可以用手写体等,儿童类的站点可以使用卡通体。

4.设计一条朗朗上口的宣传标语

把宣传标语放在网站的醒目位置,用于体现网站的特色。例如,英特尔(Inter)的"给你一个奔腾的芯"宣传语。

标志、色彩、字体和标语是一个网站树立CI形象的关键。设计并完成以上步骤,网站的整体形象会有一个较大的提高。

四、内容规划

网站结构只是提供了栏目,而真正的销售主要靠网站内容来打造,因此必须精心策划,认真撰写。

(一)网站内容设计的原则

营销型网站要通过网站各种营销职能的充分发挥,帮助企业实现营销工作。如何吸引更多的浏览者访问网站,并愿意在网站上购买产品,是内容设计时需要解决的问题。在网站内容设计时,应遵循以下原则。

1.信息要新颖、准确、精炼、专业、有特色

信息是网站最基本的构成,企业向浏览者传递的所有信息,都是通过网页实现的。信息内容要及时更新;语言要准确、简洁、精炼,使浏览者能够快速没有歧义地了解最新的讯息;内容的专业性,能吸引浏览者准确地找到符合要求的产品;网站的个性与特色,可引导浏览者有兴

趣点击并访问。

2.快速安全的访问

(1)提高浏览者的访问速度。如果设计者在制作网站页面时过多地使用设计技巧或者多媒体信息,容易导致浏览者因访问网页速度过慢而失去耐心,甚至中断或者不再访问该网站,这会直接影响网站的访问量。

(2)要有安全、运转良好的软硬件环境。为客户提供24小时的在线不间断服务,其前提就是网络通信设备、服务器等硬件要运行性能良好。否则,一旦运行异常或者中断,就可能会给正在交易的用户和企业双方带来经济以及信誉上的损失。

(3)遵循"三次点击"原则。网站上的任何信息都应该在最多三次点击之内获得,通常浏览者不会有足够的耐心逐级点击,需要点击太多最终会使浏览者放弃浏览网页。

3.实现交互功能,方便用户的访问和购买

(1)实现交互功能。一个好的网站页面应该界面友好,让用户感到其每一步操作都得到了适当的回应。采用留言簿、反馈表、在线论坛等交互方式,可以实现用户与网站的相互沟通,保持企业与客户的联系,获得更多的潜在客户。

(2)完善的检索能力。将信息合理分类,方便用户对网站所提供的各种信息进行检索,有助于用户快速、准确地找到想要的产品信息。

(3)方便用户购买。营销型网站一定要体现购物的便捷性。网站要尽可能地简化购买产品的操作,提供人性化、个性化的服务,使订购产品的流程简单、清晰、流畅。比如,是否随时可以中断订购流程,订单上是否有订单号以及产品名称和价格,针对不同的投递方式费用如何计算,是否能及时了解货物物流情况,是否可以选择多种支付方式,产品退货如何处理,能否实现交易安全性等。同时,网站应提供商品的细节描述及图片,激发用户的购买欲望。

(二)营销网站的页面设计原则

网站的页面设计是网站开发的重点,它直接影响网站的运转。设计网页时应遵循以下基本原则。

1.网页命名要简洁有规律

一个网站一般由首页面和许多子页面构成。为了便于管理网页,而且在搜索时,网页更容易被检索到,命名页面时最好选用一些有代表性、简洁易记、有规律的网页名称。

2.确保页面的导览性好

用户不会像网站开发人员那样了解网站,他们需要企业网站的支持,以便有很强的结构感和方位感。通常使用站点地图、关键字检索、返回到首页等方式,给用户一个清楚明白的导向。

3.首页设计要一目了然

首页作为网页文件的第一页,在整个网页文件中有举足轻重的作用。要能体现网页文件的总体概念,使人一目了然,而且应该集中下面各级链接,使用户可以迅速转入感兴趣的页面。设计应力求布局合理、美观大方,以吸引浏览者的注意力。例如世纪佳缘(如图6-23所示)作为婚恋中介网站,页面没有太多信息,简洁明快的注册页面,主题明确。

图 6-23 世纪佳缘网站页面

在首页上需要实现的主要内容和功能如下：
(1)首部：包括网站标志、广告条、网站宣传标语、用户登录与注册、导航和检索等。
(2)体部：具体栏目及友情链接等。
(3)尾部：关于网站的版权信息或者是网站联络信息。

知识链接   **阿里巴巴的首页设计**

阿里巴巴网站是国内电子商务市场的领头羊，其首页功能模块的设计值得我们学习。

4. 网页要易读

要规划文字与背景颜色的搭配方案。注意不要使背景的颜色冲淡了文字的视觉效果，也不应该用复杂的色彩组合使用户浏览网页时感到费劲。此外，网页的字体、文字的大小以及留白的大小也是需要考虑的因素。

5. 合理设计视觉效果

(1)整个页面风格要一致。网站上所有网页中的图像、文字、背景颜色、字体、标题等要统一风格。这样用户在浏览网页时会觉得舒服、顺畅，网站自然会给人留下深刻的印象。

(2)合理的网页结构和排版。要善用表格来布局网页，注意多用表格把网站内容的层次性和空间性突出展现出来，使人一眼就能看出网站的重点所在。

(3)页面长度要适中。长页面要比短页面的传输时间长，而且当阅读长页面的文本时，浏览者不得不使用滚动条，大多数人不喜欢使用滚动条观看屏幕显示范围以外的信息。

6. 提高页面下载速度

下载速度慢往往会使浏览者失去耐心，在页面还未全部显示出来时就可能放弃浏览。能正常下载页面的情况下，应尽量提高页面的下载速度。具体可以以下几方面考虑：

(1)不宜使用太多的动画和静态图片。
(2)Java 程序少用为宜。
(3)尽量使用相对超级链接。使用相对超级链接制作的网页可移植性比较强，把一组文件移到另一个地方时,相对路径名仍然有效,而不需要重新修改链接的目标地址。

(4)尽量少用背景音乐。使用背景音乐会降低网页下载到客户端的速度。如果一定要加入背景音乐,最好选用 MIDI 格式,而不用 WAV 格式。

五、搜索优化

这里说的搜索优化包括两部分:一是搜索引擎优化的关键字策略规划;二是网站搜索引擎优化的一些功能。常见的网站需具备的搜索引擎优化功能包括以下几种:

(1)动态页面伪静态化:迅速收录,迅速优化;
(2)Meta 标签自设定:后台自己添加修改 Meta 标签,动态管理;
(3)关键字自动互链:大量增加网站的关键字链接数,迅速提升排名;
(4)网页结构优化:网站导航采用文字并且采用静态链接;
(5)智能友情链接:自行在后台方便地添加和管理网站的友情链接;
(6)智能网站地图:网站完全自动生成网站地图;
(7)文件目录结构优化:网站文件目录结构及文件命名根据搜索引擎优化原则设立;
(8)Tag 标签自设定:方便搜索引擎爬行全站,快速提升收录;
(9)RSS 订阅、分享功能:为网站外部链接优化提供便利,能迅速增加大规模的外链。

六、后台规划

服务器或者空间的安全、访问速度,以及程序安全稳定、不出错等因素是网站实现成交的基础支撑。而满足功能需求的后台、简洁方便的操作界面是网站运营维护的必要条件。数据监测分析软件是网站提升运营质量的关键环节。

七、销售沟通

沟通是企业与顾客建立联系的重要方式,也是能否实现销售的关键步骤。良好的沟通是顺利开展营销工作的基础。在营销型网站中,解决销售沟通问题,不仅仅是提供客服的联系方式,而是要规划好客服环节和人员配备。比如,可以按照营销活动的交易过程,分别安排售前客服、售中客服、售后客服。在人员配备上,每位客服人员都要对整个交易过程的客服工作有全面的了解,不管是在哪一个岗位,对顾客提出的各种有关企业、产品、服务等问题都能够给出较专业的回答。不能对来访的顾客所提的问题随便用"不知道",或者是"请向别的客服人员咨询"等回答简单应付。

八、开发控制和测试

一般来说采用 DIV+CSS 的方式开发前端符合搜索引擎优化规律,而后台开发建议还是手写开发,不要使用网络开发系统。因为网络开发系统一般功能众多、系统庞大,而其实企业网站根本就用不上那么多功能。

当网站设计制作完成后,在整个站点正式发布之前,需要对网站进行全面的测试,包括速度、兼容性、交互性、链接准确性等,发现问题及时解决,最终形成正式网站。最后通过文件传输协议(file transfer protocol,FTP)软件将所有网站文件从测试服务器传到正式服务器中,网站就正式对外发布了。

任务三　营销型网站的诊断与推广

一、营销型网站的评价与诊断

根据对网络营销企业的研究与分析,发现大部分企业的网络营销问题都与网站专业水平不高有很大关系。网站评价与网站诊断为发现网站的问题、修订网络营销策略提供了依据,因此,网站评价与诊断在网络营销应用中的地位显得越来越重要。

(一)网站专业性评价对网络营销的价值

网站专业性评价不仅是对企业网站建设水平的检验,也是将网站综合分析结果作为网络营销策略升级的依据。专业的网站评价分析可发挥多方面的作用,具体表现如下:

(1)全面的网站评价与诊断有利于及时了解网站的问题,帮助企业少走弯路,降低贻误时机可能造成的损失;

(2)网站的功能、结构、内容要素等决定了哪些推广策略更有效,网站专业评价为制订有效的网站推广策略提供决策依据;

(3)网站专业性评价可获得专业网络营销人士的分析建议,对有效开展网络营销工作具有指导意义;

(4)网站专业性评价结果为改善网站基本要素的表现以及网站升级再造提供参考;

(5)了解网站的专业性与主要竞争者之间的优势和差距,采用第三方中立的网站评价更有公正性;

(6)综合性网站诊断评价报告是检验网站前期策划以及网站建设专业水平的依据之一。

(二)网站专业性评价的时机

在网络营销的哪个阶段进行网站专业性评价最理想呢?通常,可将网站专业性诊断评价的时机分为两种情况:一种是在网站建设完成正式发布前进行评价;另一种是在网站经营到某个阶段后根据网络营销策略的需要进行评价。在网站正式发布前进行专业性诊断评价,可及时发现网站在建设方面是否存在重大缺陷,使网站正式投入运营后少走弯路。随着网络营销应用的深入,对企业网站功能、内容、服务等方面的要求也会越来越高,并且企业竞争者的网络营销水平也可能不断提高,这就对企业网站的专业性提出了更高的要求。所以,在网站运营中,企业根据网络营销策略和需要适时地对网站进行调整,这是非常重要的。

(三)网络营销效果综合评价体系

网络营销效果综合评价,不仅是对一个时期网络营销活动的总结,也是制订下一个阶段网络营销策略的依据。通过各种专业的评价和分析数据,可以及时发现网络营销应用中的问题,为提高下一阶段的网络营销效果提供决策依据。目前,将网络营销效果的评价体系分解为四个方面的内容。

1.网站建设专业性的评价

通过对网站结构、网站内容、服务、功能可信度等基本要素进行综合评价,可反映一个网站在某一阶段是否具有明确的网络营销导向,以及网站基本要素中存在哪些影响网络营销效果的因素。

2.有关网站推广效果的评价

网站推广效果的评价指标包括网站被主流搜索引擎收录和排名状况、获取其他网络链接的数量和质量、网站访问量和注册用户数量等。

3.网站访问量指标的评价

通常所说的网站流量是指网站的访问量,是用来描述访问一个网站的用户数量以及用户所浏览的网页数量等指标。常用的统计指标包括网站在一定统计周期内(每天、每周、每月)的独立用户数量、总用户数量(含重复访问者)、网页浏览数量、每个用户的页面浏览数量和用户在网站的平均停留时间等。

4.各种网络营销活动反应率的评价

在实际的网络营销中,有些活动的效果并不表现为访问量的增加,但确实达到了销售促进的效果,因此便无法用网站的访问量进行评价。比如,企业开展促销活动,通过电子邮件发送优惠券,用户直接下载后就可以直接在传统商场消费使用,无须登录网站,这时网络促销活动的效果对网站流量就不会产生明显的增加,只能用该活动的反应率指标来评价,如优惠券的下载数量、在商场兑现的数量等。

二、营销型网站的推广

营销网站的推广目的在于让尽可能多的潜在用户了解并访问网站,利用网站实现向用户传递营销信息的目的,用户通过网站获得有关产品和公司的信息,为最终形成购买决策提供支持。对中小型营销网站,由于用户了解企业的渠道比较少,因此,网站推广的效果在很大程度上也就决定了网络营销的最终效果,其在网络营销中的重要性可见一斑。

通过企业的网站进行宣传,具有成本低和针对性强等特点。根据长时间的探索与实践,公认的主要推广方式如下:

1.利用搜索引擎推广

据统计,在国内用户得知新网站的最主要途径中,搜索引擎占到70%以上,高居所有宣传推广途径之首。因此,加注搜索引擎已成为企业推广网站的重要方式。通过在搜索引擎上进行有效的加注,网站就有更多的机会被广大的潜在用户访问到。搜索引擎的加注是上网企业获得成功的必由之路,它将带来直接的在线商业机会。

2.利用网络广告推广

网络广告也是宣传营销网站的重要手段之一。它不但有助于树立营销型网站的品牌形象,还能吸引目标客户访问相关宣传页面。比如,网络横幅 CPM(cost per mille)广告、竞价 CPC(cost per click)广告或者联盟的 CPS(cost per sales)广告推广等。

3.利用电子邮件推广

电子邮件是一种公认的高效率、低成本的网站宣传手段,然而如果不了解 E-mail 宣传的规则,往往会得到事与愿违的结果,甚至遭到收件人的强烈抗议。如果想有效地发挥 E-mail 宣传网站的功能,要注意以下几点。

(1)不滥发电子邮件。使用电子邮件作为宣传工具,只能发给事先经过许可的人。

(2)邮件要有主题,且主题必须明确。电子邮件的主题是收件人最早看到的信息,邮件内容是否能引人注意,主题起着相当重要的作用。邮件主题应言简意赅,以便收件人决定是否继续阅读邮件内容。

(3)不要隐藏发件人姓名。

(4)邮件内容不要复杂。
(5)发送频率不要过高,同样内容的邮件,每个月发送 2～3 次为宜。
(6)及时回复邮件。

4. 利用电子公告板推广

目前很多知名的网站都已经建立专用电子公告板(bulletin board system,BBS)。网民可以参与热衷话题的讨论,并通过 E-mail 或直接在同一网页上进行在线交流。参与者可以用不同的身份参与讨论,达到人们对其话题感兴趣以至受到影响的目的。利用 BBS 推广是一种很有效的网站推广方式。

5. 利用交换链接推广

交换链接也称互惠链接、互换链接、友情链接等,是具有一定互补优势的网站之间的简单合作形式,即分别在自己的网站上放置对方网站的标志或网站名称,并设置对方网站的超级链接,使得用户可以从合作网站中发现自己的网站,达到互相推广的目的。交换链接有助于获得访问量、增加用户浏览时的印象、在搜索引擎排名中增加优势、通过合作网站的推荐增加访问者的可信度等。交换链接主要有以下三种形式:

(1)栏目内容合作。创造一些网站都需要的有价值的内容,主动与可能会感兴趣的网站联系。

(2)品牌站点借力。hao123 网站汇集了大量国内知名网站的网址,并进行了分类。这种形势是指这种与品牌站点协商互相链接实现网站推广是一种成熟的推广方法。

(3)多类型公司互联。这种形式是指与主题有相似之处而又非竞争对手的网站建立联盟。比如旅游行业客户联盟、航空客户联盟等。站点联盟中的相互链接比宣传个别站点的效果更好。

此外,还可通过在行业信息网站、B2B 电子商务平台、论坛、博客网站、社区等渠道发布信息进行网站推广;在电子书、免费软件、免费贺卡、免费游戏、聊天工具中进行病毒性推广;通过网络实名、通用网址以及其他具有类似功能的服务性网站进行推广;等等。需要注意的是,由于企业的经营服务或产品存在差异性,企业网站推广也应各有侧重。比如,生产工业型产品的企业,其客户一般是企业,因此适合在 B2B 网站和搜索引擎上进行推广;生产消费类产品的企业,以服务于消费者居多,更适合在 C2C 网站、微博、微信等新媒体推广。

项目小结

通过本项目的学习,读者应该能够了解营销型网站与普通网站的区别,能够按照营销型网站建设的原则,在企业顺利开展网络营销工作,建设理想的营销型网站;并能在网站的运行中对网站及时评价和诊断,使企业的网站始终处于高效运作状态;同时,能借鉴互联网技术和工具,对营销型网站进行大力宣传和推广,推动企业网络营销工作的开展。

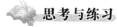

项目七 搜索引擎优化专员

学习目标

知识目标

了解搜索引擎的基本概念及其发展的主要阶段;熟悉搜索引擎营销的主要模式;掌握搜索引擎营销的目标层次和基本方法;了解搜索引擎优化的主要内容。

能力目标

能关注搜索引擎的发展并能分析搜索引擎的变化趋势;能利用搜索引擎营销的主要模式和基本方法进行组合;能进行搜索引擎优化。

对应岗位及要求

主要岗位

搜索引擎优化专员。

工作要求

熟悉各大搜索引擎蜘蛛爬行的规律、规则及原理,对搜索引擎优化有独到的认知和见解;根据公司战略发展要求,制订搜索引擎排名及优化的整体解决方案;监控和研究竞争对手及其他网站的做法,围绕优化提出合理的网站调整建议;通过第三方平台或网站进行流量、数据或服务交换,增加网站的流量和知名度;撰写搜索引擎优化操作文档,加强人员培训,有效地完成搜索引擎优化工作。

项目分析

项目概述

对任何一家网站来说,要想在网站推广中取得成功,必须综合运用搜索引擎优化、固定排名、关键词竞价排名、来电付费广告等模式。其中,搜索引擎优化在整个搜索引擎营销中占据着更为重要的位置。

本项目通过介绍搜索引擎营销的发展、模式、方法及核心策略等知识,指导搜索引擎优化专员进行具体的初级实践操作,但是高层次的搜索引擎优化和效果的监控,还需要借助于专业软件的应用,以及对行业情况的深入了解。

案例导读 富安娜家居诉罗莱家纺网络营销侵权,家纺业渠道战升级

富安娜家居用品股份有限公司(以下简称富安娜家居)媒介公关经理认为,2009年9月至10月期间,上海罗莱家用纺织品有限公司(以下简称罗莱家纺)在其网站推广过程中,利用谷

歌竞价排名,将富安娜家居的搜索链接指向罗莱家纺的电子商务网站。富安娜家居认为,罗莱家纺侵犯了其商标专利权。

江苏南通是中国四大纺织品集散中心之一,是"四件套"的最大生产基地。罗莱家纺就是从南通发家,最终成为中国家纺业的上市第一股。

但2009年,棉纱价格飞涨一个月就会上涨两三千元。家纺业进入了微利时代,而寻求渠道创新成为缓解高压的重要方式。

一直以来,商场和专卖店是家纺业的主流渠道,但是家纺业也在向更多的渠道开始试水。其中,电子商务这一新兴渠道很被看好。罗莱家纺不仅在淘宝上开设了旗舰店,还成立了专门的电子商务网站,如图7-1所示。罗莱家纺不惜重金将该网站建设及运营外包,一度被业内称道。

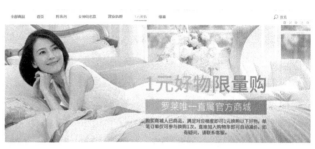

图7-1 罗莱家纺网站页面

罗莱家纺以加盟店为主,直营店的贡献比例一直很低。在传统渠道中,罗莱家纺有不敌富安娜家居(其首页如图7-2所示)的迹象。据悉,罗莱家纺2009年网络销售额在2000万元左右。这个业绩在罗莱家纺2009年11.45亿的销售收入中虽显得微不足道,但富安娜家居认为,其中一部分还是罗莱家纺使用了非法手段进行网络推广才得来的。2009年9月,消费者向富安娜家居投诉,称在谷歌上搜索"富安娜",看到罗莱家纺以"买富安娜到LOVO"(罗莱家纺的旗下品牌)的名义推广其网站。富安娜家居通过中国家纺协会向罗莱家纺提出交涉,罗莱家纺随即作出了改正。而这样的问题在同年10月再次出现,交涉后罗莱家纺又撤下了虚假宣传。但同年11月份,罗莱第三次虚假推广其网站。

图7-2 富安娜家居网站首页

2010年,南通的家纺产品在淘宝网、拍拍网等大量上线。但多数企业仅仅将网络渠道作为商场和专卖店的一种补充,把网络当成另一个"批发渠道",更多的是在打价格战。

据悉,利用竞争对手的关键字进行网络推广已经成了业内不宣的秘密。很多专门制作电子商务网站的企业,通过搜索引擎优化可以不通过购买搜索引擎的"关键字"也一样可以盗用关键字。相对于购买搜索服务提供商的关键字的做法,搜索引擎优化则更加隐蔽,防不胜防。

(资料来源:http://finance.ifeng.com/news/industry/20100903/2586733.shtml. 有修改。)

总结与分析:从这个案例可以看出,常规竞争越来越激烈,品牌网络化竞争必然会影响到关键字的排名,是否能吸引更多的消费者点击产生大量的流量,这是品牌推广和提升销量的一个关键,也是搜索引擎营销的实质。在这当中搜索引擎优化已经包括了购买关键字的排名、登录参与固定排名,或者付费搜索引擎广告。同时,企业也要防范竞争对手利用不法手段盗用关键字,盗用链接。每个品牌都想尽办法将其网站在搜索引擎排名中提前名次,这提示更多的合法经营中小企业以及正在树立品牌的网络商家更应该注重搜索引擎优化。

任务分析

任务一 搜索引擎营销的发展阶段

有人认为搜索引擎就是百度,就是谷歌,就是雅虎,包括微软的必应在内。如果非要给搜索引擎一个定义,有的网站对其的定义为:所谓的搜索引擎(search engines)是一些能够主动搜索信息,并将其自动索引的 Web 网站,其索引内容储存在可供检索的大型数据库中,建立索引和目录服务。可见,搜索引擎是一个提供信息"检索"服务的网站,它使用某些程序把互联网上的所有信息归类,帮助人们在茫茫"网海"中搜寻到所需要的信息。

搜索引擎由搜索器、索引器、检索器和用户接口四个部分组成。搜索器的功能是在互联网中漫游,发现和搜集信息。索引器的功能是理解搜索器所搜索的信息,从中抽取出索引项,用于表示文档以及生成文档库的索引表。检索器的功能是根据用户的查询在索引库中快速检索出文档,进行文档与查询的相关度评价,对将要输出的结果进行排序,并实现某种用户相关性的反馈。用户接口的作用是输入用户查询、显示查询结果、提供用户相关性反馈机制。

如今各类搜索引擎陆续出现,例如专业的视频搜索、语音搜索、文档搜索、知识搜索、招聘搜索、地图搜索、酒店搜索、商品搜索、盲人搜索等,应有尽有。

搜索引擎的发展主要有以下几个阶段:

1.第一阶段(1994—1997 年)

这一阶段是将网站免费提交到主要搜索引擎,其代表为雅虎。

1994 年,雅虎等分类目录型搜索引擎相继诞生,搜索引擎表现出网络营销价值,搜索引擎营销的思想开始出现。

1995 年,将网站自动提交到搜索引擎的软件诞生,搜索引擎营销开始"智能化",此后不久,许多搜索引擎开始拒绝自动登录软件提交的信息。

1995—1996 年,基于网页 HTML 代码中 Meta 标签检索的搜索引擎技术诞生。利用 Meta 标签改善在搜索引擎中排名的技术,很快成为搜索引擎营销的重要内容。这也是搜索引擎优化方法的萌芽。

1997 年,搜索引擎优化与排名自动检测软件问世,网络营销人员可以据此制订针对性的搜索引擎营销策略。

2.第二阶段(1998—2000 年)

在这一阶段,技术型搜索引擎的崛起引发了搜索引擎优化策略,其代表为谷歌。

1998 年,"搜索引擎算法"开始关注网站外部链接,诞生了"网站链接广度"(link popularity)概念。

2000 年,出现按点击付费(pay per click)的搜索引擎关键词广告模式,搜索引擎广告诞生。

3.第三阶段(2001—2003 年)

在这一阶段,搜索引擎营销从免费向付费模式转变,其代表为搜狐。

2001 年,搜狐等部分中文分类目录开始对网站进行收费登录,网站登录每年要交纳数百元到数千元不等的费用,付费搜索引擎营销开始走向主流。

2002年下半年,在网络广告市场最低潮中,搜索引擎关键词广告市场增长强劲,占2002年网络广告市场的15%,搜索引擎带动了整个网络经济复苏。

2003年,出现了基于内容定位的搜索引擎广告。

4.第四阶段(2004年以后)

在这一阶段,搜索引擎优化被高度重视,关键词广告爆发式增长,其代表为谷歌广告联盟(Google Adsense)。

2004年,搜索引擎全面引领互联网经济潮流,搜索引擎营销的价值被企业普遍接受。

2005年,多家搜索引擎争夺中国网络营销服务市场。从2005年开始,垃圾搜索引擎泛滥,严重破坏了搜索引擎营销市场秩序,引起主流搜索引擎大规模清理。

2006年,微软"MSN search"改为"Live search",搜索引擎领域中谷歌仍然占据主导。

2007年,谷歌开始提供类似网站联盟的按照转化付费的广告形式。

2009年,微软的"Live search"改名为"Bing"(必应);7月,微软与雅虎达成协议,雅虎将逐步放弃自己的搜索技术,使用必应数据。

2010年8月,雅虎开始使用微软必应数据,雅虎时代正式结束。

2015年第四季度,在未含渠道收入的中国搜索引擎运营商市场收入份额中,百度占到80.30%,谷歌中国为10.42%,搜狗为5.96%,其他为3.32%。

2017年第二季度,中国搜索引擎运营商市场规模为235.7亿元人民币,在未含渠道收入的中国搜索引擎运营商市场收入份额中,百度占80.74%,谷歌中国为10.10%,搜狗为6.14%,其他为3.02%。

随着政策影响逐渐消退,搜索引擎市场开始回归常态增长,在受众向移动端迁移深化的情况下,搜索引擎市场将继续受到挤压,搜索引擎厂商已经到了转型升级的关键时期。虽然App时代,移动互联网碎片化、去中心化的架构影响了搜索的入口价值,但目前每天仍有数十亿的搜索请求来自移动端,搜索引擎营销的重要性依然突出。随着搜索厂商对AI(artificial intelligence)技术的持续开发,搜索向智能问答的升级,新型营销形式、营销策略将不断涌现,未来搜索引擎市场仍然值得广告主重点关注。

知识链接　　　　　　　**搜索引擎的工作原理**

搜索引擎可分为全文索引、目录索引、元搜索、垂直搜索、集合式搜索、门户搜索、免费链接等。大家可能会好奇,搜索引擎是如何从浩瀚的信息中,根据用户的习惯,将相关信息呈现出来的呢?人们常说的"蜘蛛"又起到什么作用呢?请扫描二维码了解详情吧!

任务二　搜索引擎营销的目标层次

搜索引擎在网络营销中一直处于举足轻重的地位,从早期的分类目录登录,到搜索引擎优化、搜索引擎关键词广告等,搜索引擎都是网站推广中必不可少的互联网工具。当前,搜索引擎仍然是网站获得用户的最主要渠道之一。

一、搜索引擎营销的含义

搜索引擎营销(search engine marketing,SEM),就是根据用户使用搜索引擎的方式,利用用户检索信息的机会,尽可能将营销信息传递给目标用户。简单来说,搜索引擎营销就是基于搜索引擎平台的网络营销,利用人们对搜索引擎的依赖和使用习惯,在人们检索信息的时候将信息传递给目标用户。搜索引擎营销的基本思想是让用户发现信息,并通过点击进入网页,进一步了解所需要的信息。企业通过搜索引擎付费推广,让用户可以直接与企业客服人员进行交流,实现交易。

二、用户的搜索流程

一个典型的用户搜索流程如下:选择搜索引擎;设定关键词或者关键词组合进行检索;对搜索结果进行筛选并点击符合期望的信息;进入信息源网站获得详细的信息。如果用户获得满意的结果,该搜索结束;如果用户对获得的结果不满意,则更换关键词重新搜索。如果还是不能获得适合的信息,则可能放弃或更换其他搜索引擎重复上述的搜索行为。用户在完成搜索、筛选、点击等基本信息获取行为后,对获取的信息是否达到预期结果,需要作出判断。用户通过搜索引擎获取信息的过程如图7-3所示。

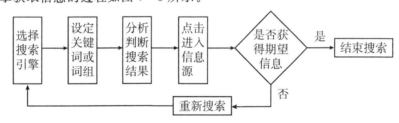

图7-3 用户通过搜索引擎获取信息的过程

三、搜索引擎营销的基本过程

从企业利用搜索引擎传递信息以及用户搜索行为的整个过程,可以发现搜索引擎营销得以实现主要经过了以下过程。

(1)企业将信息发布在网站上成为以网页或开放式文档存在的信息源;
(2)搜索引擎将网站/网页信息收录到索引数据库;
(3)用户利用关键词进行检索(对分类目录进行逐级目录查询);
(4)在检索结果中罗列相关的网页索引信息及其链接URL;
(5)根据用户对检索结果的判断选择有兴趣的信息并点击URL进入信息源所在的网页。

这样便完成了企业从发布信息到用户获取信息的整个过程,这个过程也体现了搜索引擎营销的基本原理。图7-4为搜索引擎营销信息传递的过程。

图7-4 搜索引擎营销的信息传递过程

四、搜索引擎营销的内容

根据搜索引擎营销的原理,可以得知搜索引擎营销的基本内容主要包括以下五个方面。

1.构建适合搜索引擎检索的信息源

这里有两层含义:一是有信息源;二是信息源适合被搜索引擎检索。信息源可以是企业内部信息源,如企业官方网站;也可以是企业外部信息源,如来自第三方平台的信息。有了信息源,才有机会被搜索引擎检索到,所以建立企业网站是企业开展网络营销的基础。同时,信息源要适合被搜索引擎检索,也就是信息源至少被搜索引擎收录。因此,构建信息源时,就需要考虑不同搜索引擎的特点。为了便于用户检索到更多信息,企业网站不仅要考虑搜索引擎的要求,也应考虑用户的需要,这是对以营销为导向的企业网站的要求。由此,可以发现网站优化不仅仅是搜索引擎优化,而且要包含对用户、对搜索引擎、对网站管理维护的优化。

2.创造网站和网页被搜索引擎收录的机会

网站建设完成并发布到互联网上,并不意味着网站就可以达到搜索引擎营销的目的。不论网站设计多么精美,如果不能被搜索引擎收录,用户便无法发现这些信息,当然也就不能实现网络营销传递信息的目的。因此,让尽可能多的网页被搜索引擎收录是网络营销的基本任务之一,也是搜索引擎营销的基本步骤。

3.让网站信息在搜索结果中位置靠前

网站和网页仅仅被搜索引擎收录还不够,还必须让企业信息出现在搜索结果中靠前的位置,这就是搜索引擎优化所期望的结果。如果企业信息出现的位置靠后,那么被用户发现的机会将大大降低,搜索引擎营销的效果也就无法保证。

企业信息源位置靠前的方法很多,有免费的方法,如搜索引擎优化,也有付费的方法,如竞价排名等,企业可以根据网络营销战略,设计适合的搜索引擎营销策略。

4.以搜索结果中有限的信息获得用户关注

通过对搜索引擎搜索结果的观察,可以发现并非所有的搜索结果都含有有效信息,用户通常并不能点击浏览检索结果中的所有信息,而是对搜索结果进行判断,从中筛选一些相关性最强的信息进行点击,进入相应网页后,再获得更完整的信息。这就需要在内容设计时,适应搜索引擎的收集信息方式,并在有限的展示空间中提供用户感兴趣的信息。相关的主要元素包括网页标题、关键词、网页摘要信息、网页 URL 等。在设计企业信息源时,要保证每个独立的页面有独立的网页标题、网页摘要信息和网页内容相关的 URL。

5.为用户获取信息提供方便

企业营销的最终目的是将浏览者转化为顾客,用户点击检索结果进入网站,并不意味着已经成为购买者,最终是否能够购买还要取决于产品本身的质量、价格等因素。此时,搜索引擎营销与网站信息发布、顾客服务、网站流量统计分析、在线销售等网络营销工作密切相关。因此,应对浏览者感兴趣的信息进行深入研究,在为用户获取信息提供方便的同时,与用户建立联系,使其成为产品或服务的潜在顾客,或直接购买产品。

五、搜索引擎营销的目标层次

搜索引擎营销可以分解为不同的层次,每个层次有相应的目标。从初级的被搜索引擎检索到最高层次将浏览者转化为真正的顾客,搜索引擎营销的目标依次提高。图 7-5 描述了搜索引擎营销的目标层次结构,从图中可以看出,搜索引擎营销有四个层次,即存在层、表现层、关注层、转化层。

1. 存在层

存在层的目标是在主要的搜索引擎/分类目录中获得被收录的机会,这也是搜索引擎营销的基础。离开这个层次,搜索引擎营销的其他目标也就不可能实现。搜索引擎登录包括免费登录、付费登录、搜索引擎关键词广告等形式。存在层的意义就是让网站中尽可能多的网页获得被搜索引擎收录(而不仅仅是网站首页),也就是为提高网页的搜索引擎可见性。

2. 表现层

表现层的目标是在被搜索引擎收录的基础上尽可能获得好的排名,即在搜索结果中有良好的表现。因为用户关心的只是搜索结果中靠前的少量内容,如果利用主要的关键词检索时,网站在搜索结果中的排名靠后,那么还有必要利用关键词

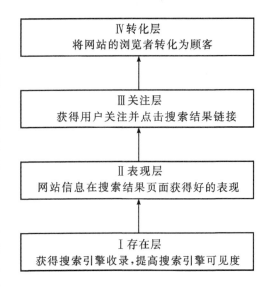

图 7-5 搜索引擎营销的目标层次示意图

广告、竞价广告等形式作为补充手段来实现这一目标。同样,如果在分类目录中的位置不理想,则需要同时考虑在分类目录中利用付费等方式获得排名靠前。

3. 关注层

关注层直接表现在网站访问量指标方面,也就是通过搜索结果点击率的增加来达到提高网站访问量的目的。由于只有受到用户关注,经过用户选择后的信息才可能被点击。从搜索引擎的实际情况来看,仅仅做到被搜索引擎收录并且在搜索结果中排名靠前是不够的,这样并不一定能增加用户的点击率,更不能保证将访问者转化为顾客。要通过搜索引擎营销实现访问量增加的目标,则需要从整体上进行网站优化设计,并充分利用关键词广告等有价值的搜索引擎营销专业服务。

4. 转化层

转化层是搜索引擎营销的最高目标,将网站的访问者转化为真正的顾客,即通过访问量的增加转化为企业最终实现收益。转化层是前面三个目标层次的进一步提升,是各种搜索引擎方法所实现效果的集中体现,但并不是搜索引擎营销的直接效果。从各种搜索引擎策略到产生收益,其效果表现为网站访问量的增加,网站的收益是由访问量转化所形成的,从访问量转化为收益则是由网站的功能、服务、产品等多种因素共同作用而决定的。因此,第四个目标在搜索引擎营销中属于战略层次的目标。其他三个层次的目标则属于策略范畴,具有可操作性和可控制性的特征,实现这些基本目标是搜索引擎营销的主要任务。

搜索引擎推广追求最高的性价比,以最小的投入获得最大的来自搜索引擎的访问量,并产生商业价值。用户在检索信息所使用的关键字反映出用户对该问题(产品)的关注,这种关注是搜索引擎之所以被应用于网络营销的根本原因。

任务三　搜索引擎营销的主要模式

自从搜索引擎成为互联网信息的检索工具开始,搜索引擎的营销价值就产生了。随着搜索引擎技术的不断发展,搜索引擎的营销模式也随之发展,并经历了从登录分类目录、搜索引擎自然检索、搜索引擎关键词广告及广告联盟等阶段。企业常用的搜索引擎营销模式主要有以下几种。

1. 登录分类目录

登录搜索引擎的方法比较简单,只需要按照搜索引擎的提示逐步填写完成即可,比较常用的搜索引擎登录有百度登录等。

通常,搜索引擎登录审核需要提供网站名称、网站地址、关键词、网站的描述和站长联系信息等。大部分的搜索引擎是需要人工审核的,管理员在收到用户提交的信息后会访问网站,判断用户提交的信息是否属实,选择的类别是否合理,并决定是否收录该网站。登录审核通过后,搜索引擎数据库更新时会显示收录信息。搜索引擎登录有免费登录和收费登录之分。

(1) 免费登录分类目录。免费登录分类目录是最传统的网站推广手段。目前多数重要的搜索引擎都已开始收费,只有少数搜索引擎可以免费登录。但网站访问量主要来源于少数几个重要的搜索引擎,即便登录多个低质量的搜索引擎,对网络营销的效果也没有太大的意义。搜索引擎的发展趋势表明,免费搜索引擎登录的方式将逐步退出网络营销舞台。

(2) 付费登录分类目录。付费登录分类目录与免费登录分类目录相似,只是当网站缴纳费用后才能获得被收录的资格。一些搜索引擎提供的固定排名服务,一般也是在收费登录的基础上展开的。此类搜索引擎营销与网站设计本身没有太大关系,主要取决于费用。因此,只要缴费一般都可以被登录。但与免费登录分类目录一样,付费登录搜索引擎的营销效果也正日益降低。

2. 搜索引擎优化

搜索引擎优化是用于提高网站自然搜索排名的一系列技术和方法,是指按照规范的方式,通过对网站栏目结构、网站内容、网站功能和服务、网页布局等网站基本要素的合理设计,提高网站对搜索引擎的友好性,使得网站中尽可能多的网页被搜索引擎收录,并且在搜索引擎中获得好的排名,从而通过搜索引擎的自然搜索获得尽可能多的潜在用户。

相对于其他几种搜索引擎营销手段,搜索引擎优化的技术性较强,其成本主要应用于聘请搜索营销顾问的费用。在美国,如果寻找搜索营销公司来帮助企业针对重要的关键词优化网页,收费通常从 5000~20000 美元不等;在我国要相对便宜一些,通常在几千元至几万元之间,根据代理公司所消耗的成本而定,如关键字分析、页面布局、代码调整、结构分析、标签分析、外部链接改善等。但是搜索引擎优化也为企业提供了独特的收益和价值。调查显示,搜索者对自然搜索结果具有更高的信任度,他们也就成为质量更高的搜索者,能够最大限度地实现网站的目标,从而带来更高的转化率。

3. 关键词广告

关键词就是用户输入搜索框中的文字,其形式多样,可以是中文、英文或中英文混合体,长度可以是一个字、两个字、三个字,甚至是一句话。按照搜索目的不同,关键词大致可以分为导航类关键词、交易关键词和信息类关键词。

关键词广告是当用户利用某一关键词进行检索时,在检索结果页面会出现与该关键词相关的广告内容的一种搜索引擎营销手段。由于关键词广告是在发生特定关键词检索时,才出现在搜索结果页面的显著位置,其针对性比较高,被认为是性价比较高的网络营销方式。近年来关键词已成为搜索引擎营销中发展最快的一种营销方式。

用户通过关键词在互联网搜索引擎中查找相关信息,这些相关信息能否被找到,与关键词的选择、使用分不开。搜索引擎公司通过分析用户使用关键字、词、句的内容以及种类、频率,可以直接分析用户的网上搜索行为,揭示用户对网上信息的兴趣所在。

关键词广告的形式比较简单,不需要复杂的广告设计过程,因此极大地增加了广告投放的效率。同时,较低的广告成本和门槛使得个人店铺、小企业也一样可以利用关键词广告推广。关键词广告通常采用点击付费计价模式,即广告主只为点击的广告付费。

关键词广告还有一种竞价排名的方式,就是将出价高的关键词排在前面,这为经济实力比较强而且希望排名靠前的网站提供了方便。关键词广告可以方便地进行管理,并随时查看流量统计。传统的搜索引擎优化中,缺乏关键词流量分析手段,并且不能准确统计所有访问者来自哪个搜索引擎,以及使用的关键词是什么;付费的关键词广告可以提供详尽的流量统计资料和方便的关键词管理功能,企业可以根据自身的营销策略更换关键词广告。

此外,基于网页内容定位的网络广告是关键词广告搜索引擎营销模式的进一步延伸,广告载体不仅可以是搜索结果的网页,也可以延伸到合作伙伴的网页。

任务四 搜索引擎优化的基本内容

搜索引擎优化是将一个对搜索引擎友好性不够好的网站,通过对网站一些要素的合理设计,改善其在搜索引擎检索结果中的表现,获得用户的关注和点击,并为用户提供有价值的信息。根据网站对搜索引擎友好的基本特征,网站对搜索引擎优化的内容可以归纳为以下几个方面。

一、关键词优化

在搜索引擎中检索信息都是通过输入关键词来实现的,这是整个网站登录过程中最基本,也是最重要的一步,也是网页优化的基础。但是,选择关键词并非一件容易的事情,需要考虑诸多因素,如关键词与网站内容的关联性、词语间组合排列的合理性、与搜索工具要求的符合度、与热门关键词的区分度等。

1. 关键词策略

根据潜在用户或目标用户在搜索引擎中找到网站时输入的语句,可以产生一系列关键词,这不仅是搜索引擎优化的核心,也是整个搜索引擎营销必须围绕的核心。研究关键词的重要性需要注意以下几个方面。

(1)确保目标关键词有人搜索。选择目标关键词时,用户常常会想到相关企业的名称或产品的名称,但当企业或网站没有品牌知名度时,没有用户会搜索企业的名称或网站名称。产品名称如果不包含产品的通用名称,也往往没有人搜索。即使使用行业最通用的名字,也不一定有足够的真实搜索次数。如"网络营销"这个词,百度指数显示该词每天被搜索几千次,其中不少是来源于相关关键词的搜索,比如网络营销方式、网络营销方案、网络营销实战宝典、网络营销培训等。可见,用户对同一关键词有不同的需求,这就影响了用户最终的点击。因此,就要学会判断该词的真实搜索次数。确定适当的关键词,就需要确认用户搜索次数达到事实上数量级,如果确定的是错误的选择方向,对网站的影响将是灾难性的。

(2)降低优化难度。寻找真实搜索量的关键词,并不意味着要把目标定在最热门、搜索次数最多的词上。虽然搜索新闻、租房、机票、旅游等词的用户很多,但对中小企业或网站站长来说,要把这些词做到前几位,难度非常高。因此在选择关键词时,要考虑被搜索次数较多,同时竞争不是很激烈的关键词。

(3)寻找有效流量。对搜索引擎营销来说,排名和流量都不是最终目的,有效流量带来的转化才是最终目标。假设网站提供电子商务解决方案及服务,将关键词定为"电子商务",一般来说也不是很好的选择。因为搜索"电子商务"的用户动机和目的是什么很难判定的。用户有可能是在寻找电子商务服务,也可能是寻找电子商务专业报考指导,也可能是寻找电子商务资格考试的内容等,这样就很难将提供电子商务解决方案的网站用户转化为付费客户。如果把核心关键词定为"镇江电子商务",针对性就强了很多,用户已经透露出一定的购买意向;再进一步,如果目标定为"镇江电子商务运营",而购买意向或者说商业价值就更高,几乎可以肯定,这个用户是在寻找本地专业的电商服务,这样的搜索用户来到相关网站转化为客户的可能性将大大提高。

(4)搜索多样性。搜索词并不限于容易想到的热门关键词。用户使用的搜索词五花八门,很多是站长所想不到的。

随着搜索经验越来越丰富,网民已经知道搜索很短的、一般性的词,往往找不到自己想要的内容,而搜索更具体的、更长的词效果会更好。做过网站的人都会从流量分析中发现,很多用户现在不仅搜索关键词,甚至还会搜索完整的句子。作为搜索引擎优化专员,不论从用户意图和商业价值来看还是从搜索词的长度来看,更为具体的、比较长的搜索词都有非常重要的意义。

(5)发现新机会。可以通过关键词工具的推荐,挖掘相关关键词、找到大量自己不会去搜索的词汇,但这些却是用户真正在搜索的词。找到具有共通性或者明显趋势的词,将这些关键词融入网站,甚至增加新栏目,是发掘新机会、扩展内容来源的有效方法之一。

2. 关键词的选择

关键词的选择应注意以下几点:

(1)内容相关,即目标关键词必须与网站内容具有相关性。

(2)搜索次数多、竞争小。最好的关键词是搜索次数最多、竞争程度最小的词。在同样投入的情况下,关键词效能高的词获得好排名的可能性较高,可以带来更多流量。

(3)商业价值。不同的关键词有不同的商业价值,就算长度相同,也会导致不同的转化率。比如检索鲜花花语、鲜花图片、鲜花价格、鲜花速递/鲜花配送等关键词,用户行为背后的意图大不相同,其商业价格也不同。

(4)地域性限制。部分关键词配合地名,尤其是线上和线下结合企业的关键词,如与鲜花这个关键词相关的有镇江鲜花、上海鲜花,与酒店这个关键词相关的有北京酒店、三亚酒店。

3. 确定核心关键词的方法

选择关键词的第一步是确定网站的核心关键词。网站的核心关键词通常是网站首页的目标关键词。一般网站会有大量的关键词,但是这些关键词都不能集中在首页上进行优化,而是要合理地分布在整个网站,形成金字塔形结构。

(1)头脑风暴。确定核心关键词的第一步,是列出与网站产品相关的尽量多的同时比较热门的搜索词,这可以通过头脑风暴列出待选词。建议在头脑风暴过程中提问以下几个问题:①你的网站能为用户解决什么问题;②用户遇到这些问题时,会搜索什么样的关键词;③如果你是用户,在寻找这些问题的答案时会怎么搜索;④用户在寻找你的产品时会搜索什么关键词。

(2)询问同事、朋友。询问自己的同事以及亲戚朋友在寻找某公司产品或服务时会搜索什么样的关键词。

(3)参考竞争对手。查看竞争对手首页的源文件,其网站的关键词也可以作为自己的待选词。

(4)选择关键词考虑的因素。①以流量作为目标,可以根据网站的相关性选择关键词,根据网站的权重选择关键词,采用"先易后难"的策略优化关键词。②以转化率作为目标,可以选择转化率高的关键词为主,但是注重转化率并不是为了流量,要注意地域性关键词的优化要点。

4.关键词工具

(1)搜索建议。在百度等搜索框中输入核心关键词时,搜索框会自动显示与此相关的搜索提示,如图7-6所示。

图7-6 百度搜索提示

(2)相关搜索。检索结果页面的最下面有搜索引擎给出的相关搜索。

(3)百度指数。百度指数是以百度网民行为数据为基础的数据分享平台,可以从中研究关键词搜索趋势、洞察网民的兴趣和需求、监测舆情动向、定位受众特征等。用户可以在这里通过百度指数分析关键词在百度中的搜索规模、涨跌态势以及相关的新闻趋势等,为企业选择关键词提供参考,如图7-7所示。

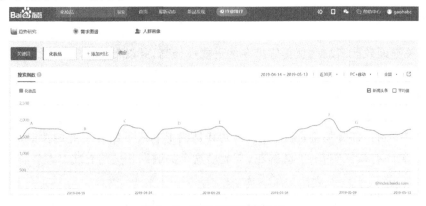

图7-7 百度指数搜索提示

(4)百度推广账户。百度推广后台的关键词推荐,与百度指数类似,但其功能却更为强大。如图7-8所示,可以从中了解展现理由、日均搜索量和竞争激烈程度等。这些参考数据对选择关键词有更好的辅助作用。

图7-8 百度营销(即百度商业中心官方推广平台)页面

5.固定排名

固定排名是指企业与搜索引擎供应商商定以一定价格将企业网站放置在固定位置的一种方式。这种方式使企业网站不必为了与竞争对手争夺排名而陷入非理性的关键词价格战泥潭,但同时它也存在不足,例如当市场上对某一关键词变成"冷门"时,企业却仍然要以"热门关键词"的固定高价去取得好的排名,就造成了企业资源的浪费。

6.关键词竞价排名

百度竞价排名,现在被称为百度推广的官方主页,如果搜索"搜索引擎推广"这个关键词,可以看到(如图7-9所示)的内容,前三条都是浅灰色背景而且下方没有URL,这就是百度商业排名通过付费安排在这里的内容,当然付费推广的还包括了右侧竖栏的推广链接。而正下方被推广的第二条,即"搜索引擎推广,首选百度"这就是百度自己的百度推广付费介绍的官方主页。

图7-9 百度搜索结果中推广的位置

关键词竞价排名的先后并不固定,根据企业出价的高低决定。随着搜索引擎技术的发展,全球搜索引擎巨头谷歌又提出了一种"混合竞价排名"的方法,即除了价格以外,还要看网站点击率的高低,这样就有效地避免了企业陷入高价格战的恶性循环。竞价排名是一种高度优化的资源配置方式,这种方式对企业的价值,体现在其对广告界的一句名言的改写,即"我的广告费有50%是浪费的,但是我不知道是哪50%"。当企业使用竞价排名以后,增强了广告的针对性,只要用户没有进入企业的网站,那么企业就不需要为这种推广付费,这有效地节约了广告投入中浪费的那50%。

在选择进行关键词竞价排名策略时,应注意以下两个问题:

(1) 合理选择关键词提高转化率。例如,旅游企业要根据搜索者的特点及搜索习惯,合理选择关键词。如有的导航型用户不知道艺龙网的确切名称,他会输入诸如"艺龙""E-long""elong"这些企业名称的错拼词,艺龙网可以针对导航型用户的这些特点选择关键词。当交易型用户需要进行交易时,他们的目的更明确,因此往往喜欢输入组合关键词来缩小搜索范围,如"打折机票上海至北京"。同时需要注意,关键词不要太"热门",比如对旅游企业,要想通过"旅游"这一关键词得到高的排名,所花费的费用比普通关键词要高几倍,甚至是几十倍。并且,这些热门关键词由于太过于宽泛,搜索这类词的客户目的并不明确,从而导致点击率高但转化率较低。

(2) 合理选择竞标管理工具。竞标管理工具能够自动调整付费、放置竞价并搜集点击和转化数据,为企业控制搜索引擎营销效果提供方便。选择竞标管理工具取决于企业使用的搜索引擎方式,当计划只使用一个付费放置引擎,如百度或者雅虎,或者付费搜索预算不多时,可以使用这些搜索引擎供应商提供的免费工具;当搜索引擎平台有多个或者有足够的付费搜索费用时,可以购买第三方的付费管理工具,它能够实现跨搜索引擎检测整个付费搜索过程。

二、网站栏目结构和导航系统优化

网站栏目结构与导航奠定了网站的基本框架,决定了用户是否可以通过网站方便地获取信息,也决定了搜索引擎是否可以顺利地为网站的每个网页建立索引,网站栏目结构被认为是网站优化的基础要素之一。合理的网站栏目结构,其实没有什么特别之处,无非是能正确表达网站的基本内容及其内容之间的层次关系,站在用户的角度考虑,使得用户在网站浏览时可以方便地获取信息,不至于迷失。做到这一点并不难,关键在于对网站结构的重要性有充分的认识。

知识链接 网站对多产品分页设计的方法

网站如何从用户角度设计网站结构,这是一个重要的问题。如果设计结构不合理,操作不方便,就会让用户失去搜索信息的兴趣而离开。

1.合理的网站栏目结构

具有扁平化结构的网站,更适合搜索引擎机器人爬行,从而能使网站在搜索引擎里有较好的收录表现。如何理解网站结构的扁平化,这主要取决于网站的物理结构和逻辑结构规划。一般来说,访问用户最多通过 3 次点击到达最终内容页面的网站结构,这才是符合扁平化要求的。

(1)目录结构。清晰简短的目录结构和规范的命名,不仅有利于用户体验和网址传播,更是搜索引擎友好的体现。

(2)目录访问层次。即通过几层能够访问到最终页面,一般认为最好为三层。以"http://www.zzbaike.com/"为例,"http://www.zzbaike.com/"首页为第一层,"http://www.zzbaike.com/wiki"为第二层,"http://www.zzbaike.com/wik/wordpress"为第三层。这样的结果便于搜索引擎索引,"http://www.zzbaike.com/wiki"这个页面在百度、谷歌里面都有收录。

当网站目录层次大于三层,这个时候就要使用二级域名的方式扩大级数,因为二级域名是独立网站,目录层次从当前二级域名算起,例如站长百科论坛"bbs.zzbaike.com"。

(3)目录和文件命名。根据关键字无所不在的原则,可以在目录名称和文件名称中使用关键词。但如果是关键词组,则需要用分隔符分开。我们常用连字符"-"和下划线"_"进行分隔,URL 中还经常出现空格码"%20"。因此,如果以"中国制造"作为文件名,就可能出现以下三种分隔形式:

made-in-china.htm

made_in_china.htm

made%20in%20china.htm

这样连在一起之后,关键词就失去了意义。但事实上,至少在目前谷歌并不认同"_"为分隔符。对谷歌来说,"made-in-china"和"made%20in%20china"都等于"made in china",但"made_in_china"就被读成了"madeinchina"。

2.导航结构

导航系统有助于方便用户浏览网站信息,获取网站服务,并且在整个过程中不至于迷失。这样不仅可以告诉用户去哪里,还可以告诉用户这里有什么和附件有什么,有效指导用户的下一步行动。从搜索引擎抓取的角度看,网站导航系统应注意以下问题。

(1)主导航醒目清晰。主导航一般体现为一级目录,通过它们,用户和蜘蛛程序都可以层层深入地访问到网站所有重要内容。因此主栏目必须在网站首页第一屏的醒目位置体现,并且最好采用文本链接而不是图片。例如,非常代码网的导航栏为一级目录,首页程序代码为 C,共享软件代码为 S。

(2)"面包屑型(Breadcrumb)"路径。所谓"面包屑"是比喻用户通过主导航到目标网页访问过程中的路径提示,使用户了解所处网站中的位置,而不至于迷失"方向",并方便回到上一级页面和起点,这样的话路径中的每一个栏目最好添加链接。即使没有详细的路径来源,也至少应该在每个子页面提示返回首页的链接,包括以页面的标志作为链接。良好的目录导航,可以提高网站的流量。

(3)首页突出重要内容。除了主栏目,还应该将次级目录中的重要内容以链接的方式在首页或其他子页中多次呈现,以突出重点。因为每个子页都对首页进行了链接,所以搜索引擎会对这种站内多次出现的链接给予充分重视,这对网页级别的提高有很大帮助,也是每个网站首页的网页级别一般高于其他页面级别的重要因素。网页级别的值越高,说明该网页在搜索排名中的地位越重要。不完善的网站内容管理系统会导致网站结构散乱,非常不适合网站网页级别值的传递,同时影响搜索引擎收录。例如,以前很多人使用博客进行排名,原因就在于博客首页网页级别值较大,而刚刚更新的博客会出现在首页,如果此时搜索引擎来索引、收录,对个人博客的宣传作用很大,通常能够获得不错的排名。

(4)使用网站地图。网站地图是辅助导航的手段,多采用文本链接,以加快页面加载速度。尤其对那些采用图片导航和动态技术生成的网页,通过在网站地图中进行文本链接,可在一定程度上弥补蜘蛛程序无法识别图片和动态网页,从而造成的页面不可见的风险。

需要注意的是,网站地图也要突出重点,尽量给出主干性内容及链接。一页内不适宜放太多链接。谷歌明确提出,如果网站地图上的链接超过大约 100 个,则最好将网站地图拆成多个网页。若页面太多,可以考虑使用前面讲到的二级域名扩展。

(5)网站标志优化。网站标志优化一方面需考虑指向首页的链接,同时在标志图片的压缩中加 Alt 属性,且内容为网站名称,最好加上关键字。这样做一方面有利于用户体验,另一方面便于搜索引擎抓取。

三、网站内容优化和网页标题设计

鉴于网站结构的相对稳定性,一旦设计完成则很少频繁改动,而网站内容则是网站中最活跃的因素,不同的网站内容设计方法,成为影响网站搜索引擎优化的主要因素。内容是一切的核心,百度只收录对用户有价值的网页。任何网页在搜索结果中的去留变化,都是机器算法计算和调整的结果。没有高质量的内容,再好的排名都是空的。提高网站本身的吸引力和内容的相关性,是网站被搜索的前提。对网站所交换的链接也应以内容和质量为基础进行筛选。丰富的原创内容一定比粗制滥造的拷贝更吸引搜索引擎的注意。

一个网站的首页只有一个,而网站内容页面可以不断增加。这就意味着,网站的搜索引擎优化不应把重点放在网站首页上,而是应该注重每一个网页的优化,并为用户提供信息丰富的网站,并通过搜索引擎获得更多的访问量。因此对任何一个网站来说,内容质量的高低都是影响网站效果的核心因素。

网站内容优化包括网页标题设计、网页 Meta 设计、网站内容关键词的合理设计、重要关键词的合理链接等方面。设计网页标题时,应注意同时兼顾对用户的注意力以及对搜索引擎检索的需要,切记广告性太强。网页标题设计应遵循以下原则。

1.网页标题不宜过短或过长

一般来说,网页标题以 6~10 个汉字比较理想,最好不超过 30 个汉字。网页标题字数太少,可能包含不了有效的关键词;字数过多,可能会影响搜索引擎正确识别标题中的核心关键词,也让用户难以对网页标题形成深刻印象,不便于其他网站链接。

2.标题应概括网页的核心内容

当用户通过搜索引擎检索时,在检索结果页面中的内容一般是网页标题(加链接)和网页的摘要信息。如果网页标题和页面摘要信息有较大的相关性,摘要信息对网页标题将发挥进一步的补充作用,从而引起用户对该网页信息点击行为的发生(也就意味着搜索引擎推广发挥了作用)。另外,当网页标题被其他网站或者本网站其他栏目/网页链接时,一个概括了网页核心内容的标题有助于用户判断是否点击该网页标题链接。

3.网页标题中应含有丰富的关键词

考虑到搜索引擎营销的特点,搜索引擎对网页标题中所包含的关键词具有较高的权重,应尽量让网页标题中含有用户检索所使用的关键词。以网站首页设计为例,一般来说首页标题就是网站的名称或者企业名称,但是考虑到有些名称中可能无法包含企业或网站的核心业务,也就是说没有核心关键词,这时通常采用"核心关键词+企业名/品牌名"作为网站首页标题。

上述关于网页标题设计的三个方面其实都考虑了搜索引擎检索网页的特点,也就是说,网页标题设计有利于搜索引擎检索作为重要因素,即使如此,这里仍然强调与网页内容设计一样,网页标题设计首先是给用户看的,在这个前提之上考虑搜索引擎检索才有意义。可见网页标题设计并不是一件随意的事情,尤其对网站首页标题设计需要非常慎重。

知识链接　　　　人肉搜索是把双刃剑,当心侵犯别人的隐私权

演员翟天临因涉嫌学术论文抄袭引起了社会广泛的关注,网上有人又搜索、猜测其高考成绩,使其不断出丑。如果继续这样下去,恐怕翟天临将被扒得一无所有,其情何以堪? 不得不提醒网民们,人肉搜索是把双刃剑,当心侵犯别人的隐私权,要适可而止。

四、网页格式优化

网页格式包括动态网页和静态网页两种基本形态。静态网页比动态网页对搜索引擎更具友好性,因此在可能的情况下将动态网页转化为静态网页是基本优化措施之一。对于某些难以全部实现静态化的网站,在网页设计中应采取"静动结合"的对策。与动态网页相关的另一个问题是如果网页的 URL 层次过深,同样会影响网页的搜索引擎优化效果。

静态网页是指网页文件中没有程序,只有 HTML 代码,一般以.html 或.htm 作为后缀名的网页。静态网页内容不会在制作完成后发生变化,任何人访问都显示一样的内容,如果需要内容的变化就必须修改源代码,然后再上传到服务器上。

静态网页对搜索引擎优化非常重要,其缺点在于管理维护和交互功能方面的限制;优点在于信息内容的稳定性,这为搜索引擎在网上索引网页提供了方便。

网站建设采用静态网页形式只是有助于搜索引擎索引信息,但并不意味着只要是静态网页就一定会被搜索引擎收录,而动态网页就一定不会被收录。一个网页是否能在搜索引擎索引中有好的表现,关键还在于网站结构和导航、网页中的文字信息、网页的链接关系等。

动态网页如何才能被搜索引擎收录呢? 经观察发现,动态网页只有通过链接关系被搜索引擎蜘蛛发现才可能被收录。这就需要增加该网页 URL 被链接的机会,这种链接不仅可以

在自己的网站上,也可以在其他网站上。这实际上就是增加动态网页搜索引擎可见性的常见方法之一。当然,对于动态网页搜索引擎优化最好的方法,还是把动态网页转化为静态网页发布,并遵照搜索引擎优化的一般规律,在网站栏目结构、导航、网页标题和 Meta 标签设计、网页布局等方面做好优化工作。

五、内部链接和外部链接优化

1.内部链接优化

网站的内部链接,简称网站内链,是指在一个网站域名下的不同内容页面的互相链接,内链可以分为通用链接和推荐链接。合理的内链布局有利于提高用户体验和搜索引擎蜘蛛对网站的爬行索引效率,有利于网站权重的有效传递,从而增加搜索引擎的收录,提升网站权重。内部链接的优化,包括相关性链接、锚文本链接、导航链接等。如果网站有两个以上的域名,要避免两个或更多域名同时指向一个空间。当网站存在复制站点时,搜索引擎会认为网站有作弊嫌疑,对排名极为不利。

2.外部链接优化

外部链接优化可以从以下几方面着手。①尽量保持链接的多样性,外部链接的类别有博客、论坛、新闻、分类信息、贴吧、百科等;②每天增加一定数量的外部链接,可以使关键词排名获得提升;③与一些网站相关性比较高、整体质量比较好的网站交换友情链接,巩固关键词排名。

六、URL 的优化设计和主机优化

1.URL 的优化设计

URL 是"uniform resource locator"的缩写,译为"统一资源定位",即每个网页的网址、路径。网站文件的目录结构,直接体现为 URL。

(1)规范、简单的 URL。创建具有良好描述性、规范、简单的 URL,有利于用户更方便地记忆和判断网页的内容,也有利于搜索引擎更有效地抓取网站。网站设计之初,就应该有合理的 URL 规划。

建议网站中的同一网页,只对应一个 URL。如果网站上多种 URL 都能访问同样的内容,建议按以下方式处理:在系统中只使用正常形式 URL,不让用户接触到非正常形式的 URL。不把会话标识、统计代码等不必要的内容放在 URL 中,让用户能从 URL 判断出网页内容以及网站结构信息,并可以预测将要看到的内容。

以百度空间为例,URL 结构中加入了用户 ID 信息,用户在看到空间的 URL 时,可以方便地判断是谁的空间。URL 结构中还加入了博客、相册等内容信息,用户可以通过 URL 判断将要看到的内容是一篇博客,还是一个相册。

(2)动态 URL。URL 是动态还是静态对搜索引擎没有影响,但建议尽量减少动态 URL 中包含的变量参数,这样既有助于减少 URL 长度,也可以减少让搜索引擎掉入黑洞的风险,不添加无法被系统自动识别为 URL 组成部分的字符。

目前很多网站都有数据库驱动生成的 URL,即动态 URL,往往表现为在 URL 中出现"?"

"＝""％",以及"＆""＂"$"等字符。动态 URL 极不利于搜索引擎抓取网页,严重影响网站排名。通常需要通过技术解决方案将动态 URL 转化成静态的 URL 形式,例如可以将"http://www.domain.com/messages.php? id＝2&type＝5"转化为"http://www.domain.com/messages/2/5/"。

（3）URL 尽量短。较长的 URL 不仅不美观,用户还很难从中获取额外有用的信息。另一方面,短 URL 还有助于减小页面体积,加快网页打开速度,提升用户体验。

总的来说,URL 应该越短越好,有人为了单纯增加关键字,额外多建一个带有关键字的子目录,改变目录结构。由于 URL 中含有关键字,本身对提高排名的帮助不大,因此这种做法多此一举。

2.搜索引擎优化的主机优化

（1）选择适合的主机。在购买主机时,要选择适合自己的主机。建议先从共享主机开始,等网站的流量增加了,出现速度缓慢的现象后,再考虑主机的升级。

（2）主机服务商的选择。主机对网站的搜索引擎排名影响很大。在寻找主机提供商的时候,千万不要只考虑价格因素。如果多次向搜索引擎提交网站,但搜索引擎却一直没有对其进行索引,则有可能是网站所在的服务器出了问题。因此,选择服务器时要特别注意以下几点。

①避免使用免费主机。由于免费主机里面经常会出现垃圾邮件制造者镜像网站、桥页等搜索引擎垃圾,很多搜索引擎都不愿意索引免费主机上的网站;同时搜索引擎目录也很难收录来自免费主机的商业站点。此外,免费主机的服务很难保证,常常服务器超载,速度奇慢,宕机频繁,甚至关闭服务,这都会直接影响网站排名。

②选择有信誉的主机提供商。搜索引擎的索引程序定期或不定期地会访问收录的网站。对经常更新的网站,谷歌的 Googlebot 漫游器——俗称"蜘蛛",一般每天都会小幅度地"爬"一下,一个月进行一次大的索引。如果"蜘蛛"在索引时出现网页打不开或下载速度缓慢,则会放弃索引。国内的虚拟主机商,像万网、新网等,价格较高。

③如果想转移网站的主机服务,要在取消原来服务提供商之前,先找好新的供应商。域名服务器的功能就是把域名解析成计算机能够识别的 IP 地址。把旧的域名服务器改成新的,这个过程直到生效其时间大概有 24～48 小时,少数情况下可能要 72 小时。这期间,如果一个搜索引擎刚好来抓取网页,要么抓取到旧 IP 地址上的网站,要么抓到新的域名解析生效后的网站,总之都不会出现网站打不开的空档。

知识链接　　　　　　　　**白帽 SEO 和黑帽 SEO**

在搜索引擎优化业界,人们把使用作弊手段的称为黑帽(black hat),使用正当手段优化网站的称为白帽(white hat)。笼统地说,所有使用作弊手段或可疑手段的,都可以称为黑帽 SEO。比如说垃圾链接、隐藏网页、桥页、关键词堆砌等。

七、域名优化策略

1.域名注册专业化、权威化

一般来说,权威专业的站点更能获得搜索引擎的"青睐"。由于.edu 和.gov 后缀的域名,需要注册单位出示相关机构的证明材料方可注册,因此,在这两类站点上发布的信息,具有权威性和原创性,所以会经常发现教育类和政府类的站点更能在搜索引擎中获得好的关键词排名,具有搜索结果展示的优势。像谷歌这样的对全球网页进行索引的搜索引擎,当用户查询的时候,它会把与用户所处地域和使用语言等信息匹配的搜索结果展示给用户,而不会出现向一个中文本土搜索用户提供其他非中文国家的网页信息。

2.域名拼写易于识记

有些站点在其规划构建之初,网站所有者为了考虑访问用户对域名的记忆,会启用由中文目标关键词的字母全拼构成的域名。通常情况下,域名所有者一旦注册此类型的域名,就说明其对网站的内容定位相当明确,随着时间的推移,其网站能在搜索引擎中获得好的排名表现也并不是很难理解的。

八、框架结构优化策略

框架结构,即帧结构(Frame),包括"IFrame"和"Frame"。

以下为框架结构示例,登录后即为框架结构。

```
<frameset rows="30,1%" frameborder="NO" border="0" framespacing="0">
  <frame name="mainFrame" src="top.jsp" scrolling="NO">
    <frameset cols="168,1%" frameborder="NO" border="0" framespacing="0">
      <frame name="avdNsVDmJQC7" scrolling="AUTO" src="left.jsp">
      <frame name="rightFrame" scrolling="AUTO" noresize src="right.jsp">
</frameset>
</frameset>
<noframes>
<body bgcolor="#FFFFFF" text="#000000">
</body>
</noframes>
```

框架型网站的优越性体现在页面的整体一致性和更新方便性上。尤其对那些大型网站而言,框架结构的使用可以使网站的维护变得相对容易。但框架结构对搜索引擎来说是一个很大的问题,这是由于大多数搜索引擎都无法识别框架,也没有什么兴趣去抓取框架中的内容。

此外,某些浏览器也不支持框架页面。如果网页已经使用了框架,或出于某种原因一定要使用框架结构,则必须在代码中使用"Noframes"标签进行优化,把"Noframe"标签看作是一个普通文本内容的主页。在 <Noframe></Noframe>区域中包含指向"Frame"页的链接,以及带有关键词的描述文本。同时,在框架以外的区域也出现关键词文本。这样,搜索引擎才能够正确索引到框架内的信息。

九、图片优化

一般而言,搜索引擎只识读文本内容,对图片文件是"视而不见"的。同时,图像文件直接延缓页面的加载时间,如果超过 20 秒,网站还不能加载,用户极有可能离开该站点。因此,除非该网站内容是以图片为主,比如游戏站点,其图片至关重要,否则尽量避免使用大图片,更不要采用纯图像制作网页。在图片优化过程中,应注意以下几个问题:

(1)在保持图像质量的情况下尽量压缩图像的文件大小。

(2)每个图像<IMG>标签中都有 Alt 属性,搜索引擎会读取该属性以了解图像的信息。因此,最好在所有插图的 Alt 属性中都有文字描述,并附带上该页的关键字。例如:<img align="center" src="hosting.jpg" alt="美国主机服务">。

(3)在图片上方或下方加上包含关键词的描述文本。

(4)使用链接,去链接相关图片。

十、Flash 优化

Flash 会使页面更加美观,不过 Flash 网页有一个非常致命的问题,即大部分搜索引擎无法识别 Flash 中的信息。Flash 优化可以从以下几个方面考虑。

(1)做一个辅助 HTML 版本。保留原有 Flash 版本的同时,还可以设计一个 HTML 格式的版本,这样既可以保持动态美观的效果,也可以使让搜索引擎通过 HTML 版本的网页来发现网站。

(2)将 Flash 内嵌 HTML 文件。可以通过改变网页结构进行弥补,即不将整个网页都设计成 Flash 动画,而是将 Flash 内容嵌入到 HTML 文件中,这样用户浏览时并不会削弱视觉效果,搜索引擎也可以从 HTML 代码中发现一些必要的信息,尤其是进入内容页面的链接。

十一、404 错误页设置

网页设计中,出现错误是常见的,但是错误页也需要将其制成一个缺省页,使它成为信息页,导引访问者继续访问网站,而不要让它成为空白的"Sorry,你访问的网站不存在",如图 7-10 所示。

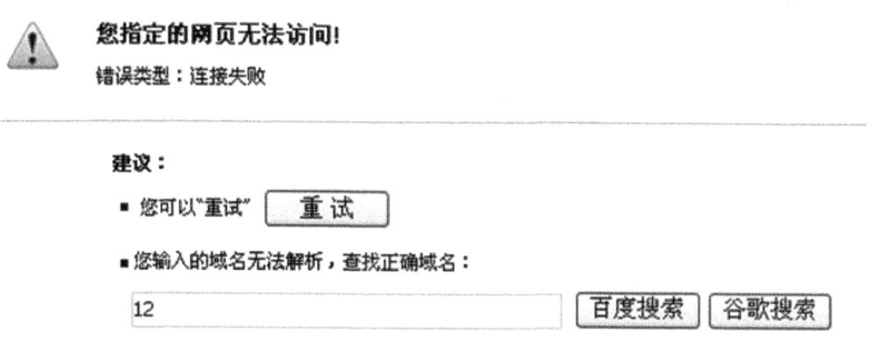

图 7-10 404 错误页面显示

其方法如下:①设计一张网页,建议与主页的格式保持一致,并将这一页命名为 404.

html。②上传到网站的根目录,如:www.yourdomain.com/404.htm。③修改.htaccess 文档,写入:ErrorDocument 404 http://www.yourdomain.com/404.htm。上传这个文档到根目录,如果没有.htaccess 文件,可以用写字板来写成.htaccess.txt 文件,上传之后,在服务器的文件存放处将.txt 后缀删除。

十二、W3C 浏览器兼容验证

网页是由 HTML 或 XML 语言写成的,就如任何语言,它们都包含一些法则或者标准,针对这些标准所进行的测试称为校验。HTML 的标准是"World Wide Web Consortium(www.w3c.org)"这个组织帮助网站编辑者编写标准的网页,以便通过不同的浏览器都能阅读。

验证同时也要保证搜索引擎免于遭遇网页中编写句法的错误而不能理解网页内容,或者不明白网页中什么是重要的,什么不重要,遵循 W3C 标准,也便于不同的网页设计者使用不同的网页设计工具来编写一个网站的不同网页,使得各个网页的结构得到统一。

虽然许多网站没有遵循 W3C 标准也获得了很好的排名,但是经过验证后,此类网站要能保证网页的式样不被浏览器改变,从而使得网站的访问者看到的网页与设计出来的完全一致。

可以在网页的首段加入以下编码告诉访问者、浏览器、验证机制和搜索引擎的蜘蛛机器是遵循 W3C 标准的。

<!DOCTYPE HTML PUBLIC "-//W3C//DTD HTML 4.01//EN"
"http://www.w3.org/TR/html14/strict.dtd">

验证的方法是在"http://validator.w3.org"网站中输入网址,一些不匹配的错误就将得到反馈。

项目小结

本项目主要是对搜索引擎发展、模式、方法及核心策略的内容进行了介绍,通过知识点和实践技巧的结合,指导搜索引擎营销专员进行具体的初级实践操作;但是高层次的搜索引擎优化和效果监控,还需要对专业软件和行业情况进行深入了解。

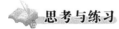 

项目八 网络广告专员

学习目标

知识目标

理解网络广告的含义;掌握网络广告的本质特征以及营销价值;熟悉网络广告的主要形式;熟悉网络广告策划及媒体选择;了解网络广告的效果评价方法。

能力目标

能制订并执行广告策略和广告计划;能根据网络推广产品的特点撰写基本的广告文案;能使用常用软件进行网络广告产品宣传;能收集和分析数据监测广告效果;能拓展广告投放渠道。

对应岗位及要求

主要岗位

网络广告专员。

工作要求

能根据企业及市场的特点进行网络广告市场调研,撰写网络广告文案;制订并推广网络广告计划;熟悉常用工具软件,能设计、制作、发布企业相关产品的网络宣传广告;熟悉网络广告媒体及移动互联网广告 App,并能有针对性地加以选择;收集和分析网络广告数据,监测网络广告投放效果;积极拓展广告投放渠道,促进销售业绩的增长。

项目分析

项目概述

随着电子商务的迅速发展,网络广告在企业营销中的地位和价值越来越重要。与传统的四大传播媒体(报纸、杂志、电视、广播)的广告以及近来备受青睐的户外广告相比,网络广告具有得天独厚的优势,是实施现代营销媒体战略的重要部分。通过本项目的学习,应了解网络广告的含义,掌握网络广告的本质特征和营销价值,熟悉网络广告的主要形式,熟悉网络广告策划及媒体选择,了解网络广告的效果评价方法,并熟悉网络广告媒体,能收集和分析广告数据,监测网络广告的投放效果,为提升企业销售业绩提供帮助。

网络营销

> **案例导读**

看呗：人人都投得起的广告发布平台

看呗是一款由成都了不起科技有限公司开发运营的移动互联网广告应该程序。看呗App是一个提供移动广告营销解决方案的平台，免费为部分企业和个人提供广告技术。跳出了传统广告业，去掉了传统广告传媒中间商，让广告主直接面对用户。普通用户通过看呗App浏览、下载、分享广告内容均可获得相应奖励，有广告投放需求的用户通过实名认证、广告内容审核、设置奖励形式后，也可以在App上发布广告内容。

一、"潜"力巨大的移动互联网广告

目前传统广告市场规模在逐渐缩小，移动互联网广告大幅增长。随着互联网从2.0到3.0时代的过渡，移动互联网广告快速增长。截至2018年12月底，我国手机网民规模达8.17亿，网民通过手机接入互联网比例高达98.6%。可见，未来广告投放将更加倾向于数据化、场景化。

传统广告的痛点是无效广告、成本高昂、受众模糊、低频次、用户对广告的接受方式非常被动，广告主在使用高昂的广告投入成本投放广告后，没有清晰的受众，导致至少一半的广告费被浪费。除了巨头企业外，受制于高价格的因素，中小品牌、企业、创业公司只能以低频次的方式进行广告投入，这样不能对品牌进行连续性传播。因此，移动互联网广告一旦运作得当，不仅能解决传统广告的痛点，还能为自身带来巨大的收益，潜力很大。

二、由被动转向主动的创新模式

看呗是一个移动互联网广告平台，主要服务的用户有两类：一类是广告主，主要是互联网创业公司、房地产商、汽车营销公司、消费服务类企业等；另一类是普通用户，主要以大学生、工作白领、全职妈妈等人群为主。广告主可以通过看呗进行广告投入，并根据用户属性、地理位置等特性对用户进行筛选投放。

普通用户可以通过看呗App浏览感兴趣的广告信息，并可以获得现金收益，实现在线转化和品牌传播，让用户对广告从被动查看转变为主动浏览。

用户通过浏览主页的广告，进行点赞、分享或下载就可以获得一定现金奖励和相应积分，现金满50元可提现。看呗建立了严格的数据审核机制，致力于保障用户数据安全。创始人指出，对一个创业公司来讲，看呗希望从品牌上逐步建立与用户的相互信任。

目前，看呗App上广告的奖励形式和奖励金额都由广告商自己决定，用户暂时看到的是图文广告形式。今后，更多的广告场景会接踵而至，创始团队希望通过不断丰富的广告形式增加用户的参与度，提高用户体验。

看呗希望打造一个"人人都投得起的广告发布平台"，哪怕100元也可以投放广告。这是一个共享经济的时代，努力提供一个告别低频次、高价格的广告服务平台。

未来，看呗会深耕移动互联网广告平台，通过多种场景化的方式将广告主的广告展示给用户；同时，为用户打造一个从花钱到赚钱的生活场景，接入更多的第三方合作商，共同为用户服务。

（资料来源：卢廖所著的《互联网思维2.0》，机械工业出版社2015年版。）

任务分析

任务一 网络广告概述

一、网络广告的产生与发展

网络广告诞生于美国,1994年10月14日,美国著名的Wired杂志推出了网络版的Hotwired (www.hotwired.com),其主页上开始有AT&T等14个客户的广告横幅。这是广告史上的里程碑。1994年10月27日当一个Banner广告出现在网站页面上时,标志着网络广告的正式诞生。更值得一提的是,当时的网络广告点击率高达40%。同时,也让网络开发商与服务商看到了一条光明的道路。继Wired杂志之后,许多媒体如美国的有线电视网CNN、《华尔街日报》等,不论电视、广播还是报纸、杂志,都纷纷上网并设立了自己的网站,将各自的资料搬到网上,在刊登信息、服务网络浏览时,也在网络媒体上经营广告。由此,网络广告作为一种新型的营销手段,逐渐成为网络媒体与广告界的热点,成为电子商务及全球互联网市场的重要组成部分。

中国的第一个商业性的网络广告出现在1997年3月,英特尔和IBM是国内最早在互联网上投放广告的广告主,传播网站是Chinabyte,广告表现形式为468×60像素的动画旗帜广告,IBM为AS400电脑的网络广告宣传支付了3000美元。中国网络广告一直到1999年初才稍有规模。历经多年的发展,网络广告行业经过数次洗礼已经慢慢走向成熟。

数据显示,2012至2018年我国网络广告市场规模不断增长,从2012年的769亿元增至2018年的3717亿元,增加了2948亿元,年均复合增长率达到30%,增长十分迅速,见图8-1。但是随着流量红利逐渐消失,网络广告市场规模增速开始减缓,未来行业将需要通过寻找具有发展潜力的细分市场,进行商业化变现。

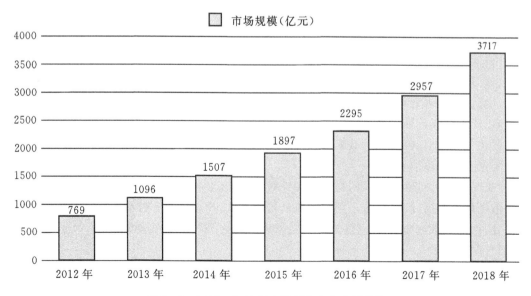

图8-1 2012—2018年中国网络广告市场规模

伴随着用户获取信息方式的改变，网络广告已成为引领媒体广告整体发展的核心力量。一方面，效果广告快速发展，广告形式不断推陈出新；另一方面，市场份额快速洗牌，竞争格局瞬息万变。网络广告的快速发展，给市场带来了巨大的活力，也用事实证明，没有永远的高地。未来，网络广告市场还将持续扩大，移动广告市场将成为网络广告的主战场。

二、网络广告的含义和特点

1.网络广告的含义

网络广告是一种新兴的广告形式，是确定的广告主以付费方式，运用互联网媒体对公众进行劝说的一种信息传播活动。其目的在于影响人们对所做广告的商品或劳务的态度，进而诱发其行动而使广告主得到利益的活动。它能利用网站上的广告横幅、文本链接、多媒体的方法，在互联网刊登或发布广告，通过网络传递到互联网用户的一种高科技广告运作方式。

阿里巴巴集团旗下"应需而生"的网络广告交易平台阿里妈妈，也是因为网络广告供需双方的数量增加才建立了该平台，是为广告主和网站主提供的专业广告平台。

知识链接　　　　　阿里妈妈——让天下没有难做的营销

阿里妈妈（Alimama）隶属阿里巴巴集团，是国内领先的大数据营销平台，拥有阿里巴巴集团的核心商业数据，每天有超过50亿推广流量完成超过3亿件商品推广展现，覆盖高达98%的网民。想了解阿里妈妈，请扫描下面二维码。

网络广告优势与电视、报刊、广播传统媒体，以及各类户外媒体、直邮黄页相比，网络媒体集以上各种媒体之大成，具有得天独厚的优势。随着网络的高速发展及完善，它日渐融入现代工作和生活。对现代营销来说，网络媒体是重要的媒体战略组成部分。

2.网络广告的特点

网络广告是互联网问世以来广告业务在计算机领域的新拓展，随着互联网络的快速发展，网络广告已成为企业不可或缺的重要广告形式。它兼具传统广告的优点，又有传统媒体无法比拟的优势。具体来看，网络广告主要有以下鲜明的特点。

（1）广泛性和开放性。网络广告不受时空限制，传播范围极其广泛。因此，网络广告的目标群体覆盖的社会层次最多、消费能力最强，并且最具活力。这一群体的消费总额往往大于其他媒体广告目标群体消费之和。

（2）交互性和针对性。较强的交互性和针对性，是互联网媒体的最大优势，它不同于传统媒体的信息单向传播，网络广告采用信息互动传播方式，投放更具有针对性。通过提供众多的免费服务，网站一般都能建立完整的用户数据库，包括用户的地域分布、年龄、性别、收入、职业、婚姻状况、爱好等。

（3）实时、灵活、成本低。在传统媒体上投放广告，发布后很难更改，即使可改动也往往付出很大的经济代价。而在互联网上投放广告能按照需要及时变更广告内容，当然包括改正错误。这就使经营决策的变化可以及时地实施和推广。作为新兴的媒体，网络媒体的收费也远低于传统媒体,若能直接利用网络广告进行产品销售,则可省更多销售成本。一个广告,一年的费用大致为几千元人民币,而且主页内容可以随企业经营决策的变更随时改变,这是传统广告媒体不可想象的。

(4)多维的结合体。传统媒体是二维的,而网络广告则是多维的,它能将文字、动画、全真图像、声音、三维空间、虚拟现实等有机组合在一起,传递多感官的信息,让顾客如身临其境般感受商品或服务。网络广告的载体基本上是多媒体、超文本格式文件,既满足广告受众搜集信息的需要,又提供了视觉、听觉的享受,增加了广告的吸引力。

(5)完善的统计和监控。无法衡量的东西就无法管理。网络广告通过及时和精确的统计机制,使广告主能够直接对广告的发布进行在线监控。而传统的广告形式只能通过并不精确的收视率、发行量等,统计投放的受众数量。广告主能通过互联网及时衡量广告的效果。通过监视广告的浏览量、点击率等指标,网络广告为精细化营销带来了可能。

3.网络广告的本质特征

网络广告的本质是向互联网用户传递营销信息一种手段,是对用户注意力资源的合理利用。为了使读者对网络广告有更深入的了解,并对实施网络广告策略有实质性的指导价值,本书总结了网络广告的以下四个本质特征。

(1)网络广告需要依附于有价值的信息和服务载体。用户浏览网页、阅读电子邮件,或者使用其他有价值的网络服务,如搜索引擎、即时通信等工具,就是为了获取有价值的信息。网络广告是与这些有价值的信息和服务相依赖才能存在的,这也说明了为什么有些形式的网络广告可以获得较高的点击率,如搜索引擎关键词广告、电子邮件广告、社交媒体信息流广告等,而网页上的一般 Banner 和 Button 广告点击率却在持续下降的原因。

(2)网络广告的核心思想在于引起用户关注和点击。网络广告承载的信息有限,难以承担直接销售产品的职责,作为一种信息引导模式,其直接效果主要表现在浏览和点击上,因此,网络广告策略的核心思想,在于引起用户关注和点击。其表现形式以新、奇等为特点,从而引起用户注意,这也说明为了解决网络广告点击率不断下降的困境,网络广告形式不断革新的必然性。

(3)网络广告具有强制性和用户主导性的双重属性。网络广告的表现手段很丰富,是否对用户具有强制性,关键取决于广告经营者而不是网络广告本身。早期的网络广告对用户的无滋扰性,也使其成为适应互联网营销环境以及营销手段的一个优点。但随着广告商对用户注意力要求的扩张,为了追求短期的广告效果,越来越多的广告商采用强制性手段迫使用户不得不浏览和点击,如弹出广告、全屏广告、插播式广告、漂浮广告、浏览器插件广告等。有些恶意广告软件像病毒一样被强制安装在用户的计算机上,为用户的正常上网带来了影响。但从客观效果上看,这样强制性的广告确实也达到了增加浏览和点击的目的。

近年来,国内反流氓软件(恶意软件)的声音高涨,一些恶意软件制作商被管理部门曝光,网络广告的强制性在一定程度上受到抑制,但仍未杜绝。总的来看,强制性的网络广告逐步被边缘化。网络广告逐渐发展为具有强制性和用户主导性的双重属性。

(4)网络广告应体现出用户、广告主和网络媒体三者之间的交互关系。网络广告交互性的真正意义在于体现了用户、广告主和网络媒体三者间的交互关系。网络媒体提供了高效的网络广告环境和潜在的用户资源,广告主可以自主地进行广告投放、更换、效果监测和管理,而用户可以根据需要选择感兴趣的广告信息及其表现形式并做出相应的行动。只有建立了三者间良好的互动关系,才能实现网络广告的和谐环境,让网络广告真正成为便于企业采用的网络推广手段,让用户在获取信息的过程中关注广告。由此,网络广告的价格才能最大限度地发挥出来。

任务二 网络广告的发布方式和主要形式

一、网络广告的发布方式

网络广告有多种发布方式,企业既可以通过内部网络平台发布,也可以发布在现有的外部网络平台。内部网络广告发布平台包括企业网站、企业博客、企业微博、企业微信等;外部网络广告发布平台包括搜索引擎网站、内容网站、专业销售网站、友情链接、虚拟社区和公告栏、网上报纸或杂志、新闻组、网络黄页等。企业可根据实力和具体业务需要,选择适合的平台发布网络广告,以期达到最佳的效果。

二、网络广告的主要形式

网络广告采用先进的多媒体技术,拥有灵活多样的广告投放形式。常见的网络广告主要有以下几种形式。

1. 网幅广告

网幅广告(Banner 广告),是最早的网络广告形式,与传统的印刷广告有些类似。其主要包含旗帜广告(如图 8-2 所示)、按钮广告(如图 8-3 所示)、通栏广告(如图 8-4 所示)、竖边广告(如图 8-5 所示)、巨幅广告(如图 8-6 所示)等形式,是以 GIF、JPG、Flash 等格式建立的图像文件,定位在网页中,大多用来表现广告内容,同时还可使用 Java 等语言使其产生交互性,用 Shockwave 等插件工具增强表现力。

图 8-2 中国工商银行网站发布的旗帜广告

图 8-3 新华网发布的按钮广告

项目八 网络广告专员

图8-4 光明网发布的通栏广告

图8-5 新华网发布的竖边广告

图8-6 中国工商银行在首页显示之前展现的巨幅广告

网幅广告分为三类,即静态、动态和交互式。静态网幅广告就是在网页上显示一幅固定的图片。优点就是制作简单,可以被所有的网站所接受;缺点是在众多采用新技术制作的网幅广告面前,显得有些呆板和枯燥。事实也证明,静态网幅广告的点击率比动态的和交互式的网幅广告的点击率低。动态网幅广告拥有会运动的元素,或移动或闪烁,制作上相对来说并不复杂,尺寸也比较小,是目前最主要的网络广告形式。交互式广告的形式多种多样,比如游戏、插播、回答问题、下拉菜单、填写表格等,这类广告需要更加直接的交互,比单纯的点击包含更多的内容。实际上,Banner已经成为一个小型的搜索引擎入口。

2. 文本链接广告

文本链接广告(如图8-7所示),是以一排文字作为一个广告,点击可以进入相应的广告页面。这是一种对浏览者干扰最少,但却较为有效果的网络广告形式。有时候,最简单的广告形式效果却最好。资讯类的网站、热门博客类网站,尤其是对一些撰写的营养类、服饰类、化妆类文章中的很多字都有背后链接,点击文本后都有相应的链接广告页面。

图8-7 新浪网主页上的文本链接广告

3. 电子邮件广告

电子邮件广告是指通过互联网将广告发到用户电子邮箱的网络广告形式,它具有针对性强、传播面广、信息量大、费用低廉的特点,且广告内容不受限制,形式类似于直邮广告。电子邮件广告可以针对具体某个人发送特定的广告,这一点是其他网上广告方式所不能及的。

电子邮件广告可以直接发送,但有时也通过搭载发送的形式,比如通过用户订阅的电子刊物、新闻邮件和免费软件以及软件升级等其他资料一起附带发送。也有的网站使用注册会员制,收集忠实读者(网上浏览者)群,将客户广告连同网站提供的每日更新的信息一起,准确发送到该网站注册会员的电子信箱中。这种形式的邮件广告容易被接受,具有直接的宣传效应。譬如当用户向新浪网站成功申请一个免费信箱时,在其信箱左侧栏目条中会有"订阅邮件"选项,点击进入后会有"每日悦读"相关内容推荐用户订阅,如图8-8所示,订阅后邮箱里会定期收到相关内容,其中会有一些广告内容。

图8-8 电子邮件广告

4. 网络分类广告

网络分类广告是一种全新的网络广告服务形式,是传统意义上的分类广告借助互联网这一载体的呈现形式,它不仅可以使企事业单位和个人商户在互联网上发布各类产品信息和服务信息,而且可以满足广大网民对消费和服务信息的需求。

网络分类广告具有以下特点:①实用性。网络分类广告以生活实用信息为主,满足大众的日常生活需求。②主动性。网络分类广告按主题归类,消费者根据需要可以主动阅读,因而越来越受到消费者的喜爱。③规模性。大量同类的广告放在一起,形成网上"行业超级市场",方便消费者比较选择,凸显了规模效应。④廉价性。发布一条网络分类广告一天只需几块钱,广告主可以长期发布,从而形成"鹅毛效应"。⑤自助性。广告主足不出户,就可以将文字、图片等丰富的广告内容发布到网络上。

如图8-9所示的赶集网就是一个集求职、租房、二手物品交换、生活服务、商务服务、宠物服务等各种分类信息于一体的分类广告网站。

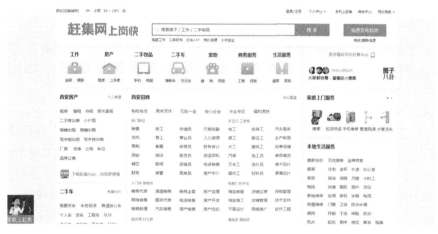

图8-9 赶集网分类广告

5. 赞助式广告

赞助式广告多种多样,在传统的网络广告之外,给予广告主更多的选择。赞助式广告有三种形式,即内容赞助、节目赞助、节日赞助。一般放置时间较长且不需要与其他广告轮流滚动,故有利于扩大页面知名度。广告主若有明确的品牌宣传目标,赞助式广告将是一种低廉而颇有成效的选择。

广告主可对自己感兴趣的网站内容或节目进行赞助,或在特别时期(如世界杯期间)赞助网站进行的推广活动。赞助式广告确切地说是一种广告投放传播的方式,而不仅仅是一种网络广告的形式。它可能是通栏式广告、弹出式广告等形式中的一种,也可能是包含很多广告形式的打包计划,甚至是以冠名等方式出现的一种广告形式。比如,摇篮网的宝宝早安微笑之旅就是由帮宝适赞助的,如图8-10所示。

图 8-10 摇篮网帮宝适赞助页面

6.与内容相结合的广告

广告与内容的结合可以说是赞助式广告的一种,从表面上看起来它们更像网页上的内容而并非广告。在传统的印刷媒体上,这类广告都会有明显的标识指出这是广告,而在网页上通常没有清楚的界限。

7.插播式广告(弹出式广告)

如图 8-11 所示,访客在请求登录网页时强制插入一个广告页面或弹出广告窗口。它们有点类似电视广告,都是打断正常节目的播放,强迫观看。插播式广告有不同的出现方式,有的出现在浏览器主窗口,有的是新开一个小窗口,有的可以创建多个广告。广告也有各种尺寸,有全屏的也有小窗口的,而且互动的程度也不同,从静态的到全部动态的都有。浏览者可以通过关闭窗口不看广告(电视广告是无法做到的),但是它们的出现没有任何征兆,而且肯定会被浏览者看到。不论采用哪种显示形式,插播式广告的效果往往比一般的 Banner 效果要好。

图 8-11 新浪网插播广告页面

8.富媒体广告

富媒体广告一般是指综合运用了 Flash、视频和 Javascript 等脚本语言技术制作的,具有复杂视觉效果和交互功能的网络广告。它并不是一种具体的互联网媒体形式,而是指具有动画、声音、视频和/或交互性的信息传播方法,包含下列常见的形式之一或者几种的组合,即流媒体、声音、Flash 以及 Java、JavaScript、DHTML 等程序设计语言。富媒体可应用于各种网络服务中,如网站设计、电子邮件、Banner、Button、弹出式广告、插播式广告等。富媒体广告具有以下特点。

(1)富媒体广告通常尺寸比较大,通过视频或者交互的内容播放可以容纳更多的广告信息,甚至可以让受众不需要点击到广告主网站上即可了解广告主的企业及产品的详细内容。

(2)富媒体广告自身通过程序语言设计就可以实现游戏、调查、竞赛等相对复杂的用户交互功能,可以为广告主与受众之间搭建一个沟通交流平台。它一般是指使用浏览器插件或其他脚本语言、Java 语言等编写的具有复杂视觉效果和交互功能的网络广告。这些效果的使用是否有效,一方面取决于站点的服务器端设置,另一方面取决于访问者浏览器是否能查看。一般来说,富媒体广告能表现更多、更精彩的广告内容。

9.手机广告

随着我国手机用户普及率的逐渐提高,手机作为一种新型媒体的应用价值日益凸显,手机广告也越来越多。手机媒体拥有其他媒体无法比拟的优势,例如覆盖人群最广、传播成本比较低廉、可以最方便地把人们的零碎时间利用起来,并且能够极为快捷地传播信息。

我们将手机广告定义为通过移动媒体传播的付费信息,旨在通过这些商业信息影响受众的态度、意图和行为。手机广告实际上就是一种互动式的网络广告,它由移动通信网承载,具有网络媒体的一切特征,同时比互联网更具优势,因为其移动性使用户能够随时随地接收信息。手机浏览器除了可以实现所有传统网络广告的展示,如 Banner 广告、数字视频广告、社交媒体信息流广告等形式在手机上的使用外,还出现了一些专门适用于手机的广告形式,如 App 开屏广告、社交网络红包广告、LBS(基于定位)广告、移动 Wi-Fi 广告等。

10.其他新型广告

其他新型广告包括网络视频广告、社会化媒体广告、原生广告、社交网络红包广告、电商平台网络广告等。

(1)网络视频广告。网络视频是内容分享式营销的一种方式,也是数字视频广告媒体,用户在观看网络视频时先收看一段视频广告,这也是视频分享网站平台的主要营收模式,如图 8-12 所示。

图 8-12 酷 6 汽车频道的视频广告

(2)社会化媒体广告。社会化媒体是上网用户交流、分享、获取信息、发布个人观点及动态的网络平台,包括网站及手机 App 等多种形式,如 Facebook、Twitter、新浪微博、微信朋友圈、QQ 空间等。社会化媒体广告也称社会媒体广告或社会化广告、社会广告或 SNS 广告,是在社会化网络媒体上投放的广告,是社会化网络营销的方式之一。

社会化广告的形式比较个性化,如一段文字加网址链接、一个可以直接提交结果的小调查、一个图片、一段视频等,只要适合通过社交网络发布的内容,就可以成为社会化广告的具体形式。

(3)原生广告。原生广告是 2013 年全球媒体界爆红的关键词,从 2012 年底,就有人开始提出了这个名词;接着到处都可以看到这个名词;再接着,许多国外的研讨会开始有专题演讲;更甚者,专做原生广告的媒体创意代理商由此诞生。该类广告只能在单独平台中被付费投放,比如 Facebook 和微博,并且适合某种平台的浏览环境时,这类广告就称为原生广告。

原生广告利用从网站和 App 用户体验出发的营利模式,由广告内容所驱动,并整合了网站和 App 本身的可视化设计,简单来说,就是融合了网站、App 本身的广告,这种广告会成为网站、App 内容的一部分,如谷歌搜索广告、Facebook 的 Sponsored Stories 广告以及 Twitter 的 Tweet 广告都属于这一范畴。

(4)社交网络红包广告。网络红包源于 2014 年 1 月腾讯公司发布的微信红包。现在的手机上网用户,很多都有抢红包或发红包的经历。微信红包、QQ 红包、支付宝红包、微博红包等,对大多数上网用户来说都不陌生。"能发红包解决的就不用发祝福语"之类的网络语言在微信群里经常可见。事实上,提供红包收发的平台,如微信及支付宝,已成为网络红包广告平台。通过网络红包发放优惠券及传递品牌信息,成为网络红包广告的基本形式,"你抢到的不是红包,是广告",这是很多用户的真实感受。

(5)电商平台网络广告。电子商务平台是国内企业开展网上销售的主要渠道之一,不仅吸引了大量中小企业进入,同时众多大型品牌企业也纷纷在电商平台开设官方旗舰店,因此,在电商平台进行付费推广(广告)也就成为企业扩大站内信息可见度的重要手段。

每个电商平台广告形式各异,但都具有同样的网络营销价值,是开展平台电子商务的重要推广手段,比如淘宝直通车、京东快车等。京东快车有三块展位分布,分别是热卖推荐(结果页顶部三个展位)、推广商品(结果页左侧三个展位)、商品精选(结果页下方四个展位)。

任务三　网络广告的计费模式

广告主在网站上发布网络广告和在传统媒体上发布广告一样,也要向发布广告的网络媒体付一定的费用。但由于互联网与传统媒体运作方式不同,因此互联网上的网络广告收费模式也有其特定的形式。下面介绍几种常见的网络广告计费模式。

1.展示计费

(1)CPM(cost per mille,每千人成本):广告投放过程中,听到或者看到某广告的每一人平均分担到的广告成本。比如说一条广告的单价是 1 元的话,这意味着每一千个人次看到这条广告就收 1 元,如此类推,一万人次访问的主页就是 10 元。至于每千人成本的收费究竟是多少,要根据主页的热门程度(即浏览人数)划分价格等级,采取固定费率。

(2)CPC(cost per click,每点击成本):以访问者每点击广告一次,作为计费标准。如关键词广告一般采用这种定价模式。这样的方法加上点击率限制可以提高作弊的难度,而且可以准确地统计出有多少人确实对广告作出了响应。但是,不少经营广告的网站认为,虽然浏览者已经看到了广告但没有点击,这就会出现网站的访问量很大,而广告的点击率很低,因此有很多网站不愿意采用这种方式。

（3）CPA(cost per action,每行动成本)：按广告投放的实际效果付费,即按回应的有效问卷或订单来计费,而不限广告投放量。CPA的计价方式对网站而言有一定的风险,但若广告投放成功,其收益却比CPM的计价方式大得多。广告主为了规避广告费用风险,只有当网络用户点击广告,链接到广告主网页后,才按点击次数付给广告站点费用。

（4）CPR(cost per response,每回应成本)：以浏览者的每一个回应计费。这种广告计费充分体现了网络广告"及时反应、直接互动、准确记录"的特点。这属于辅助销售的广告模式,对那些实际只要亮出名字就已经有一半满足的品牌广告要求,大概所有的网店都会给予拒绝,因为这种方式得到广告费的机会比CPC还要渺茫。

（5）PPC(pay per click,每点击成本)：按照点击广告或者电子邮件用户数量来付费的一种网络广告定价模式。

（6）CPL(cost for per leads,每引导注册成本)：以搜集潜在客户名单多少来收费,即通过特定链接,注册成功后付费的一种常见广告模式。

（7）PPL (pay per lead)：每次通过网络广告产生的引导付费定价模式。

2.销售计费

（1）CPO(cost per order)：根据每个订单或者每次交易来收费的方式。

（2）CPS(cost for per sale)：以实际销售产品数量来换算广告刊登金额。

3.包月计费

很多国内网站都是按照"一个月多少钱"固定收费模式来收费的,这对顾客较少的网站很不公平,不管效果好坏,不管访问量有多少,一律一个价,这就无法保障广告客户的利益。

相比较而言,CPM和包月方式对网站有利,而CPC、CPA、CPR等则对广告主有利。目前比较流行的计价方式是CPM和CPC,其中最为流行的则是CPM。

任务四　网络广告策划及媒体选择

网络广告策划是根据广告主的网络营销计划和广告目的,在市场调查的基础上对广告活动进行整体的规划或战略策略,是根据互联网的特征及网络人群的特征,从全局角度所展开的一种运筹和规划。在有限的广告信息基础上,对整个网络广告活动加以协调安排,广告设计、广告投入、广告时间、广告空间安排等各个具体环节做到充分考虑并精益求精。广告商对广告自我检测,不断改进,胸有成竹地执行各个环节。

网络广告策划在本质上仍然属于广告策划的一种,在实施过程中的环节与传统广告有很多相同的做法。具体可以将网络广告策划分成筹备阶段、设计制作阶段、测试评估阶段、实施阶段。

一、网络广告策划的步骤

1.了解上网用户的需求

（1）内容需求分析。内容是互联网上的货币。人们上网最主要的目的是为了获取信息以及娱乐,就像是在阅读杂志或者观看电视,在看电视的时候并没有准备购买任何商品,是电视的内容非常吸引人,继而才会看插播广告。

(2)网络广告的受众分析。"顾客就是上帝"这句话是商家的至理名言,消费者的喜好可能会关系小到某一个品牌,大到整个企业的生死存亡。所以,真正对自己负责的企业或商家都在不断地提升自身产品质量和服务的同时不惜重金通过广告来吸引更多的顾客。网络广告实时互动的特性改变了传统广告沟通中信息发送和反馈单向流通、相互隔离、有时差的缺点。我国的网民主要集中在以追逐新鲜事物为乐趣的中青年一代,他们拥有一定的教育背景,具备一定的购买能力,这也为广告主将何种产品投放网络广告以及为广告创意人员量身定做合适的网络广告,提供了有价值的参考。

(3)网络广告受众的视觉认知心理。网络广告是一种以受众为导向的个性化广告形式。受众可以根据自己的喜好,自由地选择自己所需要的广告信息。目前的网络广告还主要体现在"看",也就是视觉的范畴,一般符合人们视觉思维习惯和视觉规律的广告往往更容易被接纳。网民的视觉心理也体现在这一个注意的过程中,而形成注意有两种不同的形式,即无意注意和有意注意。

不管是处于"无意注意"还是"有意注意",合理状态下的网络广告受众都需要拥有一个良好的视觉环境,这就要求设计者在进行视觉表现时在文字、色彩、图形、动静表现上下功夫,给无意注意者一个点击的理由,给有意注意者一个视觉的享受。

2.根据产品特点,确定合适的最期望反应和广告活动的主题

提及最期望反应,购买行为就会被理所当然地放到第一位。实际上,在发生购买行为之前存在一个必要的阶段,例如来电询问、索取试用品、与消费者建立联系。因此,最期望反应并不一定是购买行为,而应根据产品的特点有所调整。新杂志的出版商可能希望受众索取免费试看的电子版本,美发用品商家则可能希望受众在网上下载优惠券。确定了最期望反应之后,就可以据此配合企业的营销计划,设计广告活动的主题。

3.选择大流量且访客覆盖企业目标市场的网站

大流量的网站相当于繁华的商业街,人气旺,企业的广告自然就更受关注。同时,网站访客应覆盖企业的目标市场。选好目标网络媒体后可请专业网络广告公司定制适合企业的网络广告,其流程如图8-13所示。

图8-13 网络广告公司定制广告的流程

4.分析并选定网站中最具广告效果的广告形式

每一种媒体都包含多种广告形式。在网络广告中,不同的广告形式和投放位置,使其广告效果会存在一定差异。此外,为达到最好的广告效果,必须针对特定的广告形式和投放位置专门设计广告。

大面积广告旗帜、流媒体、移动图标、大图标以及邮箱过渡页面、邮箱内大面积广告、广告邮件、弹出窗口和软文等,都是经实践证明具有较好效果的广告形式。具体应用可视企业要求和特定的网站而定。

例如赶集网曾在腾讯网上做的 Flash 广告由姚晨代言(见图 8-14),以轻松随意的形式表现了赶集网网站的功能及内容,同样的电视广告在央视同时上映。

图 8-14　赶集网的广告分镜头

5.设计广告文案和配图

广告设计是吸引受众注意的关键。广告必须传递最能吸引受众的、单一的并易于理解的利益点,从而促使受众产生进一步了解的兴趣。标题是广告中最为重要的组成部分。如果标题不能吸引受众,那么广告其他部分的作用将大大削弱。对广告的文字应该斟酌再三,因为寸土寸金,这是传递核心信息打动消费者的主要阵地。

6.设计与广告紧密联系的、提供高质量信息的登录页面

目前很多网络广告的重点都集中于吸引注意力,却忽略了受众点击广告后的登录页面。这是导致广告主抱怨网络广告缺乏效果的主要原因之一。

点击广告的受众已经表明了他们对企业的产品有一定兴趣,并希望进一步了解更多的信息。登录页面必须向这些受众传递足够的信息,以促使他们做出最期望反应。

登录页面就是这些文字内容和图片的载体。感兴趣的受众将通过登录页面完成广告主所设定的最期望反应。

7.收集访客的电子邮箱地址

为了保持与客户的联系以及促使访客做出购买行为,广告主应及时地收集访客的邮件地址和引导他们阅读销售信息。根据国际互联网消费者行为的统计数据,访客平均要重复访问网站 7 次才会转化为该网站的顾客。此统计结果与人们的消费行为是吻合的。

这里说的收集电子邮箱地址不是用邮址搜集软件大量地收集邮址、发送垃圾邮件的行为,而是在吸引潜在顾客之后,说服他们主动留下联系方式。由于潜在顾客是自愿接收企业寄送的跟进邮件,他们会仔细地阅读邮件内容,回应率将大大提高,企业也因此得以建立起属于自己的营销数据库。

企业在收集到邮址后应适时地发送邮件并进行跟进,以保持正常的联系。事实证明,每周均保持联系的电子邮件营销数据库,其价值高于每月联系的名单。不过这并不表示可以频繁地发送广告邮件,否则将适得其反。

8.用正确的销售信息促使访客做出购买行为

通过以上所述的 7 个步骤,企业已经利用互联网过滤了很多受众,从中识别并吸引了大量的对企业产品有需求的消费者,并可以认定他们将对企业的产品有较高的兴趣,而且已经大大缓和了他们对销售的抵触心理。剩下的工作就是企业如何说服这些消费者做出购买行为。

为此,企业必须通过互联网及时地向这些经过识别的消费者传递销售信息。对不同的产品来说,传递销售信息的方法有所不同。例如:零售店列出减价促销的商品目录;家具商场列

出设计特别、款式新颖的名厂出品,再加价格优惠;美容美发商家赠送试用装;房地产商详细介绍项目的情况,让买家未见到楼盘已经对其有了深入的了解,加快购房的决策过程;健康用品通过精心撰写的销售信打动消费者的心;等等。

二、网络广告投放

1.网络广告投放中的注意事项

(1)预留一定的测试时间。由于网络广告技术含量高,相关环节较多,为了避免广告投放中发生不应有的错误,应在广告投放前测试广告播放是否正常、广告链接是否正确、数据库是否正常运作、广告监测系统能否正常计数,以保证正常投放。

(2)广告创意的更换。同一广告创意投放久了,会造成网民疲劳,点击率下降,建议两周更换一次创意。但如果是新品牌的推广,希望增强品牌记忆度,可以采取同一创意、固定广告位、长期投放,培养用户的浏览习惯。

(3)必要的投放管理与优化。投放前对创意进行测试,尤其是大型投放;在广告投放之初建立必要的备份方案,以保证在投放效果出现波动时进行替换与弥补;对活动网站进行详细的流量检测,客观评估不同媒介组合所贡献的曝光与受众行动的质量。

(4)网络广告的设计整合。"说什么"和"怎么说"是广告创作时需要直接面对的现实问题,也是影响广告效果的关键性因素。如果说"说什么"的问题涉及的是广告有用信息的诉求,是广告的功能性因素,那么"怎么说"的问题,涉及的主要是广告的表现形式,是广告的结构性因素。

2.网络广告的视觉设计原则

网络广告存在着众多的自身特点,设计者在设计网络广告时必须针对其特点,调整自己传统的设计思路和设计方法,以适应广告媒体的特性,扬长避短,才能更好地发挥广告的传播效果。网络广告的视觉设计原则如下:

(1)保证网络广告布局的秩序性。不论是拥有广告位的门户网站还是企业自己的宣传网站,都应该将网络广告与网站设计一起列入整体规划,避免网页版面设计的无序而导致网络广告布局的零乱,从而使浏览者保持轻松自然的情绪,并有助于浏览者减缓甚至避免视觉压力和视觉疲劳的发生。另外要尽量避免两个相近的产品或企业广告同时出现在一块儿并且以Flash形式出现。

(2)注重视觉效果的简洁明快。虽然网络广告在发布的时间和空间上可达到无限,但是它的设计不能背离广告设计的总体原则,即仍然要以简洁、明快、易懂、易记为主。图形、图像的处理应该尽量做到简洁而不失内容表达,运用多幅图片时要进行取舍,以一个点或一个局部的描写体现广告的信息内容,做到给人以小见大、以少见多的视觉空间。

(3)合理运用视觉设计元素。由于网络广告有着国际性和受众文化类别广泛性的特点,因此在网络广告的视觉设计中运用视觉元素(文字、图形、色彩、标志等)时,必须尽可能使作品被所有受众群体易于接受和喜闻乐见。

(4)适当控制动画广告时间。动画形式的广告已经成为目前网络广告的主要发布方式,但是受网络带宽以及受众视觉心理的影响,网络广告的动画播放时间不宜过长,以免让网民产生反感甚至厌恶的情绪,最终导致广告效应无法实现。一般来说,以Flash形式出现的网络广告时间最好控制在5至8秒左右,并且在每个画面的安排时序上不宜停留过长,动画帧数不宜设置太多。

(5)优化取舍设计内容。虽然现在的网络广告具有自主性和强制性双重属性,但是网络广告的初衷是希望受众主动点击。这就要求网络广告能包含该产品更多、更详尽的专业内容,同时能突出产品的主要特点和卖点。

3.网络广告设计的创意整合

创意是设计的灵魂。创意是广告设计中的理性思维活动,创意是广告人对广告创作对象进行想象、加工、组合和再造,使广告形象和内容具有理性的功能美和感性的艺术美的一种创造性劳动。

网络广告更是注重带给用户的影响及感受,好的网络广告不仅收获的是一个用户的体验,更是唤起该用户发动身边好友去感同身受。评估一个网络广告创意的优劣可以从以下相反的方面进行考虑:无创意,单纯炫技,让人不明白在卖什么;过多的文字是网络广告之大忌,用户没有时间也没有耐心读一段过长的网络广告文案;广告文件过大,用户通常是不会为了下载一个广告而浪费太多时间的;无卖点或没有任何产品信息,缺乏最起码的广告要素就不能称其为一个广告,更谈不上成功。

三、网络广告的媒体选择

网络广告的发布应根据网络媒体的分类不同而不同。根据广告的投放形式,网络广告大致可以划分为标牌广告、电子邮件广告、文字链接和软文。

1.标牌广告

网站中的标牌广告包括旗帜、固定图标、移动图标、流媒体、弹出窗口、邮箱过渡页面等。标牌广告具有户外广告牌、报纸平面广告和电视广告等传统媒体的作用,对提高品牌知名度有很重要的帮助。对比传统媒体的标牌广告,网络标牌广告的互动性以及信息承载量则是其最大的优势。在运用网络标牌广告时,应尽可能把广告投放在网站流量最大的位置,例如首页首屏、邮箱过渡页面,以获取最大的曝光度。通常,首页首屏的流媒体、大面积旗帜、移动图标、大图标、弹出窗口、邮箱过渡页面和邮箱内大面积广告的冲击力强,曝光度理想。

网络广告发布中应注意以下问题:利用企业的网站发布时,网络广告发布的自由度大,但效果受网站流量的影响;借助专业网站发布网络广告时,应注意选择访问率高、排名靠前的网站,图8-15为360导航网页推荐的热门网站;选择有明确受众定位的网站或者页面,如苏宁易购;利用广告交换服务的网站,如行业相近的网站。

图8-15 360导航网页推荐的热门网站

2.电子邮件广告

经过实践证明,电子邮件是最具效果的广告形式。在正确应用的前提下,回应率远远高于其他所有类型的广告。据有关电子邮件广告活动的统计数据显示,60%的上网用户在邮件发送的首月内阅读了该邮件,其中超过30%的用户点击邮件里的链接到达目标页面。

电子邮件广告的优点为:准确地向目标消费群投放广告,节约广告成本;制作维护简单快捷,成本低;快速的反应能力;对目标市场的覆盖率远高于其他形式的广告。

3.即时通信软件

即时通信(instant messaging,IM)软件继承了数据交换、语音聊天、网络会议、电子邮件等功能,是个人网络应用的代表。腾讯用户数高达10亿,这一平台的作用就是信息传递一定能送到客户手中。微信、淘宝旺旺、新浪UC等都是IM平台,同时这些平台上群的建立、群信息、群论坛、群空间、群邮件在广告传播中的作用也不可小觑。

四、博客和社区网站

博客和社区网站也是网络广告传播的途径。2011年Facebook充分利用互动性将其打造成一个广告媒体,将广告融合到网站内容中,走进朋友、亲人、同事之间的谈话,这是广告商一直以来所追求的效果,也是Facebook本身赢利的途径。世界杯期间耐克通过Facebook被广泛传播的广告《书写历史》,成为除西班牙之外最大的赢家。

在实际使用过程中,BBS和SNS都可以使用文字链接。因为文字链接意味着"这是内容",所以文字链接最好指向具有价值的内容,包括软文、新闻和优惠消息等;然后再在所指向的内容中加入企业产品的链接,这样得到的访客才会对产品有更大的兴趣。

五、电子杂志及其他出版物

电子杂志又称网络杂志、互动杂志,目前已经进入第三代,以Flash为主要载体独立于网站存在。

ZCOM是国内专业的电子杂志发行平台、权威的电子杂志门户网站,收集了互联网上几乎所有的免费电子杂志,见图8-16。

图8-16 ZCOM电子书城首页

iebook以影音互动方式的全新数字内容为表现形式,集数码杂志发行、派送、自动下载、分类、阅读、数据反馈等功能于一身。iebook现在成为电子杂志重要门户,现有注册用户近200万,并保持每日30万以上的活跃用户,iebook杂志总下载数超过1000万。

任务五 网络广告效果评价

通常在广告投放结束后,广告主能通过第三方的广告监测系统,看到广告投放效果的相关数据,包括印象(impression)、点击(click)、点击率(click rate)等,如果建有数据库,还能收集到详细的用户信息。通过这些数字,根据广告投放费用能精确计算出此次广告投放的CPM、CPC、CPA费用。网络广告的可评估性通常就是指这些指标。

广告效果的评估对任何一种媒体而言,都是很复杂的问题,网络广告也不例外。评估网络广告效果,如果单纯从印象、点击、点击率这些指标来衡量,就显得有些片面。用户的点击冲动与很多因素有关,比如创意表现的新颖性、广告词的煽动性、对产品的兴趣、活动的奖品、产品代言人等都影响点击的数量。

一、网络广告效果评价的意义

网络广告效果贯穿于整个网络广告活动的全过程,包括网络广告调查、网络广告策划、网络广告创意和制作、网络广告发布和实施等活动,它的表现也有多种形式。网络广告效果的评价,不仅可以对企业前期的广告运作作出客观的分析,而且能对企业今后的广告活动起到有效的指导作用,对提高企业的广告效益具有十分重要的意义。

(1)有利于完善广告计划。通过网络广告效果的评价,可以检验原来预定的广告目标是否正确,网络广告形式是否运用得当,广告发布时间和网站的选择是否合适,广告费用的投入是否经济合理等。这有助于提高制订网络广告活动计划的水平,争取更高的广告效益。

(2)有利于提高广告水平。通过收集消费者对广告的接受程度,鉴定广告主题是否突出,广告诉求是否针对消费者的心理,广告创意是否吸引人,是否能起到良好的效果,以改进广告设计,制作出更好的广告作品。

(3)有利于促进广告业务的开展。由于网络广告效果评估能客观地肯定广告所取得的效益,可增强广告主的信心,使广告企业更精心地安排广告预算,而广告公司也容易争取广告客户,从而促进广告业务的发展。

二、衡量网络广告效果的指标

有人说:"我的广告费中有一半是浪费掉的,问题是我不知道浪费的是哪一半。"这种情况在传统广告中可能是普遍现象,因为传统的报纸、电视广告,效果确实比较难以统计。但网络广告不同,访问者的浏览行为可以被追踪统计,可就此分析出网络广告的效果。网络广告效果分析中最常用的指标有以下七个。

1.点击

很多广告系统会提供点击数据。顾名思义,点击就是反映访问者点击了多少次广告。为了统计方便,可以把广告链接到一个单独的页面,这样只用看这个页面在页面排行报表中的页面浏览,就能知道点击数。如果不方便链接一个单独页面,比如为了搜索优化,在 TextLink 广告中往往直接链接到首页,这时可以查看来源 URL 报表,分析从放置广告的 URL 链接过来的访问就能知道广告的流量。

2.访问

如果访问者多次点击广告,并且相邻两次点击的间隔不超过半小时,那都会被统计为一次访问。投放网络广告就是为了吸引访问者,当访问者点击了一次广告后,多余的点击对广告投放者来说是缺乏价值的。访问指标的统计有助于过滤这种多余的点击。这个指标可在页面排行报表或来源 URL 报表中获得。

3.访问路径

访问路径就是用户访问页面的次序,在访问路径报表中能看到统计结果。研究访问路径时,要重点看访问者是否在按照预先设想的流程访问网页,如果不是,那要看究竟是为什么。访问者没有按照预想设计访问页面,有可能是因为网站的设计问题,但也反映了访问者真正关心的和广告设计的预想是不同的。这个关系到哪些位置适合投放什么产品,并能找到用户,而他们又有一些怎样的习惯。

4. 退出页面

很多访问者没有到最后付款或注册就退出了,清楚地掌握他们是在什么页面退出的很重要。访问者的退出位置在退出页面报表可以看到,报表中排位靠前的网页要仔细研究,看这些网页的设计是否有问题,还要看整个流程设计是否有问题。

5. 访问者成本

总的广告费用除以独立访问者数量,可以得出每个访问者的成本。这个指标很重要,是经常用来比较不同广告优劣的重要指标。

6. 转换率

转换率就是从网络广告过来的访问者中最终成为付款客户的比率。这个指标主要针对以销售为目的的网站。如果网站并不是以销售为目的,可以变通一下,比如以访问者在网站注册账号的比率作为转换率,即注册率。

如果网站是线上销售,转换率是最好统计的。只要统计从广告页链接过来的访问者中,有多少人访问到了最后的交易完成页面即可(如果是注册率那就统计最后的注册完成页面)。如果是线下销售的,那就要通过电话或其他方式来调查客户是从哪些渠道来购买的。

7. 广告费用的投入产出比

以销售为目的的网站,一旦知道了转换率,就能计算出广告产生的销售额,用这个销售额除以广告费用,就是广告的投入产出比。如果这个比值大于100%,那就表示这个广告是有收益的。对在线销售网站来说,广告费用的投入产出比是最重要的指标,是决定性的。不以销售为目标的网站在评估最终效果时不使用该指标,而是用其他指标来综合评估。

上面列出的七个指标是众多指标中比较常用的几个,在具体应用过程中可以结合网站的特点,参考其他的指标。比如在分析投放的网络广告效果时,还要参考页面平均停留时间和每个访问平均页面浏览量这两个指标。因为这两个指标针对不同的网站和网页,往往有不同的含义,不是通用指标。对一些广告投放量很大的网站,流量分析报告中的指标估计还不能满足需要,这就要定义一些有针对性的指标,使用自己开发的统计工具进行分析。

三、网络广告效果评价的方法

网络广告的效果评价关系着网络媒体和广告主的直接利益,也影响着整个行业的正常发展,广告主总希望了解自己投放广告后能取得的回报,于是就产生了这样的问题,究竟使用什么样的方法全面衡量网络广告的效果。

1. 对比分析法

不论是 Banner 广告,还是邮件广告,由于都涉及点击率或者回应率以外的效果,因此,除了可以准确跟踪统计的技术指标外,利用比较传统的对比分析法仍然具有现实意义。当然,不同的网络广告形式,对比的内容和方法也不一样。

将那些收到 E-mail 的顾客和没有收到 E-mail 的顾客进行对比,这是评价 E-mail 营销对顾客产生影响的典型的经验判断法。利用这种方法也可以比较不同类型 E-mail 对顾客所产生的效果。

2. 加权计算法

所谓加权计算法就是对投放网络广告后的一定时间内,对网络广告产生效果的不同层面赋予权重,以判别不同广告所产生效果之间的差异。这种方法实际上是对不同广告形式、不同投放媒体或者不同投放周期等情况下的广告效果进行比较,而不仅仅反映某次广告投放所产生的效果。显然,加权计算法要建立在对广告效果有基本监测统计手段的基础之上。

下面以一个例子来说明。第一种情况,假定在 A 网站投放的 Banner 广告在一个月内获得的效果为:产品销售 100 件(次),点击数量 5000 次。第二种情况,假定在 B 网站投放的 Banner 广告在一个月内获得的效果为:产品销售 120 件(次),点击数量 3000 次。如何判断这两次广告投放效果的区别呢?可以为产品销售和获得的点击分别赋予权重,根据一般的统计数字,每 100 次点击可形成 2 次实际购买,那么可以将实际购买的权重设为 1.00,每次点击的权重为 0.02,由此可以计算在两种情况下广告主可以获得的总价值。

第一种情况,总价值为:$100 \times 1.00 + 5000 \times 0.02 = 200$。

第二种情况,总价值为:$120 \times 1.00 + 3000 \times 0.02 = 180$。

可见,虽然第二种情况获得的直接销售比第一种情况要多,但从长远来看,第一种情况更有价值。这个例子说明,网络广告的效果除了反映在直接购买之外,品牌形象的宣传或者用户的认知同样重要。

四、网络广告效果评价应注意的问题

第一,网络广告的投放只是影响商品销售的因素之一,产品最终的销售业绩还与产品本身的质量、价格、渠道策略等因素有关,这些因素组成商品促销系统的有机整体,因此,网络广告投放效果的好坏与产品的销售情况并无唯一对应的关系。对网络广告效果的认识不能仅仅停留在销售量的增长上,需要建立长远的眼光。

第二,网络广告对商品销售和知名度的影响是需要一定周期才能体现出来的。如果没有考虑到网络广告影响的周期性和滞后性,得到的效果测评和结论是不准确的。

第三,对网络广告效果的测评可以选择四种方式,即通过第三方评估机构、通过访问统计工具、通过广告管理软件以及根据客户反馈情况。广告主可以根据需要的信息精度和种类,在广告合同中就测评的方法进行约定。

随着互联网在国内应用的普及,网络广告的目标市场中潜在顾客的数量必然会呈现扩张的趋势,样本也不再局限于中高学历的年轻人,任何商品都可以在网络上进行宣传销售,这就意味着网络广告的覆盖市场将会更大、更广。

项目小结

通过本项目需要读者了解网络广告是确定的广告主以付费方式运用互联网媒体对公众进行劝说的一种信息传播活动,它包括网幅广告、文本链接广告、电子邮件广告、赞助式广告、弹出式广告和富媒体等多种形式,相关费用可以通过 CPM、CPC、CPA、CPS 等指标进行换算。经过调研、创意设计、媒体选择以及投放等八个步骤可以完成网络广告的策划,最终可以通过点击率、访问率为主的七个指标对网络广告投放的效果进行评估。

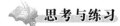 思考与练习

 拓展活动

项目九 新媒体营销专员

学习目标

知识目标

掌握新媒体的概念和主要特征;掌握新媒体的发展趋势;掌握新媒体的主要类型。

能力目标

具备能够针对不同产品,选择适合投放的新媒体的能力;熟悉新媒体广告的特征,具备精准投放目标人群的能力。

对应岗位及要求

主要岗位

新媒体营销专员。

工作要求

能熟练掌握新媒体营销的系统方法论,思维活跃,有互联网营销思维和理念;有微信运营的经验,负责微博和微信日常运营,包括企业微博和微信公众号的内容运营、头条文章撰写、品牌推广文案撰写;对媒体热点十分敏感,熟悉知乎、微信、微博、豆瓣等社交媒体,是社交媒体的深度用户;有丰富的想象力和创造力,能贡献自己关于内容营销的创意;拥有出色的文笔,喜欢写作,能在短时间内独立完成原创文章的写作或编译工作。

项目分析

项目概述

利用新媒体宣传观点、推广品牌、销售产品已成为"互联网+"时代企业和各类机构的重要工作。不管是找工作还是创业,能否运营新媒体似乎已经成为很多岗位的任职要求。通过本项目的学习,希望读者能从实践角度抓住新媒体的价值,理解新媒体运营的特点和从事新媒体运营工作的要求,熟悉新媒体的各种类型,并掌握各种新媒体的特点,整合不同媒体资源实现最佳的传播效果,为成为一名合格的新媒体运营者作好准备。

案例导读 600多岁的故宫如何成为新晋网红?

这些年故宫越来越不像是一个600岁的中国文化官殿,更像是一个新时代的"网红"(见图9-1)。故宫"挺忙"的,先是腾讯和故宫合作三周年的分享会在故宫举行,后来又听说小米公司在故宫开了小米 MIX3 发布会,这不禁让我想起了前不久,同事还给我吃了故宫出品的月饼……

图 9-1　故宫帝王新形象

细数这几年故宫的发展,我们看看故宫做出了什么成果:2015 年,故宫依靠文创类产品一年卖了 10 个亿,比门票收益还要多;故宫淘宝推出的文创产品也备受大众热议,牌匾冰箱贴、尚方宝剑雨伞、官帽伞、胶带等,在搞笑的同时,也受到很多人的追捧;而故宫推出的纪录片《我在故宫修文物》《故宫新事》更是在豆瓣斩获高分……一切迹象表明,故宫在大众的心中,已经成为一个"网红"。

那么,故宫是如何成为今天的样子呢?它是如何脱去高大上的外衣,从一个文化宫殿,成为一个流量巨大的"网红"呢?接下来,从下面四个角度来带你了解故宫这个"网红"是如何打造的。

1. 第一次反差萌尝试

2014 年 8 月 1 日,故宫在自己的公众号发布了一篇名叫《雍正:感觉自己萌萌哒》的文章,文章由文字和图片(见图 9-2)简单构成,并没有其他过多的排版修饰。不过,即便排版再丑,这篇文章在当时也引起了很多人的转发,更在网络上引起了热议。当雍正帝一改以往人们以为的严肃刻板的形象,成为一个"可爱萌主""抠脚大汉",这一下子在社交圈引起了很大的反响。

图 9-2　雍正:感觉自己萌萌哒

这篇名为《雍正:感觉自己萌萌哒》的文章,阅读量迅速达到了"10 万"+,这样的数据在当时是非常惊人的。而在这之前故宫公众号所有的文章,阅读量大多都是几百的状态。

正是因为这次尝试的成功,让故宫的工作人员开始意识到,这样的形式恰恰是一个很好的切入点。600 多岁的故宫,凭借大众以往对故宫严谨高冷的印象,配合现在各种萌贱的表达方式,成功俘获了很多人的心。

此后,故宫开始沿用反差萌的套路,大众也非常乐意买账,见图 9-3。

图 9-3 故宫推出的文创产品

不要小看这些搞笑的文创产品,它们能够受到大众的欢迎,绝不是偶然。例如图 9-3 中最后一个图中宫女头型的抱枕,中间绣着"朕"字,其实就有理论依据。

在《品牌密码》一书中提到,"神奇术语"是一个很重要的概念,因为这个神奇术语能够将同一个圈层的人联系在一起。

那么,"朕"就是一个很好的神奇术语,因为"朕"字不仅仅能够非常独特地代表中国的传统文化,并且也能够让喜欢中国传统文化的人,立刻理解含义,表达出了萌式反差的感觉。

再例如,故宫博物院文创产品的设计师,并不是一次全都签下来的,而是设计师们做好自己的文创作品,放在一个展区,通过游客的购买,来判断是否可以保留下来。通过大众消费量的统计,最后才筛选出了非常有特色的文创产品。由此也可以看出,文创产品的萌式反差风格,游客也是出过力的……

除了文创产品上能够看出大众喜欢这种反差萌,在 H5 的传播过程中也可以看出。2016 年 7 月,一个 H5《穿越故宫来看你》突然刷屏朋友圈,这是由深圳市青木文化传播有限公司与腾讯 Tgideas 团队为腾讯创新大赛 NEXT IDEA 所做的,在 H5 中明成祖朱棣从画中跳了出来,唱着 Rap,跳着舞蹈,见图 9-4。又一次让人们看到了不一样的传统文化,故宫又一次给了大众一种形象上的反差。

图 9-4 明成祖"穿越故宫来看你"

关于与故宫相关的历史人物形象,改编后更是在社交圈引起很多的交流和转发,直到现在还能够在朋友圈里看到,有些人的头像就是皇上的反差萌图片,见图 9-5。

图 9-5 朋友圈里的皇上反差萌图片

2.故宫博物院原院长

2012年单霁翔担任了故宫博物院院长一职,一上任就开始进行了一个"大工程"——走遍故宫每一个角落。一共花了5个月的时间,单霁翔走遍了故宫9000多个房间,成为第一个走完故宫房间的人。

这样下来,他对故宫博物院有了更加深刻的了解,对IP的打造和文化创新产品,也有了自己更加独到且准确的认识。

他认为博物馆虽然属于国家,但是不能够仅仅依靠国家财政拨款预算来开设展览,博物馆应该走向市场经济模式,重视市场营销。于是,故宫博物院开始刮起了一股创新之风,并且,这股创新之风在2015年给故宫博物院带来了10个亿的营业额,远高于门票收入。故宫的相关产品见图9-6至图9-12。

图9-6 "朕知道了"胶带　　图9-7 官帽伞　　图9-8 尚方宝剑雨伞　　图9-9 朝珠耳机

图9-10　牌匾冰箱贴、皇家拖鞋、围裙　　　图9-11　锦衣卫交通卡牌　　　图9-12　宫女玩偶

单霁翔在担任故宫博物院院长期间参加了很多面向大众的活动（见图9-13），在2017年3月11日晚8点他参加了央视当时最火的文化节目《朗读者》（见图9-14），朗诵了《至大无外》，让大众再一次认识了故宫。

图9-13　单霁翔面向公众宣传故宫　　　　图9-14　单霁翔参加央视《朗读者》节目

早在2005年就已经有了关于故宫博物院的纪录片《故宫》，这部纪录片在豆瓣保持在9.1的高分。从建筑艺术、功能使用、馆藏文物、皇宫到博物院的历史转变，描述了一个六百年积淀后的故宫。在2012年播出了《故宫100》，每集用6分钟的时间，讲述了故宫不同空间的故事，在豆瓣评分高达9.3分。

在2016年，播出了纪录片《我在故宫修文物》（见图9-15），这部纪录片不再是仅仅介绍故宫的故事，而是介绍在故宫修文物的工作人员，通过纪录片看到这些工作人员为了中国的文物所作出的贡献，更好地激起了人们内心的触动。首播一个月后，以年轻人为主要受众的B站（哔哩哔哩平台简称）上点击率超200万，弹幕数超6万条。

图9-15　《我在故宫修文物》海报

到了2017年，播出了纪录片《故宫新事》，这部纪录片有5集，一年只出一集，一集20多分钟。之所以如此，是因为2016年起，故宫博物院开启了"养心殿研究性保护项目"，养心殿开始不再面向大众展览参观，而这部纪录片《故宫新事》，就是专门要记录修缮养心殿的全过程。

有了这些高质量的纪录片，人们不再是只能通过线下才可以看到故宫的全貌，在网络上观看故宫纪录片,还会有更加详细的故事讲解。

通过这四部纪录片可以看出,不论是纪录片的内容质量,还是故宫本身所具有的历史光环,都在促使大众对故宫开始产生新的认识,而不再是陌生的高冷宫殿。

3.故宫的跨界营销

故宫今天成为网红,和众多品牌商的合作也是有关系的,并且,做出的很多有名营销案例,是非常不错的。

2016年,腾讯NEXT IDEA×故宫发布会上,腾讯和故宫就宣布开展长期合作。于是,在同年的NEXT IDEA故宫表情大赛中,选手创作的QQ表情首月下载超过4000万,H5《穿越故宫来看你》上线3小时浏览量超过150万。在"2018年故宫×腾讯NEXT IDEA音乐创新大赛"上,《千里丹青》作为首发曲,上线当天播放量就超过了2500万。并且,腾讯联合Treedom团队打造了一款H5《古画会唱歌》,故宫博物院的《千里江山图》被融入其中,配合精美的音乐制作和动画效果,再加上明星参与后粉丝的传播,使这个H5广为传播。

除了腾讯,故宫还和很多品牌商有过不错的合作。2018年中秋,抖音和故宫食品合作,推出了一款有趣的H5,和一款官廷月饼礼盒"抖转星移共团圆",见图9-16。H5中,官女们也可以做出抖音视频中的动作,非常有趣,且贴近大众。此外,故宫与稻香村合作,推出高颜值的糕点礼盒;与谷歌合作,在故宫博物院展示快闪实验室,通过技术让游客有更加丰富的体验;与时尚芭莎合作,联手打造项链套装;与黎贝卡合作,出售2018手账;与Kindle合作,出售新款限量礼盒……

图9-16 故宫跨界合作营销

这一系列跨界合作下来,故宫被大量曝光在人们的面前,这个600年的老品牌多次和年轻的品牌出现在一起,慢慢加强了人们对故宫新的认识,使其逐渐成为一个名副其实的"网红"。

总结与分析:这些年来,有不少传统品牌想要通过各种营销手段,让大众重新认识自己,而传统品牌真正成功晋升为网红品牌的没有几个。例如,百雀羚作为国内历史悠久的著名化妆品厂商,近年来也不断地走到大众的视野中来;雕牌是20世纪的人们经常使用的产品,他们也通过营销和包装更加年轻化来应对新时代的挑战。而故宫无疑是更好的例子,600年的古老品牌成为新晋"网红",对想要学习新媒体营销和品牌营销的人士来讲,这是很好的案例。

(资料来源:https://www.niaogebiji.com/article-18508-1.html。有修改。)

任务分析

任务一　认识新媒体营销

新媒体的概念是 1967 年由美国哥伦比亚广播电视网技术研究所所长戈尔德马率先提出的。门户网站、电子邮件、个人博客、微博、微信公众号、手机短信、专业论坛、手机杀毒软件、个人微信朋友圈、手机新闻客户端等，都可以被称为"新媒体"。

一、新媒体的概念

新媒体是一个相对的概念，目前所说的新媒体包括网络媒体、手机媒体、数字电视等形态，但回顾新媒体发展过程，就可以看到新媒体是伴随着媒体的发展而不断变化的。

比如，广播相对报纸是新媒体，电视相对广播是新媒体，网络相对电视是新媒体。科学技术在发展，媒体形态也在发展，像手机杀毒软件一样，过去只是一个工具软件，但自从带了装机软件推荐、自动弹窗等功能后，就具备了媒体传播特性，因此人们就不能只注意它的工具化属性，也要注意它的媒体化能量。

那么，到底什么是新媒体？美国《连线》杂志对新媒体曾有一个定义："所有人对所有人的传播。"这个定义过于宽泛，如人和人之间的口碑传播，有些是借助新媒体，有些还是借助日常交往。联合国教科文组织对新媒体下的定义是："以数字技术为基础，以网络为载体，进行信息传播的媒介。"这个定义过于简单，在本书中谈到的新媒体是指基于数字网络出现之后的媒体形态，即凡是利用数字技术、网络技术，通过互联网、宽带局域网、无线通信网等渠道，以及计算机、手机、数字电视机等数字或智能终端，向用户提供信息和服务的传播形态，都可以看作是新媒体。严格地说，新媒体应该被称为数字化时代到来后出现的各种媒体形态。像电视就属于传统媒体，但是经过数字化改造的数字电视，又可以被看作是新媒体的一种。传统报纸升级为数字报刊后，也是新媒体的一种。

对新媒体的理解，需要抓住要点——新媒体是建立在数字技术和网络技术等信息技术基础之上的。如果传统媒体开始利用信息技术改造自身运营模式，那么这些传统媒体也可以变成新媒体。新媒体定义是一个动态进化过程，网络上层出不穷的新媒体形式一方面可以反映出新媒体发展之快、变化之多，另一方面也说明关于新媒体的研究还不成熟、不系统。本书从务实的角度出发，针对主流新媒体提供给读者运营规划的实战技能性知识。

二、优质媒体的三大特征

互联网时代，新的"新媒体"层出不穷。着眼于企业应用的角度，企业关心的问题无非包括以下几个方面。

1.不同媒体覆盖人群的不同

只有了解了不同媒体在覆盖人群上的特点，投放广告时才能做到精准。比如报纸可能对政府、国企或事业单位更有影响力，电视对中老年人更有影响力，广播电台越来越受到私家车主和专车司机的关注，因此，每类媒体都有自己人群到达的有效半径，见表 9-1。

表 9-1 视频媒体的目标人群

媒体对象	覆盖人群的地理和年龄段特点	人群规模
中央电视台一套	全国中老年人群为主	亿级
江苏卫视	"95后"、"00后"人群	亿级
江苏电视台	江苏省内中老年人为主	百万级
优酷视频	"70后"至"90后"网民	亿级
哔哩哔哩	"90后"网民	千万级

2.不同媒体覆盖场景的不同

同样的人群覆盖,不同的媒体产生转化的场景不同,因此对人群传播达到的效果也不同。比如,同样是城市上班族,是报纸达到的效果好,还是调频电台、地铁广告更好,主要取决于目标用户选择的通勤方式。要选择新媒体,首先要分析影响目标人群到达场景的细节会经过哪些流程环节,这样才能更好地策划新媒体策划,见表 9-2。

表 9-2 针对不同城市上班族可选投放的广告

人群通勤方式	可以选择投放的新媒体
步行、跑步、骑车上班	广播电台、户外广告
公交、地铁上班	微博、微信公众号、新闻头条、微信地铁视频、免费报纸
拼车上班	视频嵌入广告、微信公众号
在家上班	电视、门户网站、聊天软件弹窗

3.不同媒体风格调性的不同

选择一个媒体,不仅要考虑覆盖的人群和场景,还要考虑媒体自身的内涵和气质是否与人群的价值观、生活习惯相契合。人们接纳一个媒体的原因,实际上是因为认可该媒体在运营过程中传递的媒体形象,媒体通过持续运营,打造了自己的公信力,并能够说服它的目标阅读群体信任媒体传播的广告内容。

有的媒体虽然覆盖人群广、流量大,但因为自身缺乏足够的公信力,流量转化率不高,综合投放效果未必有一些流量小的媒体效果好。因此,在选择媒体投放时,不要刻意区分新媒体和传统媒体,而应更多地考虑媒体传播的有效到达率。

互联网技术和计算机技术的发展,能及时捕捉到每个人使用新媒体的后续动作,记录他们的消费行为,可实现个性化精准推送、与用户实现实时互动,这些能帮助企业大大提高营销转化率。正是依赖这一技术上的突破,新媒体在技术、运营、产品、服务等商业模式上更具有创新的可能。这体现的是新媒体的优势,也使新媒体的边界不断变化,不断整合传统媒介,拓宽应用领域。

三、新媒体发展的四大趋势

以信息技术为基础的移动互联网模式下的新媒体对传统媒体产生越来越深刻的影响,尤其是传播方式的影响。

1.注意力经济时代的来临

人类信息载体的变化趋势是从岩画到纸书,从书籍到报刊,从报刊到计算机,从计算机客户端到移动手机客户端,并且随趋势的变化人类阅读载体的屏幕越来越小,阅读时间越来越短。更重要的是计算机客户端阅读和移动客户端阅读都是交互式阅读模式,人们阅读什么内容是需要自己一步步选择,这与单纯的纸质图书的静态沉浸式阅读模式完全不同。

在这种交互式阅读模式下,如果一个人要花很长时间等待自己想看的内容,他会变得越来越缺乏耐心,甚至直接退出阅读。这种因为不耐烦等待而马上跳出的行为模式在纸质图书阅读过程中就比较少见。有人归纳出"三秒原则",意思是如果内容三秒钟刷不出来,阅读者就会选择退出。

为了让大家对阅读内容产生兴趣,保持注意力,现在的媒体越来越倾向于选择更吸引人的标题,或者把长文章分成若干小节,每节设置吸引人的标题和诱导图片,这就是所谓的"标题党"现象。

在这种趋势下,排版的长文章阅读、轻松阅读的图形化文章、趣味性的短视频、游戏性的交互式 H5 等新的阅读载体比传统的大段文字更有吸引力,也成为新媒体从业者必须掌握的运营新武器。

2. 移动场景阅读时代的来临

智能手机的普及,阅读进入移动场景下的碎片化时间阅读模式,在公交、地铁、餐厅、会议室、教师等场合,只要有一点点碎片化时间,越来越多的人会选择看手机。

互联网上有一个新词叫"头部内容",就是指总能在主流移动 App 上占头条的内容,如果能经常产出头条内容,就会形成强大的品牌,进而占领消费者。

在计算机客户端时代,计算机阅读屏幕足够大,可以容纳相对较多的头条内容;到了移动时代,能容纳头条内容的空间被大大压缩,如果不能进入手机 App 的首页空间,内容得到关注的可能性就很小。这就进一步强化了优质内容对显示空间的争夺,谁能总是抢占手机"头部"的显示区域,谁就能不断得到曝光,就能进一步形成品牌的传播力。

因此,有人总结出"长尾理论",意思是有了搜索就可以找到理论上所有的商品,每一种商品都可能有人选择和购买,那么无数销量不大的商品也可以汇集成一个大市场。这个市场总体上也许能占到全部市场销量的 50%,这就打破了原来的"二八法则"。

但是到了移动客户端时代,因为"头部内容"效应的存在,移动阅读状态下人的注意力会进一步被集中到"头部内容",大家讨论和分享的内容越来越同质化,结果很可能又回到"二八法则",甚至是"赢家通吃"的模式。

3. 参与感时代的来临

在没有互联网之前,媒体的一大变化趋势就是信息越来越大,产生信息的周期越来越短。以报纸为例,最早的报纸是月报,慢慢变成日报,然后是门户网站,最后是移动互联网时代的新闻客户端 App。报纸产出的媒体形态主要是新闻,出版信息量越来越大,出版的周期越来越短;到了互联网时代,门户新闻可以做到实时更新,支持社交分享和在线评论;在移动互联网时代,更是在实时更新基础上增加个性化的内容推送。

每一个媒体都在设法抓住潜在消费者的眼球,确保自己拥有更多的用户。不同的媒体努力提高自己的内容设计水平和技术交互手段。以视频新闻为例,大致经历了以下几个发展阶段,见图 9-17。

图 9-17 视频新闻交互方式进化示意图

互联网时代,越来越多的人喜欢在线观看综艺节目,因为可以允许每个人发表看法,在线评论、分享、点赞。弹幕技术的出现,每个在线观众弹幕发言都可以成为直播节目内容创造的一部分,普通观众的参与意识大大增强。

一旦内容市场习惯了参与感,媒体所提供的内容又无法创造出参与感,作为媒体就会被用户所抛弃,所以传统媒体在转型过程中,一方面要考虑内容分发载体的改变,另一方面要考虑制作方式全面适应从传播型设计到参与感设计的转变。

4.社会化传播时代来临

传统媒体,包括一些互联网媒体(如新闻网站),视频门户更多的是依赖渠道的流量去传播。当网络分发流量的渠道是百度的时候,大家都必须在百度上投入推广费用。当网络流量渠道转移到微信的时候,大家又想通过微信公众号作推广。所以在新媒体上作推广,很多业内人士叫"导流"。不管应用的媒体平台是什么,传统媒体考核指标叫目标人群到达率,在报刊上就是发行量,在电视广播上就是收视(听)率,在网站上便是访问量。将广告或者公关文章植入覆盖量高的媒体内容中,便可以获得较高的注意力流量。

然而,这些流量的转化率到底如何?很难讲。什么样的流量是好流量?当然是转化率高的流量。什么样的流量转化率最高?当然是被用户信任的流量,这些流量可以来自搜索引擎、有公信力的网站、用户关注的明星微博、用户喜欢的微信公众号,等等。当好流量是稀缺资源的时候,流量就会越来越"贵"。不过这其中质量最高的流量往往是社交圈里信任的人推荐的。有些人在社交圈里能量高,在某些专业领域有眼光,大家都信任他,他推荐的产品或服务大家都很信任,会直接去选用。如果他的能量影响的人足够多,他就开始在某些领域形成个人品牌,开始成为更多人的"信任代理"。一旦成为足够多人群的"信任代理",就可以有意识强化个人品牌的标签识别度,不断曝光自己在某个领域的影响力,鼓励对这个领域感兴趣的人直接通过社交媒体和自己互动,积累粉丝订阅数,这样就容易成为"自媒体网红"。

今天的互联网越来越强化人和人直接链接。人和人的关系链逐步演化成社会化网络媒体最重要的组成部分。在社会化网络媒体中,谁拥有更多的用户信任,谁就掌握了一部分网络流量的走向,就能通过经营好"信任"带来的商业回报。

所以说,社会化传播背后是一种"信任经济",明星就是信任经济的一种典型产物,但要持续得到别人的信任,对大部分人来说,最好的方式不是做明星,而是培养专业化品牌,做持续的原创专业内容产出。

可以通过专业品牌产出优质内容,影响所能覆盖的用户关系链,让自己的内容借助喜欢自己的用户的社交链条传播扩散到更大的互联关系网中,如果产出的内容有足够的话题性或专业性,或者两者兼备,就有可能利用社交关系传播链条带来爆发性传播。

任务二 新媒体的类型

认识新媒体,不仅要看到新媒体的形态,也要看到新媒体形态演化的过程,更要知道不同新媒体类型各自有哪些优点和缺点,对哪一类目标人群达到率更高,能够整合不同媒体,以达到最佳的传播效果,这是未来运营新媒体的基础。

一、从门户网站到微网站

1.第一代新媒体:门户网站

自 1998 年起,我国掀起门户网站的建设热潮。起初,很多门户网站只是提供搜索服务和网站目录服务。后来,拓展了很多新业务,如电子邮件、发布新闻、在线调查、开通话题专栏、提供论坛博客等,功能越来越全面,架构越来越复杂。

1994 年,雅虎为用户整合了互联网上的优质网站链接,不断实时收录新的优质网站,大大节约了网络用户查找网站的时间,最后发展成为一个互联网门户入口,如图 9-18 所示。早期的中文门户网站是模仿雅虎发展起来的,网易网站的界面就是一个中文版的雅虎,如图 9-19 所示。现在所有的新闻门户网站都发展成为栏目多元化的综合性网站,首页跟以前区别很大,如图 9-20 所示。

图 9-18 1994 年雅虎首页

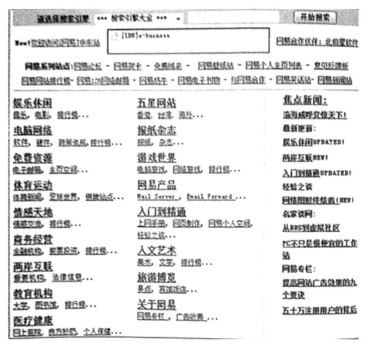

图9-19 1998年网易首页

图9-20 2020年网易首页

根据想获取的信息不同,门户网站分为综合型门户网站和垂直型门户网站。我国典型的综合型门户网站有新浪、搜狐、网易、腾讯。把门户网站按照网站的内容和定位分类,可分为网址导航式门户网站、综合性门户网站、地方生活门户网站、垂直行业综合性门户网站以及企业组织门户网站。

2.移动门户:微网站

随着智能手机的普及,人们更多地喜欢在移动端获取信息,很多门户网站针对手机用户,专门设计了手机门户,由此出现了微网站的概念,见图9-21。

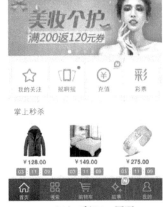

（1）手机微网站　　　　　　（2）手机App网页

图9-21　典型的微网站

3.门户网站与微网站在阅读方式上的区别

微网站更适应移动互联网的特性，信息展现形式更多样，更适合碎片化时间阅读。但是微网站首页能展示的有效信息量非常少，所以用户在门户网站和微网站的阅读习惯不同。

在门户网站上，一次性弹出的信息量很大，人们习惯把感兴趣的内容一口气点开，等页面刷新，逐个阅读后逐个关闭。在门户网站，虽然会有很多强制曝光的广告词，但只有少数一些会吸引用户关注。门户网站阅读的一个特点就是，每个页面上都有各种诱导用户误点击或者分散阅读注意力的链接，让用户的阅读很容易顺着各种链接意外跳出。

在微网站，人们的阅读习惯是看到感兴趣的内容才会阅读，手机屏幕很难支持多个页面切换，只能一层层进入。一旦打开某个页面，在相对短的时间内很少干扰，反而可以获得相对专注的阅读体验。

新媒体运营者要理解这些互联网媒体的变化趋势，以便于更好地选择合适的推广渠道。门户网站和微网站投放广告类型的区别可以见表9-3。

表9-3　门户网站和微网站对比

类型	门户网站	微网站
展现终端	计算机、平板电脑	智能手机
展示风格	繁杂、令人眩晕	简洁、大气
展示形式	强制弹窗、顶部Banner、Banner图文链、正文关键词超链接广告	顶部Banner广告、文章底部广告、软文导流
交互方式	评论、点赞、导购	点赞、导购
传播方式	截屏或复制链接到QQ群、微信群	转发分享
适合类型	品牌广告、活动导流	产品导购

二、从邮件到邮件营销

1987年9月20日,"中国互联网第一人"钱天白从北京经意大利向当时联邦德国卡尔斯鲁厄大学发出了中国第一封电子邮件,内容是"穿越长城,走向世界"。由此,E-mail 开始进入第一代中国网民的视野,拥有一个个人电子邮箱成为网民的标配。

1. 第一代沟通工具:电子邮件

由于电子邮件使用简易、投递迅速、收费低廉、易于保存、全球畅通无阻的特点,使电子邮件被广泛应用,人们的交流方式得到了极大的改变。第一代网民每个人都至少申请一个邮箱。早期的电子邮件用扩大容量存储更多的信件,支持更大附件发送,进行更严格的垃圾邮件删除的方式,吸引大家使用付费邮箱,并在一段时间内被看作是互联网企业的盈利之道。很快,越来越多的网站把大容量的电子邮箱作为免费服务推出。而今,几乎人人都有自己的电子邮箱,并成为人们日常办公必不可少的工具。

2. 电子邮件营销

随着电子邮箱的普及,电子邮件以文字、图像、声音等各种多媒体信息向用户提供信息和服务,人们利用电子邮件的传播特性,从邮件中挖掘出一种新的营销手段——邮件营销(E-mail direct marketing,EDM)。越来越多的机构推出可以免费或付费订阅的新闻邮件、专题邮件,加上邮件信息搜索,成为最早的互联网广告载体。企业商户开始挖掘邮件中的商机,EDM慢慢兴起。如图9-22所示,用户可以在QQ邮件中选择订阅喜欢的企业邮件,在这些推送的邮件中就可以搭载企业营销信息。

图 9-22 QQ 邮箱里的邮件订阅区

邮件营销必须是在用户事先许可的前提下才能进行,是通过电子邮件方式向目标用户传递有价值信息的一种网络营销手段。许可邮件营销和垃圾邮件的区别如表9-4所示。从邮件发送方发送邮件,邮件接收方打开阅读邮件到用户反馈或产生购买行为,这是一次成功邮件营销的主要过程。邮件营销有以下三个好处:推广周期短,营销见效快;用户查看不受时空限制,转发传播快;通过发送给事先经过许可的有需求的目标用户,针对性强。

邮件营销为各行业商家通过电子邮件进行节假日营销、事件营销提供了有利条件,但也存在一定的局限性。比如,如果无节制群发邮件,则会变成垃圾邮件,易导致企业的邮件服务器被电子邮件运营商封杀;如果没有经过精心设计的邮件发送,致使可信度不高,在受众不精准的情况下,易引起用户反感,从而影响品牌美誉度,降低邮件营销效果。

表 9-4 许可邮件营销和垃圾邮件的区别

类型	许可邮件营销	垃圾邮件营销
事先许可	是	否
发送对象	潜在目标用户	广泛群发
发送内容	有价值的信息	广告甚至是诈骗信息
交互方式	允许退订	文件改名诱导下载,图片诱导跳转

知识链接

邮件群发打破"鸡肋"僵局 一天盈收 79 万元

电子邮件群发因传播快速度、内容多样、操作简单、成本低,被认为是性价比最高的方法,后因垃圾邮件的冲击,80%的人会说:"邮件群发如同鸡肋,用之无味,弃之可惜。"在淘宝网推出"双11"五折大优惠狂购活动之初,百雀羚作为国产历史最悠久的老字号化妆品,也决定策划一场最低折扣来回馈新老客户。活动中网络营销发挥了极大的影响力,整合了各种营销渠道,其中也包含了电子邮件群发的营销推广。在"双11"活动结束后,百雀羚对各项营销效果进行了创收统计,意外发现通过邮件群发1天,带来的销售额高达79万元之多。产出与投入成本比高达80倍,成为所有营销手段中产品比最高的营销来源。那百雀羚是怎么做到的呢?扫描下面二维码即可了解详情。

三、从论坛到知乎

1. 第一代社区:论坛

论坛又名网络社区简称BBS,全称为"bulletin board system"(电子公告板)或者"bulletin board service"(公告板服务),是Internet上的一种电子信息服务系统。它相当于提供了一块公共的电子白板,每个用户都可以在上面发布信息或提出看法。它是一种交互性强、内容丰富而及时的Internet电子信息服务系统。用户在BBS站点上可以获得各种信息服务、发布信息、进行讨论、聊天等。

中文论坛兴起于1997年,当年11月初,一位痴迷足球的老榕带着同样痴迷足球的9岁儿子从福州飞到大连金州看世界杯预选赛,高兴而来,扫兴而归。几天后,老榕写下了《大连金州不相信眼泪》的文章,贴到了四通利方的论坛(新浪前身)的体育沙龙上,随即传遍足球界和网络界。两周后,该文章被《南方周末》于1997年11月14日整版转载。四通利方连同论坛版主"Gooooooal"一起上了报纸,这个版主就是后来出任新浪全球执行副总裁、总编辑陈彤。"十强赛""老榕和他的文章""四通利方",看似没有关联的词语,在1997年却成了中国网络论坛兴起的标志。这次事件让大家第一次感到互联网传播的巨大力量,也是传统媒体第一次关注到论坛为代表的网络新媒体。

1998年以后,国内论坛发展迅猛,除新浪、搜狐、网易三大门户网站论坛外,天涯、西祠胡同、猫扑、凯迪等中文论坛逐渐兴起,甚至连百度也建立了"百度贴吧"。不同的论坛为了争取用户,获取流量,开始细分市场,出现了文学领域的榕树下、红袖添香,IT领域的Donews,手机领域的手机之家,汽车领域的汽车之家等大量专业论坛。

网络论坛开辟了一个简单的互动沟通环境,适合传播不同话题的讨论,如"灌水""加精""置顶""斑竹"。论坛要运营到有一定的流量和知名度才会有盈利,其活跃性决定着论坛是否可以依靠网站推广盈利,现在大部分论坛还是靠广告盈利。

知识链接 　　　　　　大连金州不相信眼泪

下面二维码中是1997年11月,老榕写的《大连金州不相信眼泪》的文章,读者可以扫码阅读。

2.不适应移动时代的论坛媒体

从2009年开始,中文论坛社区开始走下坡路,主要表现为:热门论坛话题文章质量越来越低;由于大部分论坛没有解决好商业模式,缺乏足够的管理员资源监控,在论坛规模扩大后,运营质量出现下滑;大部分论坛没有系统考虑过如何推荐优质内容,仅靠"加精"和"置顶"远远无法满足网民信息搜索的要求。

博客兴起后,一些有影响力的写手逐步转向博客、微博、微信公众号、头条号等新的写作平台。小说网站也吸引了很多网络写手,因此,论坛上的连载帖手流失。由此,论坛的基础用户群体不断减少。

3.知乎:问答社区的复兴

2010年12月,一个网络问答社区——知乎悄然引起人们的关注。同样是内容型社区,同样可以人人注册,同样是在一个话题下人人都可以发表评论,参与互动和点评,知乎的用户体验有哪些特点呢?

第一,知乎是一个真实的网络问答社区,从一开始就营造了实名社区的氛围,培养友好与理性沟通的文化,避免过去中文论坛常见的"拍砖"文化。

第二,知乎的运营策略是"先精英,后大众",先联系各行各业的精英入驻,形成高质量问答的氛围,再带动普通用户加入,容易让用户分享彼此的专业知识、经验和见解,理性沟通的文化得到传递和扩散,持续创造高质量的问答信息。

第三,知乎的信息筛选机制比普通论坛先进,直接引入关键词搜索模式,符合网民习惯的搜索使用特点,也可以通过控制搜索结果淘汰垃圾内容,对高质量的回答都会有记名的赞同。知乎的设计非常适合移动手机端阅读,简单、方便、快捷,更容易赢得用户的喜爱。

第四,知乎的问答,表面上是问答,背后还引入了社交网络服务(SNS),是人、话题和问题的相互联系。平台鼓励邀请合适的人来回答最合适的问题,这样每个人获得可靠答案的机会增大,社区的力量得到验证和增强。

第五,知乎打破了过去论坛的自我封闭性,鼓励网友转发话题到微博,然后通过微博为自己的社区导流,极大地扩大了知乎的影响力,有助于吸引更多的网友来知乎交流。

总之,从传统论坛到知乎,两种新媒体的形态在发展中不断发生变化,满足着人们对交流的渴望。

4.论坛营销的关键环节

论坛营销可以自己策划,选择合适的论坛投放,企业的主要成本是注册账户和安排人力投放,实为零成本,但很多论坛为了打击广告帖,会大量删除这类软文,如果要确保投放效果,必须与论坛营销的公关公司进行付费合作。

知乎营销的基本策略是先在知乎发起一个讨论帖,然后邀请知乎相关专家进行专业回答,产生深度内容,引起知乎用户围观,最后再通过其他渠道,如微博、微信朋友圈等媒体对该答案进行二次传播。在这个过程中,把知乎当作话题引爆点,找到高水准专家回复,组织一批用户点赞,让高质量回复置顶和扩散,这是整个知乎营销的关键环节。

四、从博客到微博

1.第一代自媒体:博客

博客最初的名称是"weblog",由"web"和"log"两个单词组成,按字面意思就是网络日记,后来喜欢新名词的人把这个词的发音故意改了一下,读成"we blog",由此,"blog"这个词被创造出来,中文意思即网志或网络日志。有人往往将"blog"本身和"blogger"(即博客作者)音译为"博客"。"博客"有较深的含义:"博"为"广博";"客"不单是"blogger"更有"好客"之意。看博客的人都是"客"。"blog"本身有社群群组的含义在内,借由"blog"可以将网络上网友集结成一个大博客,成为另一个具有影响力的自由媒体。

博客兴起后,出现了很多博客门户,如博客中国、博客大巴、牛博网等。随着各大门户网站都开通了博客频道,竞争日益激烈,那些专门的博客门户逐渐被淘汰。

在博客繁荣时期,知名博主获取回报主要有以下三种方式:一是写公关软文,为企业品牌宣传,获取商业回报;二是在博客页面嵌入广告链接,通过付费广告分成获得收益;三是内容打赏收入。真正有影响力的博主会选择去门户网站开专栏,扩大个人影响力,在其他领域换取回报。

2.微博:人人都是自媒体

微博即微博客(microblog)的简称,是一个基于用户社交关系的信息分享、传播以及获取平台,用户可以通过微博平台发布140个左右的文字更新信息,实现即时分享。2009年以来,随着推特、饭否等微博客的兴起,以新浪微博为主的国内微博客迅速发展,吸引了大量博主加入,还扩展了大量普通人群进入微博关注和"互粉",2010年后,微博成为当时最热门的新媒体。

微博的兴起和智能手机密切相关,并逐步取代了博客的影响力,除了更适应移动终端外,还有以下几方面原因。

(1)入门简便。140个字符的表达长度大大降低了写作和分享的门槛,大受普通用户的青睐。用户可以通过计算机和手机客户端随时随地发布文字、图片、视频,更新信息。博客没有字数限制,在写作时需要另外打开一个页面编辑,因此,编写一条微博的时间比写一篇博客要少得多,发布的过程更迅速。

(2)碎片时间。微博内容简短,提供的信息是碎片式的,内容往往就一句话,一张图片。碎片化时间写作和阅读,方便了很多知名人士进入微博进行微分享。虽然微博内容很多不成系统,文本呈碎片化,但却加快了交流速度,降低了交流成本,强化了人与人之间的即时互动交流感。

(3)互动性强。微博的关注功能,方便了大家关注感兴趣的人,或者加好友,随时阅读对方更新的信息。同时,用户可选择所关注的信息进行转发或评论。这些转发和评论都会在页面上给原作者以提醒,而原作者又能通过提醒功能查看其他人的留言和评论,及时回复消息或回答问题。同样,受众也能通过计算机、手机等载体,利用碎片化时间即时接受传播者所发布的多媒体信息,并进行互动。

(4)社交传播。随着微博用户不断增长,微博所能发挥的效用越来越大。比如,人民日报微博发布一条新闻,瞬间被转发上万,网友就能迅速得知该条新闻的信息内容。

3.博客营销

博客营销是指企业或者个人利用博客这种网络交互性平台,发布并更新企业或个人的相关概况及信息,密切关注并及时回复平台上客户对企业或个人的相关疑问以及咨询,通过博客平台,帮助企业零成本获得搜索引擎较前排名,以达到宣传目的的营销手段。博客营销的本质在于通过原创专业化内容,进行知识分享争夺话语权,建立起信任和权威,形成个人品牌,进而影响读者的思维和购买。博客营销的目的在于媒体为互联网上所发生的事件后续跟进了多少。

与传统意义上的"广泛传播"相区别的是,博客强调的是"小众传播"。表9-5从营销理念、顾客角色、关系营销、目标市场选择、整合沟通等方面,将博客营销与传统营销的特点进行了比较。

表9-5 博客营销与传统营销的比较

比较项目	博客营销	传统营销
营销理念	横向营销思维、顾客观念	纵向营销思维、消费者观念
顾客角色	生产者、消费者、参与者	纯粹的消费者
关系营销	建立关系的基础是志趣相投、友情链接、知识共享、互利互惠	分析顾客购买习惯、需求偏好,为顾客创造更大价值
目标市场选择	顾客选择企业 顾客主动	企业选择顾客 企业主动
整合沟通	双向互动,大众传播与分众传播结合,可度量传播效果,针对性强	单向沟通,大众传播,传播效果难以度量,针对性不强

知识链接

神奇的博客营销

在激烈的家装行业,有一个企业,试图在国内打造一个高端的家装品牌。创始人注意到网络营销带来的商机,利用博客可以提升企业品牌形象。当一条标题为"读蔡明博客,抢总价值40万元博洛尼真沙发"的消息出现在新浪首页时,一时间打探的网民络绎不绝。不到一个月的时间,博客点击量猛增到100万之多。网民的参与和互动,让人们记住了该公司的品牌。从未想过可以通过博客开展营销活动的你,是否会有一些启发呢?扫描下面二维码,了解一下吧!

综上所述,可以将博客营销的价值总结为以下几个方面:可以直接带来潜在用户;有利于降低网站推广费用;有利于用户通过搜索引擎获取信息;有助于增加企业网站的链接数量;可以对用户行为进行研究;是建立权威网站品牌效应的理想途径之一;减小了被竞争者超越的潜在损失;让营销人员从被动的媒体依赖转向自主发布信息。

4.微博营销

微博营销企业更多关注自建微博开展营销,因为在微博上实现流量导流相对容易,企业自建微博吸引粉丝,开展微博活动,打造购物闭环相对便捷。

从人性化角度看,企业品牌的微博本身就可以将自己拟人化,更具亲和力。例如,新浪微博上,小米公司开通微博吸引了大量粉丝,通过各种微博活动促销,吸引了大量用户转发、参与微博活动,为产品宣传带了来很多的正面影响。

现在的微博不仅可以作产品品牌宣传,还能直接引导消费者在线支付和购买,实现完整的业务闭环。更重要的是,企业可以借助微博转发放大自己的活动能量。一条微博在触发微博引爆点后,短时间内被多次转发就可以抵达微博世界的每一个角落,达到短时间内最多的互动人数。因此,企业主可以请明星、名人微博主动帮助转发活动微博,让自己的品牌活动借助名人微博的能量扩散,这是传统博客营销很难做到的。此外,通过微博头条、微博粉丝通等广告平台,企业可以让成功的微博活动能量进一步扩大化。

企业在微博营销中一个非常重要的内容,就是注意维护好很多与产品有关联的个人微博博主或明星微博博主,这些人往往是某个领域的成功人士,他们运用微博往往是通过这样一个媒介来让自己的粉丝进一步了解自己和喜欢自己,借助他们的口碑来推广效果会更好。

除了企业微博,还有官方微博,但其运营目的是为了宣传,而不是为了营销。这一类微博要注意培养固定的粉丝群体,做好内容定位,多与粉丝交流、互动,多用群众喜闻乐见的方式做宣传工作。

五、从 QQ 到微信

1.即时通信

即时通信(instant messaging,IM)是一个终端服务,允许两人或多人使用网络即时传递文字信息、档案、语音与视频交流,这一方式已完全取代传统电话功能。

目前,国内有一定规模用户的即时通信软件包括腾讯 QQ、微信、易信、钉钉、百度 HI、阿里旺旺、京东咚咚等。

QQ 作为现在中国使用群体最多的即时通信交流工具,有企业专用版,在很大程度上,对企业的推广工作起到了积极的作用,特别是现在的 QQ 群,为推广更是添加了几分色彩,掌握 QQ 群邮箱的使用、QQ 群信息发布的技巧,就很容易建立口碑营销。从业人员在通过即时通信软件与顾客沟通时,应掌握一些服务技巧。

(1)亲切接待客户,注意沟通技巧。善于用语言和表情与客户沟通,注意沟通的态度。好的沟通技巧可以提升订单的成交率,即使没有成交,也给商友留下专业的印象,当下一次有生意机会的时候,会被优先考虑到。

(2)注意说话的内容。帮助客户在第一时间解决棘手的问题,一般客户询问或者投诉的时候都很着急,解决问题不要拖延、推辞。与客户交谈时,避免不必要的话题,注意引导客户,巧妙回避和化解产品或服务在沟通中遇到的"冷问题"。

(3)安排好时间。不要随意打扰客户,企业的客服是轮班制,给客户充分的时间也给自己调节的时间,24小时客服是非常辛苦的,例如淘宝自己开店后的客服工作一定要有计划、有步骤地开展。交流时间不要太长,商务交流不等于聊天,不要浪费客户和自己的时间。

(4) 提高客户服务的效率和质量。客户提出的问题,应该怎么回答,客户服务人员需要统一口径。将常见的客户服务问题进行归纳汇总,可以提高客户服务的效率和质量。特别是电话、在线的客户服务,常见的问题和答案已输入电脑,当客户发送信息询问一些关于技术问题的时候,客户服务人员可以直接通过电脑把这些问题和相对应的标准答案调出来进行回复,这就提高了客户服务的整体质量和效率。

(5) 将常见问题的答案放在网上,供客户随时了解。可以给在线客户发送常见问题页面,通常被用于网上客户服务。网上顾客服务的重要内容之一,就是为顾客提供有关公司产品与服务等各方面的信息。将所有常见问题和答案汇总建立数据库,既方便客户服务人员查找,又会大大提高效率。

2. 微信与QQ的区别

微信是腾讯公司于2011年1月21日推出的一款为智能终端提供即时通信服务的免费应用程序,支持跨通信运营商、跨操作系统平台,通过网络快速发送免费语音短信、视频、图片和文字,提供公众平台、朋友圈、消息推送等功能,用户可以通过"摇一摇""搜索号码""附近的人"以及扫二维码等方式添加好友和关注公众平台,将内容分享给好友或将用户看到的精彩内容分享到微信朋友圈。随着移动互联时代的到来,微信不仅继承了QQ的用户,还不断拓展了新的用户、新的玩法。那么,微信与QQ到底有什么不同呢?

QQ是适应PC时代的IM工具,微信是适应移动互联网时代的IM工具。在电脑时代,QQ无疑是国内最具效率的即讯通信工具,是国民装机必备软件。微信是针对智能手机等移动平台量身定做的一款即实通信软件,智能移动端的属性比较强。在移动互联时代,用户更喜欢在手机上完成各种交流和互动,专注移动端更轻、更简洁的微信就更加适合人们的需求。

QQ和微信都有个人空间,即QQ空间和朋友圈,在分享内容和隐私策略上存在不同。朋友圈分享的内容主要是碎片化场景内容,在这方面与手机QQ空间分享的内容类似;但电脑上QQ空间的内容比较丰富,包括日志、说说、相册等。微信朋友圈基于更为私密的关系链,其隐私权限限制更严格。

在手机或平板电脑取代台式电脑之前,微信和QQ将共存互助,保持相互支持的关系。

3. 微信营销

微信是时下中国最火的新媒体平台,如何借助微信平台展开营销活动,是很多商家考虑的问题。目前,微信营销主要有以下四种模式。

(1) 微信公众号模式。企业和个人都可以开通微信公众账户,推送文章,提供用户需要的服务。有的企业微信公众账户积累了成千上万个用户,可以直接针对客户精准推送信息,并有效提高用户管理和运营水平。

不少官方媒体也纷纷开设微信公众号,传播文章和观点,如人民日报微信公众号,文章阅读量经常超过"10万+"。

(2) 微信朋友圈营销。很多人通过加好友在朋友圈发软文作推广。微信目前好友数量的上限是5000人,假设拥有5000个好友,就相当于拥有一个活跃度很高的微博账户。在朋友圈发导购信息,再转入微信私聊,进入微店成交,已经成为很多电商运营的重点模式。

(3) 微店模式。微信鼓励和支持企业商家在微信平台上开店,把自己的产品和服务通过微信支付完成,所以通过微信构建各种消费服务的企业也非常多,可以通过微信公众号推广、微信群营销、微信朋友圈营销导流。

(4)微信广告模式。微信针对中小企业主推出了广点通业务,也就是开通账户后,可以在微信公众号文章底部插入用户的产品广告链接。对更有实力的企业来说,可以尝试投放朋友圈广告。

六、从自媒体到社群

1. 自媒体

新媒体出现后,媒体逐渐从一个高门槛的专业机构操作变成越来越多的普通人可以发布信息、传播信息的工具。从论坛、社区到博客,再到微博、微信公众平台,以及视频和直播,媒体变得越来越个性化、个人化,每个人发言的自由空间越来越大。只要个人用博客、微博、微信、视频、直播、社区等互联网平台向不特定的大多数或特定个体传递关于自己信息的新媒体,都可能被看作是自媒体。自媒体已成为互联网产业中不可或缺的内容生产者。

2. 社群

"物以类聚,人以群分",很大程度上印证了社群的客观存在及其价值。无论对谁来说,只有当客户变成用户,用户变成粉丝,粉丝变成朋友的时候,才算得上是社群。社群是在自媒体兴起时,有共同需求、兴趣、爱好和亚文化特征聚集起来的群体,具有小众和圈层化的特征,让小众群体有了存在感和归属感。

社群经济,特指互联网社群,是指一群有共同价值观和亚文化的群体,基于信任和共识,被某类互联网产品满足需求的群体。社群经济是由用户自己主导的商业形态,可以获得高价值,降低交易成本。它不仅仅是企业主导,还蕴含了多元化的商业和产品,是以互联网为载体的跨时间、空间和地域的生态系统。互联网时代,社群是营销渠道的推动力,如果跟互联网商业模式结合起来,将具备更加有爆发力的特质。社群的主要类型见表9-6。

表9-6 社群的主要类型

社群分类	典型代表	社群分类	典型代表
产品型社群	小米	兴趣型社群	大众点评
品牌型社群	车友会	知识型社群	知乎
工具型社群	微信、微博、钉钉	交叉型社群	逻辑思维(既是产品型又是知识型,还有兴趣型)

3. 社群营销

社群营销,是基于相同或相似的兴趣爱好,通过某种载体聚集人气,通过产品或服务满足群体需求而产生的商业形态。社群营销的载体不局限于微信,各种平台甚至线下的平台和社区都可以进行社群营销。

社群营销的关键是要有某一领域的专家或者权威。通过社群营销可以提供实体的产品满足社群个体的需求,也可以提供某种服务。自媒体通常是提供服务,比如成为会员得到某种服务,或者进入某个群得到专家提供的咨询服务等。

社群营销可以遵循以下七个法则。

(1)第一个法则:打造超级IP。通过人格化、赋能、话题和内容打造超级IP,营造营销的势能,最后才能通过流量沉淀和运营,实现更大的增量和销售的转化。移动互联网时代,社群非常火,但真正做起来的、有价值的和能够赢利的社群很少。

(2)第二个法则:亚文化和共同价值观。为什么有很多的群一潭死水不活跃?试想一下,为什么几十年不见的朋友或者老同学见面基本没啥可说的,就是因为大家所处环境和经历完全不同,没有共同的喜好,话题都不一样,难以沟通和交流。同样,没有任何共同爱好的社群,很难活跃。因此,做社群营销需要找到最正确的人,后续的种子用户特别关键。亚文化是社群驱动的核心力量。

(3)第三个法则:场景化塑造。好产品是场景下的产品,没有绝对的刚需,只有场景下的刚需。要选择从最容易突破的场景入手,解决转化问题。很多品类和产品因为不能被大众认知,普通的渠道和销售方式基本无效。

从场景切入就是一个非常好的方式,在某个场景之下,消费者不会把价格和品牌等作为首要标准,而是把某种氛围、价值、荣誉、认同作为标准。这时候,只要体验不错,就会产生转化。

(4)第四个法则:内容输出。进群的人,要么是来获取商机,要么是来学点东西或者是看中了某个赚钱的产品和项目。简单地说,社群需要有一个产品或者项目,围绕产品和项目来进行内容的输出。可以是定期专业语音的分享,也可以是高质量的文章,也可以组织线上活动或线下活动,形式可以多样,如酒会、沙龙、研讨、主题分享、专家讲座、论坛都可以。

(5)第五个法则:持续运营。社群运营需要长期积累相关资源和技巧,如素材、图片、文字资料,需要长期的锻炼,做内容才有效率和效果。坚持持续的原创输出和有价值的内容,并形成亚文化群和粉丝基础,这才是驱动力。社群需要策划、创意、规划。

平台用户喜欢什么,需要体会观察。举个例子,比如发表文章,浏览量已经下滑,单纯的专业文章看的人很少,就需要结合热点,如专栏、音频和视频。但也需要策划的内容符合用户的思维习惯和购买习惯。

(6)第六个法则:转化和裂变。通过前期的探索、种子用户的获取、内容输出和运营,已经有了基础的流量和活跃度,但需要将其快速复制和裂变。怎么裂变?如果一个个地找消费者,太难了。要先找B端客户(从种子用户中来),通过服务、赋能,提供系统化工具和方法,快速将流量进行转化,以存量获得更多的增量,这就是复制和裂变。简单地说是用系统促进对B端的赋能,并通过B端服务C端进行裂变。

营销有两种方式实现销售转化,一种是从C端开始,广告、代言带动渠道,拉动消费,这需要花大量的时间和资金。这种方式不是不可以,而是代价太高,一般小企业承受不了。另外一种是从B端开始,这是最优也是最有效的方式。让有资源的人去行动,这样营销会更加精准,效率更高。互联网社群和社交的裂变,超乎人们想象。但要求运营团队的素质更高,要非常精通互联网技术和社群运营才行。

(7)第七个法则:社群管理。社群管理最重要的一项事情是做好系统和平台的搭建,然后再做好模式、分配和提成机制,最后是完善群内规章制度。如制定有效的群规和制度、委派专人管理、商定群分享栏目、每天或不定期地举办主题分享或线下活动等。

总之,任何事情都需要坚持,一天、两天很容易,一个月、两个月就有点难,再坚持一年、两年更加困难。如果要坚持五年、十年,那就是一种热爱了,不成功都难。同时,要树立自己在某个领域的权威,刚开始虽然单靠流量没有什么转化和收入,但可以衍生很多其他的延伸服务,没准还可以做成其他的生意,达成其他方面的深度合作。

任务三　新媒体运营策略

一、新媒体受到企业的重视和青睐

移动互联网改变了人们的生活模式，很多时候我们能看到消费者在使用手机和外界联系和交流，注意力慢慢从线下和计算机端转移到移动端。因此，要吸引消费者，尤其是吸引消费能力旺盛的年轻人的注意力，企业的广告投放必须从传统媒体转移到互联网新媒体。

新媒体推广可以是图文、语音、视频、音频、交互式游戏等多种形式，支持按访问时间、访问地区、人群特征、上网设备、访问关键词等要素进行投放，相对于传统媒体到达目标人群的精度大大提高。策划得当的新媒体广告借助社交关系很方便制造传播效应，一旦成为传播热点，就会带来爆发性扩散，成为话题事件，带来额外的注意力红利。

宝洁想要把Febreze空气清新剂精准推广给宠物主人，但销量总上不去。当他们重新把广告受众面扩大到Facebook及其他地方所有18岁以上人群时，销量却上去了。宝洁一直在数字媒体和传统媒体两个渠道投放广告，但减少了一些小网站的投入，因为它们的影响力远远比不上Facebook、Google和Youtube。宝洁对Facebook广告价值的重新审视让我们意识到，新媒体精准投放并没有那么神奇，也不是灵丹妙药。任何媒体都有自己的渠道受众，强调精准首先要考虑自己的投放渠道是否和目标人群匹配。同时，也要看自己追求的市场是否足够大。品牌越大，就越需要最广大的受众，而不是更小的目标群体。

对于大众产品，通过广告扩大品牌在大众心中的曝光度是有必要的，这会让消费者真正进入消费模式时把你的产品列为选项之一。但精准广告会导致品牌淡化，从而间接影响销量。所以精准广告用在针对特定人群、特定事件、特定产品，或者作为品牌广告的相互支撑体系更为合适。

二、把内容自运营平台和推广渠道分开

传统企业转型新媒体平台有两种模式，一种是自建模式，另外一种是投放模式。对很多传统企业来说必须先明确运营新媒体的目的，归纳起来主要有三个方面的目的，即品牌推广、产品销售、客户服务。如果为了前两种目的，则自建和投放都需要维护；如果为了客户服务，则只能考虑自建新媒体体系。

企业也一定要明白，新媒体运营并非一定要自己开微博、做微信，和别人合作利用别人的新媒体流量为自己的产品引流也是可行的。

如果只是为了推广一款产品，而这款产品的生命周期不一定非常长久，那么围绕产品或者目标人群建立新媒体账户加以运营就没有必要了。一方面，企业里要具备运营好一个新媒体账户的人才和资源；另一方面，企业的产品有自己的市场节奏，未必有耐心等待新媒体运营到有能量回馈的时刻，再者，如果企业产品没有足够的美誉度，在自建媒体上作推广，可能会流失大量潜在用户。鉴于此，不如请第三方有公信力的新媒体账户推荐这样的转化率更好。

所以，企业运营新媒体平台时，首先要有在新媒体平台上卡位的意识，但不等于全部推广动作都必须依赖自己的新媒体平台，借助别人的新媒体平台能量，选择合适的新媒体投放广告，也是非常好的运营模式，如表9-7所示。

表 9-7 适合企业自建的新媒体平台

运营目的	平台
品牌推广	官网(包括移动版官网)、官方微博
产品销售	官方微店(包括淘宝、京东、微信商城等)
客户服务	官方微信、官方论坛、邮件

企业拥有正式的官网,并在百度搜索引擎上有较好的关键词搜索表现,这也是让潜在消费者建立信任的基础。

微博最大的好处是企业可以通过微博平台转发模式,自己做活动策划,借助有实力的博主转发提升运营能量,有效进行品牌推广活动。换句话说,哪怕自己的微博账户粉丝少,能量低,但只要活动内容有趣,借助有实力的博主转发一样可以实现大量转发的目的。

微信公众号很适合做客户服务平台,因为微信公众号和受众是一对一沟通的,交流比较深入,还可以借助关键词系统实现自动回复。如果用户有不满意的意见和投诉,也不会被扩散,这样也有助于控制负面舆论。

如果企业的产品比较复杂或者用户群巨大,开设一个论坛让粉丝互相帮助也是一个不错的选择,比如小米就开设了小米论坛。

三、注意新媒体渠道卡位

做新媒体运营,重点是新媒体广告投放,不要把注意力只限制在微博、微信这样的所谓主流新媒体上,一定要对新媒体有全局性的把握,对不同的新媒体都有积极了解、创造机会接触和建立合作的意识。

《万达集团新媒体广告投放蓝皮书》对新媒体运营人才来说,是一个非常好的自我能力培养指南,要做好新媒体广告推广,就需要对迭代中的新媒体平台保持关注,注意不同平台上的热点爆发特点,并思考其能否与自己的企业、产品及活动结合,见表 9-8。

表 9-8 万达集团新媒体广告的投放类型

投放渠道	简介
新闻客户端	各大新闻客户端
地方网络平台	城市范围的网络平台,含本地网站、App、微信公众号
社交媒体	项目微信、微博账户、微博、微信等
视频平台	各大视频平台
BAT 平台	包括腾讯、阿里、百度旗下的各种产品,如朋友圈广告、腾讯广点通、智汇通、搜索引擎等
DSP 平台	通过竞价方式进行广告投放的第三方平台
房地产网络平台	各房地产专业网络平台
跨界网络平台	包括旅游、汽车、理财等与客户匹配的平台
其他新媒体	包括最新出现的 VP 技术,以及可能出现的其他新媒体平台

此外,还需要维护与不同新媒体平台的人际关系资源,加强合作,形成良性互动。对一些优质新媒体资源,比如"双 11"期间拿到广告投放的资源,如果平时建立了稳定的合作关系,就

会比竞争对手更容易获得媒体支持的优质流量资源。

微博、微信上有很多行业优质账号,也包括相关行业优质账号,作为新媒体从业人员,要关注并定期分析,留意他们的活动形式及效果数据,争取和他们的运营编辑建立直接联系,这也是从业者积累资源的基本要求。简单地说,我们要从内容阅读者、分享者转向内容评估者、整合者,只有这样才能让自己从新媒体的受众变成新媒体的玩家。

四、学会系统策划运营方案

新媒体运营已经不是只有流量就有效果的时期了,必须要进行系统策划。越是有优质流量,越要精心策划爆款话题,形成口碑社交传播效应。碎片化阅读模式下,手机用户周边往往环境嘈杂,如果创意不够吸引人,那么就很容易被信息湮没,白白浪费宝贵的流量。

新媒体策划团队必须认真在文案设计、图片选择、互动内容上下功夫,在正式推出之前,内部要客观评估。针对目标人群,在对应的载体上用什么形式效果更好;怎样的话题才有针对性,能引发大家关注和交流的欲望;如何设计才能让大家自发传播;如何把流量自然导入到自己的产品推广中;在什么时间段推送效果更好;是否要设计诱导评论;能否借势植入热点话题;热点话题对品牌形象有无正面加分效应;如果能够得到有效精准流量,如何引导用户进行更深入的咨询——是收集潜在客户信息还是马上转入在线互动,是提供在线咨询服务还是电话跟进;每天的流量转化效果如何;如何针对不同的流量平台评估效果;如何动态调整运营策略提高转化率;在不同阶段,针对不同内容应该如何选择不同的合作平台;等等。这些问题都需要反复研究,不断积累成功的经验,以便在后期策划中加以灵活运用。

知识链接 支付宝"锦鲤"营销刷屏,1个好创意可以帮你省掉 300 万

2018 年国庆节,就在大家旅游、宅吃的时候,支付宝干了一件大事!转发支付宝的"祝你成为中国锦鲤"的微博,支付宝将会在 10 月 7 日抽出一位集全球独宠于一身的幸运者,领取一份超级大礼包。当时你是否参加了支付宝的这一活动,扫描下面二维码了解一下该活动的创意吧!

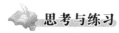 思考与练习　　　 拓展活动

网络创业篇

项目十 互联网创业

学习目标

知识目标
理解什么是互联网思维;掌握网络创业的含义;掌握如何发现网络创业的机会;了解网络创业的准备工作。

能力目标
运用互联网思维考虑、处理工作问题的能力;具备结合自身优势探寻创业机会的能力;具备选择合适创业平台的能力;具备组织高效团队的能力。

对应岗位及要求

对应岗位
有志在互联网就业、创业的"90后"和"00后"。

项目分析

项目概述
党的十八大以来,我国通过持续推动"大众创业、万众创新",极大地调动了广大群众的创业创新热情。创业创新作为就业转型的新增长点和动力源,作用越来越突出。同时,随着网络经济的快速迭代发展,自媒体、新零售、共享经济等新的商业形态和创业思维不断涌现,也不断冲击着创业者的视野和思想,使创业者面临新的机遇和挑战。对即将走出校门踏上社会的年轻学子来说,非常有必要对他们进行创新精神的培育,帮助他们建立初步的商业逻辑,梳理创业步骤,从而创造自身价值,实现企业良性发展。

案例导读

西少爷肉夹馍,短短四年累计融资1.18亿,西安小吃里的大事业

"西少爷肉夹馍"连锁品牌是由四名西安交通大学毕业的本科生创办的(见图10-1),主要经营肉夹馍、菜夹馍、擀面皮、冰峰、酸梅汤等西安为主的小吃美食,是一家有着互联网基因的餐饮企业。

2014年,西少爷还只是一家小店,但口味独特,自然吸引了很多顾客,当时与雕爷牛腩、叫个鸭子、伏牛堂一齐被称北京四大互联网餐饮品牌。2014年4月6日,西少爷官方微信公众号发出首篇微信文章《我为什么要辞职去卖肉夹馍》,累计转发超100万次,阅读数更是超过1亿。2014年4月8日,西少爷五道口店在北京市海淀区五道口莲花广场正式开业(见图10-

2),由于微信的大量转发及亲民的送肉夹馍的营销策略,原本计划在一整天送出的1000个肉夹馍,在中午11点就全部送罄,当日累计售出肉夹馍2300个。

图10-1 "西少爷"创办之初的四个伙伴　　图10-2 "西少爷"五道口店

到2014年7月19日,开业第100天,店铺已累计售出20万个肉夹馍。半年时间,西少爷肉夹馍在北京已经拥有5家门店,也由最初的7人发展成为拥有87名员工的中型公司。短短四年,西少爷卖出去的肉夹馍数不胜数,年营业额早已过亿,融资8000万元后,总计资产已经达到1.4亿元,对一家餐饮业而言,就能做到这个规模,确实不容易。

同样是做餐饮业,为什么西少爷就能够做得这么大呢?其中离不开西少爷创始人的负责和努力。创始人孟兵大学学的是自动化,本科毕业后,他就到了深圳的腾讯公司工作。其实,这份工作对很多人而言已经很不错了,工资高,也很体面,但孟兵不甘心如此,他心中一直有一个创业梦。很快就找到了志同道合的朋友,几个年轻人一起凑了10万元去北京,开始了创业之路。一开始,几个人租着小房子,打地铺,吃饭也很节俭。

西少爷主打的是西安美食,例如肉夹馍、胡辣汤、擀面皮。这些食物,不仅仅会吸引在北京的西安人,独特的口味也吸引了很多西安人以外的人乃至外国人。西少爷的菜单虽然简单,但是却不普通,即使是一个简单的肉夹馍,孟兵也想方设法研究新的口味,努力推出新品。见图10-3。

图10-3 "西少爷"认真研发新口味,推出新品

而做餐饮业的关键,其实只有"用心"二字,用心挑选食材,用心对待客户,用心开发新品。一直以来成功的餐饮业,其实都是因为用心才得到了众多的客户。

(资料来源:https://me.mbd.baidu.com/pc5huo7? f=cpuu=bc63dd19778b51f6。有修改。)

任务分析

任务一 互联网思维与网络创业

如何巧用互联网思维创业,这就要求我们必须非常清楚什么是互联网思维,不然就没有头绪,找不到切入点,互联网思维也就成了一个密封的圆球,始终找不到突破点。

一、关于互联网思维

1.什么是互联网思维

互联网思维是由百度CEO李彦宏于2011年在《中国互联网创业的三个新机会》主题演讲中提出来的概念。后来经过被多次提起而大红,互联网思维概念也更加明确。什么是互联网思维?以前有人说是电子商务,也有人说是把传统产品搬到互联网上,如今也有人说是开放共享,还有人说是资源整合。百度百科对互联网思维的解释是:在(移动)"互联网+"、大数据、云计算等科技不断发展的背景下,对市场、用户、产品、企业价值链乃至对整个商业生态进行重新审视的思考方式。运用互联网思维,可以重塑、颠覆各类传统行业。

虽然百度百科对互联网思维作出了中肯的解释,但多数人内心深处对互联网思维依旧没有很清晰的定论。简单地说,互联网思维就是一个工具,给你一个工具,你能用它做什么,这就是互联网思维。举个例子:给你一根竹竿,你能用它做什么?你可以用它把树上的果子敲下来吃,这比你爬上树摘果子要简单得多。"互联网+"呢,你给竹竿加根鱼线配个鱼钩浮漂,就可以钓鱼了。就是这么简单。

知识链接 关于互联网思维的三个经典例子

扫描下面二维码,通过三个经典的例子体会一下什么是互联网思维。

2.互联网思维体系

在互联网时代,互联网思维有四个核心观点和九大思维。四个核心观点为:用户至上、体验为王、免费的商业模式、颠覆式创新。九大思维为:用户思维、简约思维、极致思维、迭代思维、流量思维、社会化思维、大数据思维、平台思维、跨界思维。这是所有行业都要深思和深刻领悟的时代议题。利用这四个核心观点及九大思维,能帮助企业快速提升创新能力和核心竞争力。

(1)用户思维。用户思维是指在价值链各个环节中都要以用户为中心考虑问题。作为厂商,必须从整个价值链的各个环节,建立起以用户为中心的企业文化,只有深度理解用户才能生存。没有认同,就没有合同。这里面包含以下几个法则:

法则一:得"草根"者得天下。成功的互联网产品大多抓住了"草根一族"的需求。当你的产品不能让普通用户成为产品的一部分,不能和他们连接在一起,你的产品必然是失败的。

法则二：兜售参与感。一种情况是按需定制，厂商提供满足用户个性化需求的产品即可，如海尔的定制化冰箱；另一种情况是在用户的参与中优化产品，如淘品牌"七格格"，每次的新品上市，都会把设计的款式发到其管理的用户群组里，让用户投票，这些用户决定了最终的潮流趋势，自然也会为这些产品买单。

让用户参与品牌传播，便是"粉丝"经济。我们的品牌需要的是忠诚用户，即"粉丝"，而不只是普通用户，因为普通用户远没有"粉丝"那么忠诚。"粉丝"是最优质的目标消费者，未来，没有"粉丝"的品牌都会消亡。

法则三：体验至上。好的用户体验应该从细节开始，并贯穿于每一个细节，能够让用户有所感知，并且这种感知要超出用户预期，给用户带来惊喜，贯穿品牌与消费者沟通的整个链条，说白了，就是让消费者一直"爽"。微信新版本对公众账号的折叠处理，就是很典型的"用户体验至上"的选择。

用户思维体系涵盖了最经典的品牌营销的"Who-What-How"模型。"Who"，目标消费者——"草根"；"What"，消费者需求——兜售参与感；"How"，怎样实现——全程用户体验至上。

（2）简约思维。在互联网时代，信息爆炸，用户的耐心越来越不足，所以，必须在短时间内抓住他。

法则四：专注，少即是多。苹果公司就是典型的例子，1997年苹果公司接近破产，乔布斯回归苹果，砍掉了70%产品线，重点开发四款产品，使得苹果扭亏为盈，起死回生。即使到了iPhone5S，苹果手机也只有五款机型。

品牌定位也要专注，给消费者一个选择你的理由，一个就足够。网络鲜花品牌Rose Only，它的品牌定位是高端人群，买花者需要与收花者身份证号绑定，且每人只能绑定一次，意味着"一生只爱一人"。上线不到半年时间，Rose Only就做到了月销售额近1000万元。

大道至简，越简单的东西越容易传播，越难做。专注才有力量，才能做到极致。尤其在创业时期，做不到专注，就没有可能生存下去。

法则五：简约即是美。在产品设计方面，要做减法。外观要简洁，内在的操作流程要简化。百度首页永远都是清爽的界面，华为手机的外观、特斯拉汽车的外观都是这样的设计。

（3）极致思维。极致思维就是把产品、服务和用户体验做到极致，超越用户预期。

法则六：打造让用户"尖叫"的产品。用极致思维打造极致的产品。此法则的方法论有三条：第一，"需求要抓得准"（抓住问题的痛点、痒点或兴奋点）；第二，"自己要逼得狠"（做到自己能力的极限）；第三，"管理要盯得紧"（得产品经理得天下）。一切产业皆媒体，在这个社会化媒体时代，好产品自然会形成口碑传播。"尖叫"，意味着必须把产品做到极致；极致，就是超越用户想象。

法则七：服务即营销。阿芙精油是知名的淘宝品牌，有两个小细节可以看出其对服务体验的极致追求：①客服24小时轮流上班，使用Thinkpad小红帽笔记本工作，因为使用这种电脑切换窗口更加便捷，可以让消费者少等几秒钟；②设有"CSO"，即首席惊喜官，每天在用户留言中寻找潜在的推销员或专家，找到之后会给对方寄出包裹，为这个可能的推销员制造惊喜。

（4）迭代思维。"敏捷开发"是互联网产品开发的典型方法论，是一种以人为核心，迭代、循序渐进的开发方法，允许创新和不断试错，在持续迭代中完善产品。这里面有两个要点，一个"微"，一个"快"。

法则八:小处着眼,微创新。"微",要从细微的用户需求入手,贴近用户心理,在用户参与和反馈中逐步改进。"可能你觉得是一个不起眼的点,但是用户可能觉得很重要"。360安全卫士当年只是一个安全防护产品,后来成了新兴的互联网巨头。

法则九:精益创业,快速迭代。"天下武功,唯快不破",只有快速地对消费者需求作出反应,产品才更容易贴近消费者。Zynga游戏公司每周对游戏进行数次更新,小米MIUI系统坚持不断迭代,就连雕爷牛腩的菜单也是每月更新。这里的迭代思维,对传统企业而言,更侧重迭代的意识,意味着必须要及时乃至实时关注消费者需求,把握消费者需求的变化。

(5)流量思维。流量意味着体量,体量意味着分量。

法则十:免费是为了更好地收费。互联网产品大多用免费策略极力争取用户、锁定用户。当年的360安全卫士,用免费杀毒入侵杀毒市场,一时间搅得天翻地覆,回头再看看,卡巴斯基、瑞星等杀毒软件,估计现在没有几台电脑还会装着了。"免费是最昂贵的",不是所有的企业都能选择免费策略,因产品、资源、时机而定。

法则十一:坚持到质变的"临界点"。任何一个互联网产品,只要用户活跃数量达到一定程度,就会开始产生质变,从而带来商机或价值。腾讯若没有当年的坚持,也不可能有今天的企业帝国。注意力经济时代,先把流量做上去,才有机会思考后面的问题,否则连生存的机会都没有。

(6)社会化思维。社会化商业的核心是"网",公司面对的客户以"网"的形式存在,这将改变企业生产、销售、营销等整个形态。

法则十二:利用好社会化媒体。有一个做智能手表的品牌,通过10条微信,近100个微信群讨论,3千多人转发,11小时预订售出18698只智能手表,订单金额900多万元。这就是微信朋友圈社会化营销的魅力。有一点要记住,口碑营销不是自说自话,一定是站在用户的角度、以用户的方式和用户沟通。

法则十三:众包协作。众包是以"蜂群思维"和层级架构为核心的互联网协作模式,维基百科就是典型的众包产品。传统企业要思考如何利用外脑,不用招募,便可"天下贤才入吾彀中"。InnoCentive网站创立于2001年,已经成为化学和生物领域的重要研发供求网络平台。该公司引入"创新中心"的模式,把公司外部的创新比例从原来的15%提高到50%,研发能力提高了60%。小米手机在研发中让用户深度参与,实际上也是一种众包模式。

(7)大数据思维。大数据思维是指对大数据的认识,对企业资产、关键竞争要素的理解。

法则十四:小企业也要有大数据。用户在网络上一般会产生信息、行为、关系三个层面的数据,这些数据的沉淀,有助于企业进行预测和决策。一切皆可被数据化,企业必须构建自己的大数据平台,小企业也要有大数据。

法则十五:你的用户是每个人。在互联网和大数据时代,企业的营销策略应该针对个性化用户作精准营销。银泰网上线后,打通了线下实体店和线上的会员账号,在百货和购物中心铺设免费Wi-Fi。当一位已注册账号的客人进入实体店,他的手机连接上Wi-Fi,他与银泰的所有互动记录会一一在后台呈现,银泰就能据此判别消费者的购物喜好。这样做的最终目的是实现商品和库存的可视化,并达到与用户之间的沟通。

(8)平台思维。互联网的平台思维就是开放、共享、共赢的思维。平台模式最有可能成就产业巨头。全球最大的100家企业里,有60家企业的主要收入来自平台商业模式,包括苹果和谷歌等。

法则十六：打造多方共赢的生态圈。平台模式的精髓，在于打造一个多主体共赢互利的生态圈。将来的平台之争，一定是生态圈之间的竞争。百度、阿里巴巴、腾讯三大互联网巨头围绕搜索、电商、社交各自构筑了强大的产业生态，所以后来者如三六零安全科技股份有限公司其实是很难撼动的。

法则十七：善用现有平台。当你不具备构建生态型平台实力的时候，那就要思考怎样利用现有的平台。马云说："假设我是90后重新创业，前面有个阿里巴巴，有个腾讯，我不会跟它挑战，心不能太大。"

法则十八：让企业成为员工的平台。互联网巨头的组织变革，都是围绕着如何打造内部"平台型组织"，包括阿里巴巴25个事业部的分拆、腾讯6大事业群的调整，都旨在发挥内部组织的平台化作用。海尔将8万多人分为2000个自主经营体，让员工成为真正的"创业者"，让每个人成为自己的CEO。内部平台化就是要变成自组织而不是他组织。他组织永远听命于别人，自组织是自己来创新。

（9）跨界思维。随着互联网和新科技的发展，很多产业的边界变得模糊，互联网企业的触角已无孔不入，如零售、图书、金融、电信、娱乐、交通、媒体等。

法则十九："携用户以令诸侯"。有些互联网企业，为什么能够参与乃至赢得跨界竞争？答案就是：用户。他们一方面掌握用户数据，另一方面又具备用户思维，自然能够"携用户以令诸侯"。阿里巴巴、腾讯相继申办银行，小米做手机、做电视，都是这样的道理。未来十年，是中国商业领域大规模打劫的时代，一旦用户的生活方式发生根本性的变化，来不及变革的企业必定遭遇劫数。

法则二十：用互联网思维，大胆颠覆式创新。一个真正优秀的人一定是一个跨界的人，能够同时在科技和人文的交汇点上找到自己的坐标。一个真正厉害的企业，一定是手握用户和数据资源，敢于跨界创新的组织。李彦宏指出："互联网产业最大的机会在于发挥自身的网络优势、技术优势、管理优势等，去提升、改造线下的传统产业，改变原有的产业发展节奏、建立起新的游戏规则。

看一个产业有没有潜力，就看它离互联网有多远。能够真正用互联网思维重构的企业，才可能真正赢得未来。美图秀秀董事长蔡文胜说："未来属于那些传统产业里懂互联网的人，而不是那些懂互联网但不懂传统产业的人。"他认为，未来一定是属于既能深刻理解传统商业的本质，也具有互联网思维的人。不管你是来自传统行业还是互联网领域，未来一定属于这种O2O"两栖人才"。

二、认识网络创业

创业是经济活动中重要的商业行为。对个体而言，创业就是创业者为了获取盈利，通过经营活动，利用资源创造价值的过程。具体来说，通常所说的创业就是创办一家新企业的过程。网络创业是网络时代下新形式的创业活动，通常是指创业者利用互联网技术或者借助互联网平台开展商业经营活动，创造价值，谋求利润的过程。

互联网被公认是一种划时代的技术成果，革命性地改变了人与人之间的连接方式。在互联网时代，人们之间的交流不必受制于空间和时间的局限，可以随时随地甚至随心所欲，创业者不再囿于以空间和距离划分的商圈，因为互联网已经将更大的市场组织在一起。利用网络技术，供需双方以从未有过的速度和精度相互联系，资金和货物也在网络的控制下加速流转。所以，网络给每一位创业者带来的是更大的舞台和更强的力量，以及全新的机遇和挑战。在网络时代,创业者需要寻找新的商业机会,创新产品和服务,构建新的营销模式和渠道,摸索新的经营理念。

如何巧用互联网思维思考创业呢?我们可以把互联网思维拆解成若干个逻辑,用逻辑思维去思考创业。

1. 互联网顺向逻辑

我们利用互联网能干些什么?如图10-4所示,利用互联网顺向逻辑,可以开发一个聊天软件(如腾讯),可以构建一个购物平台(如淘宝)。因为有互联网才有服务或者产品。

2. 互联网逆向逻辑

我们手里有大量的衣物,如何通过互联网卖出去?如图10-5所示,利用互联网逆向逻辑,开个网店(如淘宝),搞个微商(微信)。产品或者服务本来就有,由产品到互联网。

图10-4 互联网顺向逻辑   图10-5 互联网逆向逻辑

3. 互联网单交叉逻辑

我们在街边开了个餐馆,互联网能不能帮我们拓展客源?如图10-6所示,利用互联网单交叉逻辑,把餐馆的信息上传到互联网上,客户看到餐馆的介绍信息后到店里来用餐(如美团)。产品和服务都是线下已经有的,通过互联网展现出来,产品和服务还是在线下完成。

4. 互联网多交叉逻辑

A有车在空跑,B没车要坐车,互联网能不能把A和B连接起来?如图10-7所示,利用互联网多交叉逻辑,A和B都是已经存在的个体,互相不知道对方需求,通过互联网连接A和B(如滴滴)。单交叉逻辑主要以产品为核心,多交叉逻辑主要以服务和需求为主。看上去两者区别不大,但却有着本质的区别。

图10-6 互联网单交叉逻辑   图10-7 互联网多交叉逻辑

5. "互联网+"交互式逻辑

如图10-8所示,大家这里不要搞混淆了,是"互联网+"交互式逻辑,并非是"互联网+交互",这是互联网思维逻辑中非常重要的一个,也是当下最为流行的一种逻辑。以上逻辑基本都以互联网为中心结合单个产品或者服务,是基于现有的东西与互联网进行多样化的结合,是互联网思维中比较传统的逻辑,也可以说是过时了的。而"互联网+"交互式逻辑则不同,它是"互联网+"某个领域、某项技术,再来结合产品。例如"互联网+大数据分析",就拿淘宝来说,互联网记录了用户的浏览历史,然后大数据在用户的浏览历史中提取多个维度数据进行分析,根据分析结果给用户推送类似的产品。

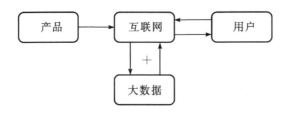

图 10-8 "互联网+"交互式逻辑

6."互联网+"颠覆式逻辑

如图 10-9 所示,这个逻辑是互联网思维中最为经典的,在未来的发展中必定占据绝对性的地位。目前所有的逻辑中都是思考如何通过产品或模式直接赢利,而"互联网+"颠覆式逻辑有可能是颠覆整个行业的收费规则,先免费,再通过其他渠道赢利。

最近瑞幸咖啡很火,它改变了传统咖啡要到店里才可以喝的传统,改成了外卖形式,这只是一个互联网思维中的单交叉逻辑,并不很高级。如果用颠覆式逻辑思维去思考咖啡行业的话,为什么咖啡店里的咖啡要收费?为什么不能不收费?有人肯定在想,咖啡不收费,座位可以收费嘛!高段位的颠覆式逻辑,是咖啡免费,座位也免费。那盈利在哪里?盈利在"互联网+"上面。盈利模式是这个例子的后部分,大家自行思考,也可以共同讨论,这里不做进一步延伸。

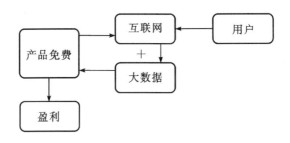

图 10-9 "互联网+"颠覆式逻辑

大家可以根据以上六种逻辑方式进行思考,可以是以为逻辑找创业项目,也可以是用逻辑为创业项目找模式、核心竞争力。

知识链接　　互联网创业的 5 个点子,网创者必看

审时度势一直是没错的,原来的创业主要是吃、喝、穿、用,你看现在做得好的企业多半是老企业,而现在新兴企业多半是互联网、电商、快递公司、外卖等企业,这正是追赶人们生活走向,那么新时代的年轻人创业可以往哪些方向发展呢?扫描下面二维码看一看吧!

任务二　寻找网络创业机会

如果发现了市场上存在的尚未被满足的需求,也就发现了创业机会。如果提供的商品或服务能满足这些需求,那也就抓住了创业机会,这样企业就有了获得成功的基本条件。然而,这些需求往往来源于变化,我们可以通过对比传统实体企业创业和网络创业的变化来分析这些需求,认识网络创业机会。

传统实体企业在经营过程中不断处理与供应商及顾客的关系,以便更好地满足客户的需求,如图10-10所示。而电商企业的经营过程,如图10-11所示,其核心与传统实体企业相同,但各个环节都被互联网围绕和改变着。

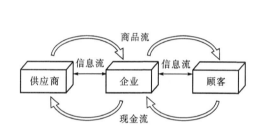
图 10-10　传统实体企业经营过程

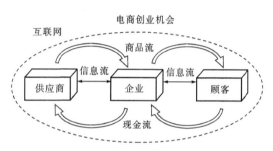
图 10-11　电商企业经营过程

商品流的互联网化带来了物流供应链的飞速发展,现金流的互联网化带来了电子支付和互联网金融的快速发展,信息流的互联网化让顾客和企业的连接越发紧密。这样一来,也就有效解决了传统实体企业渠道成本高、客户数据化管理难等痛点,优化了中间渠道,易于用户连接,随之也呈现出诸多网络创业的机会。比如:①利用用户和企业连接的便捷性,基于社交自媒体聚集用户,企业深度开展用户互动,继而将用户导入电商平台开展电商创业;②利用电商交易沉淀的大数据,开展网络营销和优化;③基于用户习惯从个人计算机(personal computer,PC)互联网迁移到移动互联网,开展移动端网络创业;④利用电商的去渠道化特点,传统实体企业纷纷通过电商渠道进行创业。

近年来,随着电商发展日趋成熟,电商创业形态也得到了不断创新和发展,涌现出农村电商、跨境电商、O2O电商、移动电商等诸多电商新模式。作为创业者,理解和把握这些电商模式的内涵,理清它们相互之间的区别和联系,为今后网络创业寻找机会尤为重要。

一、农村电商

近些年,农村电商的发展一直广受业界关注。2014年以来,国家不断从战略的高度对农村电商进行总体部署,各项具体措施相继密集出台,农村电商的发展步入快车道。

1.什么是农村电商

根据近期国务院对农村电商的界定,农村电商大体包含两层含义:一是经营主体以网络系统及信息技术为支撑,开展农产品的生产、管理、网络营销、物流及客户关系管理等一系列电子化的交易和管理活动;二是通过网络平台嫁接各种服务于农村的资源,拓展农村信息服务业务、服务领域,使之同时成为遍布县、镇、村的三农信息服务站。

随着农村电商的升温,农村电商的内涵得以不断扩充。从经营范围来看,不少农村地区电商经营主体的经营范围从单一的农产品扩大到工业品,如江苏省睢宁县沙集镇有2000多家网店,主营板材家具类产品。从服务内容来看,农村电商的业务体系覆盖了网上对接农产品市场行情和动态信息、依托农村旅游资源发展特色旅游、结合互联网开展数字化农家乐和招商引资等内容。

从创业者角度来看,农村电商较之传统的农产品经济发展模式具有以下特殊性。

(1)打破了区域和时间限制。与其他电商发展模式一样,农村电商的发展依赖于互联网的交易网络,打破了传统农业经济产业链中信息流、资金流、物流的区域和时间限制,打破了传统农业市场条块分割的产业格局,进而将业务网络从狭小的区域市场扩大到全国乃至全球市场,实现了农村市场资源的优化配置。

(2)降低了成本,提高了效率。电子商务是基于互联网技术和网络思维的新型商务模式,将电子商务的运营模式导入农业生产企业,有效改变了以往农业市场格局中供求关系不对称、信息流传输滞后的弊端。在农村发展电子商务,可以促使更多农业企业通过网络渠道发布信息、处理订单、匹配资源,缩短分散的农产品企业与市场之间的距离,从而有效降低中间成本,提升经济效益和社会效益。

(3)农产品流通组织化与规模化。农业产品分布的典型特征是分散化,而发展农村电商则可以在统一的网络平台上将少量的、单独的、分散的农产品组织起来,单个农户或农村合作社可以将农产品委托给配送中心进行统一包装和销售,由当地配送中心进行统一质检和产品分级,农户在交易过程中可获得充分的利益保障,而且这种统一组织、统一包装、统一销售的模式也有效降低了农业生产过程中的盲目性。

(4)市场潜力大。根据国家统计局公布的数字,截至2018年底,我国农村人口有5.64亿人,占全国总人口的比例为40.42%。近年来,农民收入水平逐步提高,消费需求日益增长,但目前,广大农村线下商业体系还是相对落后,未能很好地满足农民的消费需求。随着互联网向农村的逐渐渗透,电商巨头的相继下乡,农民网购习惯已然逐渐形成。根据中国互联网络信息中心统计,截至2018年12月,农村网民规模为2.22亿人,年增长率6.2%。由此可见,对于想在农村电商市场中掘金的创业者来说,潜力机会很多而且可能会越来越多。

2.发现农村电商的创业机会

随着农村电商政策红利的不断释放,大批外出打工青年的返乡以及大学生村官的普及,具备互联网创业基础知识和意识的农村青年数量逐年增多,农村电商的发展将迎来新一轮的高潮,由此衍生出更多就业和创业机会。

(1)开展农村电商培训。越来越多的农民认识到电子商务的发展带来了很好的创业机遇,但苦于计算机操作技能不熟练、互联网及电商营销和运营知识缺乏,在电商创业过程中力不从心。可见,农村电商培训是目前市场上的刚需,市场广阔。

(2)农村电商的第三方服务。农村电商创业过程中涉及图片美工、文案策划、客服、营销推广、物流管理等多方面内容,很多农村电商的创业者无法兼顾所有环节。创业者可以结合自身特点和资源,定位于农村电商市场,组建团队给予这些农村电商创业者提供相应服务。

(3)农产品的品牌化打造。随着农村电商的发展,竞争越来越激烈。在激烈的市场竞争中,如何让自身的产品能够被消费者识别和认可,显得越来越重要。例如,淘宝平台上销售的辣椒商品很多,而热销的"倪老腌"辣椒酱,通过品牌化打造,产品定位为天然、无添加的彩色辣椒酱,产品价格定位为特高价,店铺上线后信誉值从零到两个"皇冠"只用了10个月时间。

(4)大数据与农村电商的结合。大数据、云计算和物联网技术飞速发展,未来与农村电商不断融合,使得用户可以对农产品的生产全过程进行"追根溯源"和全程监控。创业者可以利用这种技术变革,提供农产品定制认养、休闲旅游等服务。

知识链接 我国农村电商五种创业典型模式

目前,全国各地农村电商创业的"星星之火"正呈现燎原之势,从个体农民电商扩展到以村、镇、县为单位的规模化经营。其中,涌现出了一大批立足区域经济、模式独特的农村电商创业典型。扫描二维码即可了解详情。

二、跨境电商

近年来,国务院密集出台若干有关发展跨境电商的政策文件,各地纷纷将跨境电商的发展纳入本地电商化发展战略,各地跨境电商综合试验区纷纷涌现,跨境电商创业几乎一夜之间成为创业者们关注的焦点。

1.什么是跨境电商

跨境电商是指分属不同关境的交易主体,通过电子商务的手段将传统进出口贸易中的展示、洽谈和成交环节电子化,并通过跨境物流送达商品、完成交易的一种国际商业活动。跨境电商具有一般电子商务的基本特征,同时又与传统外贸密切相关,其业务流程如图10-12所示。

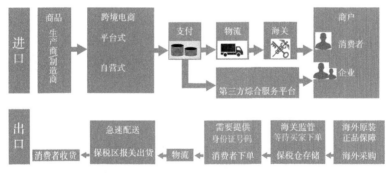

图10-12 跨境电商业务流程图

从创业者角度看,跨境电商与传统外贸和国内电商相比,具有其特殊性,这种特殊性主要体现在以下几个方面。

(1)跨境电商简化了传统外贸的流程。跨境电商依靠互联网、跨境支付和国际物流,有效减少了传统外贸的中间环节,如图10-13所示为出口方向跨境贸易流程。

(2)跨境电商市场潜力巨大。在电子商务全球化趋势下,消费者可以通过跨境电商平台直接下单消费,极大激发了消费者的消费热情。从理论上讲,跨境电商的目标市场和客户是全球200多个国家和地区的商家和消费者,蕴含着巨大的市场潜力和发展空间。如图10-14所示

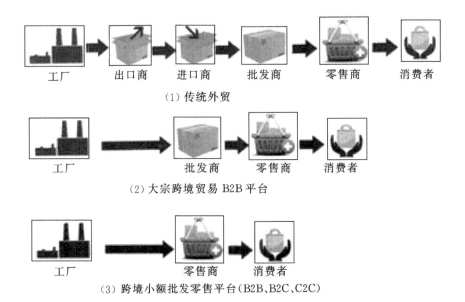

图 10-13 跨境贸易流程图(出口方向)

为商务部、海关总署、艾媒咨询公布的 2014—2018 年我国跨境电商市场交易规模及预测,也充分印证了这一点。

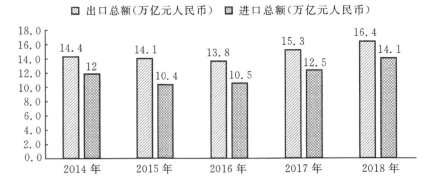

图 10-14 2014—2018 年中国进出口贸易及跨境电商市场交易规模

(3)跨境电商的创业门槛提高。以阿里巴巴全球速卖通为例,以往个人创业者只需要像开淘宝店一样,提交身份证和银行卡完成平台注册,就可以开始跨境电商创业。但是 2016 年 4 月 1 日以后,创业者在速卖通平台创业需提供企业资质。此外,跨境电商的运营要求创业者具备一定的外语能力和海外资源,这一点使很多竞争者望而止步。

2.发现跨境电商的创业机会

随着跨境电商政策红利的不断释放,跨境电商成为创业者新的选择,由此也衍生出了更多创业机会。

(1)开展跨境电商培训。如今跨境电商创业越来越受到重视,然而较国内电商创业而言,需要创业者具备更高的综合素质和能力,除具备一定外语能力外,还要理清跨境电商的模式和平台、熟悉跨境电商的流程和操作、掌握跨境电商的运营知识及技巧等,很多创业者因缺乏上述能力而被挡在跨境电商创业的门外。在开展跨境电商培训显然是目前市场上的刚需,市场广阔。

(2)提供跨境电商的第三方服务。在跨境电商创业过程中,同样涉及图片美工、文案策划、客服、营销推广等多方面内容。以美工和文案为例,很多跨境电商创业者受自身外语水平所限而无法完成相应的工作,营销推广更是受限于不熟悉国际上通用的社交媒体而无从下手,创业者可以结合自身资源组建相关团队服务于跨境电商创业。

知识链接   **跨境电商常见平台介绍**

跨境电商可分为进口电商和出口电商,常见的平台主要有两类,扫描二维码即可了解详情。

三、移动电商

随着移动设备的普及、用户移动支付习惯的养成、电商利好政策的不断刺激和移动购物用户规模的快速增长,移动电商迅猛发展起来。

1.什么是移动电商

移动电商是指利用移动互联网技术,在智能手机、平板电脑(portable android device,PAD)及掌上电脑等移动终端开展电子商务。移动电商将互联网技术、移动通信技术、短距离通信技术及其他信息处理技术完美结合,使人们可以随时随地开展各种交易、支付和认证等电子商务活动。

从创业者角度来看,移动电商较PC端电商有其特殊性,主要体现在以下方面。

(1)便捷性。移动电商摆脱了PC端电商的消费场景限制,可以随时随地获取信息,加之移动支付的普遍认同和使用,可以实现商品的便捷化交易,由此刺激消费。

(2)社交性。基于移动端的社会化媒体和网络的成熟应用,移动电商的用户在商品和服务的消费过程中往往会融入分享、评论、互动和转发等行为,对商品和服务进行二次传播。

(3)精准定位性。基于移动互联网技术的发展,移动电商较PC端电商更容易通过移动设备的定位系统和个人信息设置来获取用户的身份信息,创业者可以据此设计更多、更好的商业模式来满足用户的个性化和差异性需求。

基于以上特点,移动电商带来了以个人消费者为中心的产业模式重构,如图10-15所示。

2.发现移动电商的创业机会

移动电商领域的快速发展已创造了很多创业机会。个人创业者和小微企业可以从以下几个方面着手,发现创业机会。

(1)提供技术支持。随着移动端覆盖人群需求的日趋增加,为移动电商创业者提供基于App或微信公众账号开发的技术支持,有着巨大的发展空间。

(2)基于本地商务的移动电商服务。创业者基于本地化的商务,融合移动互联网和社交的属性,开展类似SOLOMO(由"social"社交的、"local"本地的、"mobile"移动的三个单词的开头两个字母组合而成,意为"社交本地移动",即社交加本地化加移动)的模式。比如,创业者基于本地 5 千米范围内的购物开展移动电商服务,使用户能够马上得到所见商品,这样极大增强了电商购物的便捷性,并且基于社区属性实现了商品的二次传播。目前,这种市场需求还远没有被满足,为创业者留有较大的创业空间。

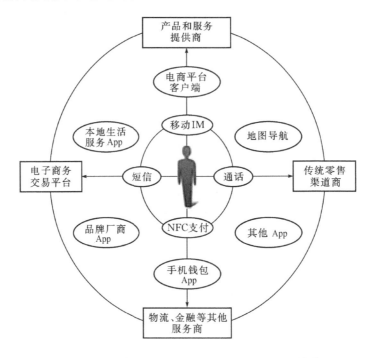

图 10-15　移动电商带来以个人消费者为中心的产业模式重构

(3)商品定制服务。利用移动端的微博、微信等社交载体,商家可以直接面对终端消费者,还可以通过设计内容、活动等形式,激活并沉淀用户使之成为粉丝,继而通过众筹、众包等增强用户参与感,打造能够迅速满足消费者需求的"互联网+"平台,最终为实现 C2B 模式奠定基础。值得一提的是,这类创业机会需要创业者找到细分行业,聚集精准用户,设计高质量的内容和活动。

知识链接　　　　　　　　**常见的移动电商创业形式**

近年来,各大 PC 端电商巨头纷纷转战移动端,甚至一些新兴电商,如小红书、达令等也已经把业务完全放在移动端。目前创业者可以利用基于移动端开发的第三方电商平台,采用进驻第三方平台开店或成为第三方平台分销商等方式创业。可以扫描下面二维码进一步了解,并试着寻找适合自己的创业平台。

四、O2O 电商

在过去的十几年间,国内电子商务充分发展,有人预计接下来电商将会朝着商务电子的方向发展,即将线下的一切商务活动通过电子化改造实现线上和线下的融合互动,这个模式在今天普遍被大家认可和接受,被称为 O2O 模式。正如 2016 年 10 月马云在阿里巴巴举办的云栖大会上所说:"未来的十年、二十年,没有纯电子商务这一说,线下的企业必须走到线上去,线上的企业必须走到线下来。"

1. 什么是 O2O 电商

线上到线下(online to offline,O2O)这个概念最早由美国人亚历克斯·兰佩尔提出,核心理念是线下商家可以在线上找消费者,引流到线下商家。当时的 O2O 可以理解为 O2O 电商的 1.0 版本,国内将其理解为从线上到线下,当时最成熟的模式是团购,即通过 O2O 团购平台,打通用户和商家的虚拟及现实连接,如图 10-16 所示。

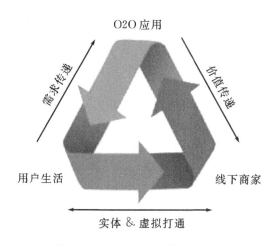

图 10-16 O2O 平台模式示意图

随着二维码的普遍应用,O2O 电商的发展实现了反转,线上的平台可以通过线下的二维码入口实现线下流量的导入,这个时候的 O2O 为 2.0 版本,即"offline to online",从线下到线上。

如今,随着移动互联网、智能手机及社交自媒体的发展,线上和线下的信息可以随时随地进行查询、交易和分享,实现了消费体验的无边界,这便是当前 O2O 的 3.0 版本,即用户和商家实现线上线下的全维度连接、互动和融合。

从创业者角度观察,O2O 电商改造了纯线上电商的商业模式,具体体现在交易、购物体验和社会化营销三个方面。

(1) 在交易方面,纯线上电商只能通过第三方支付完成所有交易。而 O2O 电商可以有多种选择,如线上支付订金,线下门店支付剩余部分等。

(2) 在购物体验方面,以购买衣服为例,如果是纯线上电商,很多买家无法试穿会担心线上展示的衣服不合身,尽管喜欢也未必会下单;而 O2O 电商则可以有效解决这种问题,如图 10-17 所示。

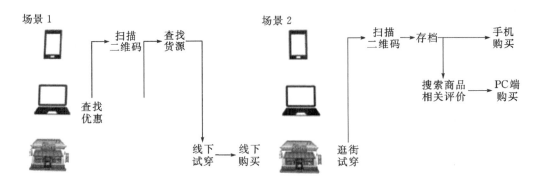

图 10-17　O2O 电商的理想购物体验状态

(3)在社会营销方面,由于线上自发聚合的群体繁荣发展起来的力量,已经从线上跨越到线下的现实世界,人人可发起一场公众运动或潮流,这种参与化、情感化和圈子化的群体在 O2O 时代,需要通过 O2O 的社会化的"点对点"新营销手段来取代传统的"点对点"营销方式。O2O 电商给创业者带来更多的潜在效益,扩大了商品的潜在销售,加强了品牌传播。

2.发现 O2O 电商的创业机会

这里着重结合小微企业创业的特点,分析 O2O 电商潜在的创业机会。

(1)做"小而美"的垂直型平台。综合性的 O2O 电商平台不仅需要雄厚的资金基础和技术实力,还需要匹配庞大的用户基础。商家资源和支付体系,对一般创业者而言,短时间内具备这样的条件和整合能力是比较困难的,目前较好的方式是选择自己熟悉的垂直细分线下行业,从较小的切入点入手,进行互联网化改造、深耕和运营,并深度挖掘和利用大数据,做"小而美"的线上线下融合的垂直化平台提供电商服务。

知识链接　　　　　你所不知的"小而美"

你有没有听说过"小而美",这竟然还是一个营销理论,并且还跟互联网有关。扫描下面二维码了解一下吧!

(2)给三、四线城市提供线下商务电子化改造方案。面对国内三、四线城市互联网化程度不高的现实,以及互联网巨头尚无开发三、四线城市的时机,创业者可以将一线城市的 O2O 电商模式进行复制迁移,不失为一种创业方向。

(3)逆向思维,做网商的线下实体店。纯线上电商企业,面对线上线下融合的浪潮也有发展线下实体店的需求,创业者可以反向思维,为线上的电商企业做线下的代理商。当然,创业者在考虑这种模式时要注意考察电商的实力、信誉、利益分配及其商品在该地区的市场表现,此外还要考量电商能够给实体店提供的相关支持。

五、不同商业模式背后的逻辑

学习了以上四种电商模式,不仅要真正理解各种电商现象的概念、特点及其创业机会,还要理解这四种电商模式之间的区别和联系,以及背后的本质差异。想了解商业行为的本质和背后逻辑,往往需要剖析其商业模式,利用画布法剖析商业模式是目前常用的方法,商业模式画布如图10-18所示。

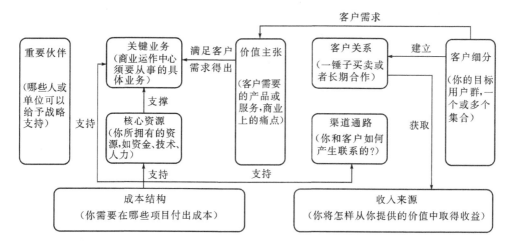

图10-18 商业模式画布图

图10-18中列出了商业模式涵盖的九大要素,对以上四种商业模式中体现的创业行为进行了剖析。可以发现,这四种模式总体上均为利用电子商务平台和手段进行商品的销售,主要区别体现在以下几个层面。在渠道层面,跨境电商主要通过跨境电商平台和物流将商品或服务传递给客户;O2O电商依靠线上和线下平台同时与客户接触进行营销;移动电商和农村电商主要依靠纯线上平台和物流将商品或服务传递给客户。在客户关系层面,农村电商、O2O电商和移动电商依托国内社交自媒体工具,如微博、微信等,开展客户关系的管理和维护,而跨境电商的客户关系管理则更多以邮件沟通为主。在客户细分层面,跨境电商的客户属于国外市场,其他三种电商属于国内用户。至于开展的关键业务、核心资源、合作伙伴、成本和收入层面,这四者则大体一致。

知识链接 商业画布的思维逻辑

商业画布是用来描述和分析企业、组织和个人如何创造价值、传递价值、获得价值的基本原理和工具。它能够帮助企业和个人看清楚自己的商业游戏规则和个人职业发展路径。

工作或者生活中,我们时常对一件事物或者公司的战略或者自己所在部门的项目,不能够非常深刻体会到其价值,而导致不能非常清晰而有条理地对其进行介绍和传播。你正在思考的,并不一定就是你应该思考的。商业画布可以帮助人们去思考九个方面的问题。感兴趣的话,扫描下面二维码了解一下吧!

任务三　网络创业前的准备

电商领域存在很多令人激动的商业机会,但当你面对这些机会时,是否有能力和条件寻找并捕捉到它们呢？大家应该知道,网络创业不仅存在诸多商机,也同样潜藏着危机和风险。开展网络创业前,必须认真客观地评价自己,不断增强创业能力,熟悉网络创业平台,对货源渠道有一个比较明确的目标,并能组建一个高效的团队。凡事预则立,不预则废。了解并作好网络创业前的准备,创业将事半功倍。

一、从网络创业者的角度评价自己

网络创业的成败,往往与创业者的能力和条件密切相关。在决定创业前,应该认真分析自己,看看自己拥有的创业素质、相关知识技能及必要的条件资源处在何种状态,分析自己的长处和不足。

1. 创业素质

创业素质是网络创业者需要具备的基本要素,表 10-1 列出了通常情况下网络创业者必备的关键创业素质。

表 10-1　网络创业者必备的关键创业素质

要点	含义
创业动机	创业动机是指引起和维持个体从事创业活动,并使活动朝向创业成功的目标的内部动力;通常创业动机体现在自我提升、个人独立性的偏好、控制的欲望以及改变家庭和个人经济状况等方面
创业信念	创业信念是创业者对自我实现创业成功的坚定信仰,是对自我信念和敢于全力担当的内在动力
冒险精神	冒险精神是指创业者面对未来已知和未知的创业风险,仍然敢于坚持进行创业的精神
身心健康	创业者在创业过程中要拥有相对健康的身体和积极良好的心态
学习能力	电商领域发展变化快,新的知识和技术层出不穷,创业者必须具有主动学习的能力,以应对市场的变化
团队精神	创业者的团队精神是基于对创业团队成员个人爱好、观念和成就的尊重,在创业过程中通过发挥个人特长和协同合作,共同实现目标
互联网思维	网络创业是基于互联网开展创业活动,创业者需要逐步培育和建立用户至上、体验为王、颠覆式创新等互联网思维,并将这种互联网思维转化为创业实践中的具体行为
其他素质	如创业者的诚信、主动性、责任心等

2. 知识和技能

网络创业者需要了解或掌握的知识和技能见表 10-2。

表 10-2 网络创业者需要了解或掌握的知识和技能

要点	含义
创业知识和技能	创业初期的准备和计划,如商业机会识别、创业计划制订、记账、财务计划与管理等基本知识和技能
管理知识和技能	有关企业日常经营和管理,如电商企业计划制订、目标管理、团队管理、采购、谈判、物流管理等的知识和技能
行业知识和技能	在创业初期,创业者需要了解和掌握与创业项目相关的行业信息、发展趋势、行业技术等必备知识和技能
网络店铺管理知识和技能	经营互联网店铺不仅需要做好必要的店铺装修、商品标题设计、商品主图展示、商品定价、商品详情描述等一系列工作,还要做好促销和售后服务等工作,创业者必须了解或掌握完成上述各项工作的知识和技能
网络营销推广知识和技能	创业者要了解和掌握各种网络营销推广手段的特点,以及怎样选择和使用适合自己的网络营销推广手段等
电商相关法律法规知识	创办网络企业前需了解与我国电商经营相关的法律法规,如网络购物服务规范、网络交易管理办法等,以及税法和劳动法、劳动合同法、商标法、消费者权益保护法、就业促进法、合同法、产品质量法、环境保护法等相关法律内容
其他知识和技能	必要的计算机操作知识和技能,以及其他相关知识

3.条件和资源

网络创业的条件和资源是指创业者要实现创业目标而必须具备的条件和资源,一般包括家庭支持、人力资源、社会资源、资金资源和物质资源等,详见表 10-3。

表 10-3 网络创业者需要具备的条件和资源

要点	含义
家庭支持	网络创业可能需要随时随地响应客户咨询,夜以继日地工作,势必对创业者的家庭生活产生严重影响,家人的理解和支持是电商创业者挺过初创难关的重要保障
人力资源	创业者需要选择并组建满足创立和发展企业所需要的创业团队,他们能够弥补创业者在相关知识、技能、经验等方面的不足
社会资源	网络企业的创办和经营离不开各种社会资源的帮助和支持,如创业培训机构的指导和帮助、政府部门的政策支持、与大客户建立联系的关键人员的帮助等
资金资源	创业者在创业初期通过企业内部或外部可能获得的资金情况
物质资源	网络创业所必需的软硬件条件,如计算机、网络基础设施等,以及所需的产品供应渠道、电商平台的某些特殊权限等

4.增强自我创业能力

创业者所需的创业素质、知识技能和条件资源越齐备,在创业过程中的风险应对能力就越强,但是,是不是所有人都要等到创业素质、知识和技能及条件和资源完全齐备才能进行创业和经营呢?答案是:不一定!

为满足经营需要,你需要在客观的自我评价之后思考如何增强你的创业能力,也就是如何"扬长避短"。"扬长"是指强化自己的优势,在经营过程中充分体现出自己的核心优势,得到市场的认可和信任。"补短"是指你要想办法克服自己的关键"短板",这可能是你的决策能力、专业技术、行业知识,也可能是你的电商运营、数据化营销、市场推广能力等,这些关键"短板"直接影响你的创业效果,必须努力把这些和创业项目相关的关键弱势转变为优势,才有可能更好地把握市场机会。

知识链接 为什么说互联网更适合年轻人创业? 4 大奥秘,让你意想不到

"80 后是垮掉的一代,90 后是废掉的一代",相信这句话大家应该都听过,很多人表示很苦恼,明明是朝气蓬勃的年轻人,怎么就让人诟病了呢?是社会对年轻人的误解太深了,还是现在的年轻人真的让人感到很失望呢?

"互联网最适合白手起家的年轻创业者"三六零安全科技股份有限公司的周鸿祎的这一番话,似乎给了年轻人一些斗志。互联网为什么青睐年轻人?答案在下面二维码里。

二、选择网络创业平台

电商平台是一个供企业或个人进行网络洽谈和交易的平台,是协调和整合信息流、物流以及资金流进行有序、高效、关联流动的重要场所。企业、个人可以充分利用电商平台所提供的网络基础设施、支付功能、安全功能和管理功能等有效开展商业活动。

目前,电商平台众多,基于盈利模式和运营特点的不同,每个电商平台综合实力、入驻条件、用户流量、服务群体及其针对商家的服务能力等都会有差异。因此,在决定在某个电商平台上开启网络创业之前,应充分调研现有主要平台,结合项目的特点、所属行业及个人能力和资源等因素,认真分析后作出平台选择的决定。

各电商平台为打造透明、诚信、平等、分享、责任、和谐的新商业文明,保障平台的正常运作和平台用户的合法权益,均出台了相应的平台规则。平台规则通常可分为准入规则、营销规则、交易规则、处罚规则等四大类。虽然各网络平台业务范围不同,但重要的规则都是一样的,归纳起来,主要有六个方面,即禁止发布违禁商品或信息、严禁虚假交易、严禁滥发信息、严禁违背承诺、禁止商品描述不符、禁止不当使用他人权利。

需要特别说明的是,网络平台往往会根据实际需要对平台规则作不定时的调整或补充,要及时了解和掌握相关规则的更新情况,避免因未知或不及时了解而触犯平台规则,造成不必要的影响和损失。

知识链接 违规宣传,被罚 1.5 万元

叶先生注册有一家科技公司,在某个电商平台开了一家网店,主要销售电子产品、手机充电器、充电宝等,生意一直很好。某一天,突然接到市场监管部门打来的电话,要对网店中一款充电宝的销售情况进行调查。这是怎么回事呢?欲知详情,请扫描下面二维码查看。

三、寻找货源

货源,一般是指创业者购买某种商品的渠道。如果在电商平台上销售的货物主要来自线下实体厂家,那么,厂家就是创业者的货源。

选择货源时,重点关注三个方面:一是供货稳定,可以让创业者全力专注于网络创业;二是定位准确,有助于专注打造和提升店铺的特色与核心竞争力;三是性价比高,这是网络企业能够不断发展的重要原动力。

1.寻找货源的途径

一般来说,可以从以下两条途径获得所需的商品。

(1)线上渠道。线上渠道具有商品数量多、价格透明度高、采购流程简单、支付安全、运输成本较低等特点。

一方面,可以通过专业的网络分销平台找到货源。专业的网络分销平台,主要是指为商家提供代销、批发服务的平台或者是帮助商家快速找到分销商或成为供应商的网络平台。很多企业会在专业的网络分销平台展示自己的企业或产品,以获得其他企业或个人的订单。这些平台为网络创业者提供了很大的选择空间,可以到网上查询相应的网络分销平台,有针对性地选货。

另一方面,可以通过第三方电商平台寻找货源。第三方电商平台,通常是指独立于产品或服务的提供者和需求者,通过网络服务平台,按照特定的交易与服务规范,为买卖双方提供服务的平台。第三方电商平台上不仅有个人用户,也有很多经销商。经销商有自己的货源,能以较低的价格将产品批发出来,甚至还能帮你发货,帮你省去存货成本。

(2)线下渠道。相对而言,线下渠道具有体验度高、易鉴别真伪和质量、可以面对面进行洽谈沟通、易鉴别商家实力等特点。目前,线下渠道主要有以下五种。

①厂家货源。可以不经过经销商环节,进货成本较低。但一次性进货数量较大,被占用的资金较多。

②批发市场货源。可以货比多家,议价后选择性价比较高的商家作为供应商。

③做品牌代理商。需要考虑选择品牌的知名度和美誉度。一般来说,如果可以获得好的品牌商品的网络代理销售权,你的电商企业也就具备了先天的优势。

④代加工。某品牌企业因为产能或资源有限,自己不直接生产产品,而是利用自己掌握的关键核心技术设计和开发新产品,控制销售,通过合同订购的方式委托其他同类产品生产厂家生产加工,所订购产品可以贴上自己的品牌商标进行销售。

⑤自家货源。通常自家货源在商品质量、成本控制等方面都比较有保证。

2.货源评价

可以从以下几个维度把握和确定货源的情况。

(1)价格。在选择货源时,需要考虑不同供应商给予你的价格和优惠力度等,因为在质量相同的情况下,价格较低,将让你占据一定的先天优势。

(2)品质。好的商品品质是确保你网络创业成功的核心要素之一。需要综合考虑商品品质和价格,权衡性价比。

(3)市场。一方面要考虑货源所提供的商品利润空间大不大,另一方面需要考虑货源商品的售卖速度。售卖速度慢的商品容易造成库存积压,资金不能顺利流转而增加成本。最后,还要考虑选择物流速度有保障的货源渠道。

(4)售后。为了能与供应商建立长期合作关系,需要考虑诸如供应商关于退换货的处理要求、处理速度以及争议处理等细节。

四、组建团队

创业之初,从采购到发货,从运营到客服,很多工作往往都由一个人完成。随着业务的发展,你面临的将不再是一个人的工作,这时就必须考虑且重视创业团队的成员组成,岗位职责的确定和团队管理等。

组建网络创业团队不是一蹴而就的,企业创办后,出于资源整合的需要,创始人吸纳有一定资源(货源、资金、技能等)的合伙人或员工进入创业团队,也有可能是几个志同道合、有一定情感基础的创始人抱团创业,分工协作,逐步磨合完成团队组建。

网络创业团队一般包括创业者、合伙人、员工三类群体。

(1)创业者。创业者是网络创业团队的发起人,也是这个团队最初的核心人物,是缔造整个创业团队的关键。

(2)合伙人。合伙人是投资所创办的网络企业、有可能参与企业经营的组织或个人。合伙人既有可能是创业活动的共同发起人,也有可能是后来加入的人。选择合伙人时,应考虑潜在合伙人的资源优势,如资金、技术、货源、电商运营经验等,尽可能做到优势互补。

(3)员工。如果创业者自己或合伙人全部投入工作,那么你们自己就是员工。如果创业者或者合伙人没有时间或能力把全部工作承担下来,就需要聘用员工。小微网创企业在初期只需要雇佣1~3名员工,当然也有一些企业需要更多人。

网络创业团队除了包含上面三类群体外,有时基于项目本身或团队自身原因,还可能需要借助外部的智力资源来更好地发展创业的项目。这些外部智力资源可能是业务外包对象,或是经常咨询和请教的专家,也可能是来自政府的相关部门官员。他们的意见对你或团队都有意义,要学会聆听并结合自身实际,科学合理地作出决策。

企业在明确团队成员的构成后,还需要思考如何安排成员的工作,以及他们的岗位职责。这就需要从组织架构设计、岗位职能分析等方面来综合考虑。

初创企业,可按电商企业负责人(经理)、运营推广、美工设计、客户服务、采购及仓储物流五个方面的职能进行组织架构设计,并明确相应的岗位职责。

当然,对任何一家企业,员工招聘、员工岗前培训、员工日常管理、公司文化建设、绩效考核等方面也必须高度重视。

拓展活动

参考文献

[1] 刘兴发.决胜网络营销[M].北京:人民邮电出版社,2010.
[2] 张开涛.网络营销[M].武汉:华中科技大学出版社,2010.
[3] 杨远新.网络营销与实务[M].北京:北京大学出版社,2010.
[4] 肖伟民.网络营销[M].北京:电子工业出版社,2010.
[5] 韩小红.网络消费者行为[M].西安:西安交通大学出版社,2008.
[6] 高晖.网络消费者特征及消费心理分析[J].镇江高专学报,2006,19(4):90-92.
[7] 刘芸.网络营销与策划[M].北京:清华大学出版社,2010.
[8] 肖伟民.电子商务网站建设与管理[M].2版.大连:东北财经大学出版社,2011.
[9] 李洪心,王东.电子商务网站建设[M].北京:电子工业出版社,2010.
[10] 臧良运,崔连和.电子商务网站建设[M].北京:北京大学出版社,2009.
[11] 张书乐.实战网络营销[M].北京:电子工业出版社,2010.
[12] 昝辉.SEO实战密码:60天网站流量提高20倍[M].北京:电子工业出版社,2011.
[13] 唐志东.网络广告学[M].北京:首都经济贸易大学出版社,2010.
[14] 方玲玉,李琳娜.客户服务与管理:项目教程[M].北京:电子工业出版社,2011.
[15] 陈墨.网络营销应试这样做[M].北京:机械工业出版社,2011.
[16] 周子渊.整合营销传播[M].南昌:江西人民出版社,2016.
[17] 余来文,林晓伟,封智勇,等.互联网思维2.0:物联网、云计算、大数据[M].北京:经济管理出版社,2017.
[18] 秦勇,陈爽.网络营销理论、工具与方法[M].北京:人民邮电出版社,2017.
[19] 惠亚爱,乔晓娟.网络营销推广与策划[M].北京:人民邮电出版社,2015.
[20] 秋叶.新媒体营销概论[M].北京:人民邮电出版社,2017.
[21] 人力资源和社会保障部职业能力建设司,中国就业培训技术指导中心.网络创业培训教程[M].北京:中国劳动社会保障出版社,2017.

图书在版编目(CIP)数据

网络营销 / 高晖编著. —2版. —西安：西安交通大学出版社,2019.9(2024.7重印)
ISBN 978-7-5693-1331-4

Ⅰ.①网… Ⅱ.①高… Ⅲ.①网络营销 Ⅳ.①F713.365.2

中国版本图书馆 CIP 数据核字(2019)第 208744 号

书　　名	网络营销(第二版)
编　　著	高　晖
责任编辑	祝翠华
出版发行	西安交通大学出版社 (西安市兴庆南路1号　邮政编码 710048)
网　　址	http://www.xjtupress.com
电　　话	(029)82668357　82667874(市场营销中心) (029)82668315(总编办)
传　　真	(029)82668280
印　　刷	西安日报社印务中心
开　　本	787mm×1092mm　1/16　印张 15　字数 381 千字
版　　次	2012 年 2 月第 1 版　2020 年 8 月第 2 版
印　　次	2024 年 7 月第 3 次印刷(累计第 14 次印刷)
书　　号	ISBN 978-7-5693-1331-4
定　　价	36.80 元

如发现印装质量问题,请与本社市场营销中心联系。
订购热线:(029)82665248　(029)82667874
投稿热线:(029)82664840
读者信箱:xj_rwjg@126.com

版权所有　侵权必究